Nouvelle Internationale

UNE REVUE DE POLITIQUE ET DE THÉORIE MARXISTES

NUMÉRO 6 1999

Sommaire

DIRECTEUR Michel Prairie

COLLABORATEURS À LA RÉDACTION : Jack Barnes, Sigurlaug Gunnlaugsdóttir, Carl-Erik Isacsson, Steve Penner, Ron Poulsen, Jean-Louis Salfati, Samad Sharif, Jonathan Silberman, Mike Tucker

Mary-Alice Waters, directrice, et Steve Clark, directeur adjoint, *New International*
Martín Koppel, directeur, *Nueva Internacional*
Catharina Tirsén, directrice, *Ny International*

Les articles publiés ici en français sont aussi disponibles en anglais, en espagnol et en suédois.

Photo de la couverture : Andrea Brizzi. La fresque murale est reproduite avec l'autorisation des éditions Pathfinder.
Conception graphique de la couverture : Eva Braiman

Troisième tirage : 2009

ISSN 0827-0929
ISBN 978-0-87348-888-4
Imprimé aux États-Unis.
Manufactured in the United States of America.

À PROPOS DE LA COUVERTURE

« IRONIQUE, NON ? En Europe de l'Est, les victimes du communisme abattent les images de Marx et de Lénine. Dans la capitale artistique des États-Unis, on érige leur portrait [et] Fidel Castro domine l'autoroute Westside, » a écrit le démagogue de droite Patrick Buchanan dans sa chronique nationale à la fin de novembre 1989. Ce commentaire acerbe faisait référence à la fresque murale des éditions Pathfinder, reproduite ici en première et dernière de couverture et qui avait été inaugurée à New York quelques jours plus tôt, le 19 novembre 1989.

De fait, il n'y a rien là d'« ironique », ainsi que le comprendront facilement les lecteurs de « L'impérialisme U.S. a perdu la guerre froide », la résolution adoptée en 1990 par le Parti socialiste des travailleurs et présentée dans ce numéro de *Nouvelle Internationale.*

Buchanan apportait son appui à un appel provocateur à attaquer la fresque, lancé le jour même de son inauguration. Le *New York Post* du 19 novembre avait publié un éditorial taxant la fresque d'« étrange célébration du totalitarisme » et se terminant par une incitation à passer aux actes, son véritable objectif : « Il faut effacer la fresque. »

Quelques semaines plus tard, une bande d'extrême droite a répondu à ces appels en lançant cinq pots de peinture sur la fresque pendant la nuit du 20 décembre. Des artistes se sont mobilisés pour réparer les dégâts. Et à partir de ce jour, la fresque murale et l'immeuble Pathfinder où elle se trouvait ont été défendus — avec succès, 24 heures sur 24 — par des volontaires qui renonçaient à une nuit de sommeil toutes les quelques semaines pour faire partie d'équipes qui en montaient la garde.

L'achèvement de la fresque et son impact ont pris la droite de court et cette dernière n'a jamais été capable de lui répondre de manière efficace.

SUR LA FRESQUE haute de six étages et peinte sur le mur sud de l'immeuble Pathfinder à Manhattan sont représentés plusieurs des dirigeants révolutionnaires et communistes discutés dans ce numéro et dont les écrits et discours sont publiés et distribués par les éditions Pathfinder. La fresque a été un projet conjoint de travailleurs et de jeunes communistes et d'artistes de partout à travers le monde, qui y ont apporté de manière bénévole leur talent et leur temps et qui ont de plus aidé à recueillir les fonds nécessaires pour acheter la peinture, ériger l'échafaudage et couvrir les autres dépenses. L'inauguration du 19 novembre a attiré quelque 400 participants : des artistes, des partisans de la révolution cubaine et de la lutte contre l'apartheid en Afrique du Sud, des étudiants et des travailleurs — y compris des syndiqués en grève contre la compagnie aérienne Eastern et des membres des Mineurs unis d'Amérique qui appuyaient la dure grève en cours contre la compagnie de charbon Pittston. Résultat de deux ans et demi de travail, cette oeuvre d'art était l'expression réelle, pour paraphraser le *Manifeste du Parti communiste,* « d'une lutte de classes existante, d'un mouvement historique qui s'opère sous nos yeux. »

L'élément central de la fresque représente une grande presse d'imprimerie, avec les paroles du président cubain Fidel Castro « La vérité ne doit pas seulement être la vérité, elle doit aussi être dite » inscrites sur un rouleau de papier. De la presse sortent des livres sur lesquels sont peints les portraits de la fresque. En commençant en haut, à gauche de la fresque, et en traçant un grand « S » inversé de long en large de la première et de la dernière de couverture, les lecteurs trouveront les portraits suivants :

Karl Marx et **Friedrich Engels,** les dirigeants fondateurs du mouvement ouvrier communiste moderne (artistes : Aldo Soler — Cuba ; Marjan Hormozi — Iran).

Cinq dirigeants centraux de l'Internationale communiste (de gauche à droite) : **Grigori Zinoviev, Nicolaï Boukharine, Léon Trotsky, V. I. Lénine** et **Karl Radek** (artiste : Malcolm McAllister — Nouvelle-Zélande). *Suite au verso du livre.*

Eugene V. Debs, socialiste et dirigeant du mouvement ouvrier aux États-Unis (artiste : David Fichter).

Mother Jones, organisatrice des Mineurs unis d'Amérique (artiste : Eva Cockcroft).

Rosa Luxemburg, dirigeante internationaliste du mouvement ouvrier en Allemagne et en Pologne (esquisse de May Stevens, peinte par Mike Alewitz).

W. E. B. Du Bois, dirigeant et auteur pour les droits des Noirs aux États-Unis (artiste : Seitu Ken Jones). *Retour à la première de couverture.*

Augusto Sandino, dirigeant révolutionnaire nicaraguayen (artiste : Arnoldo Guillén — Nicaragua).

Farrell Dobbs et **James P. Cannon,** dirigeants ouvriers et communistes des États-Unis (artiste : Bob Allen).

Carlos Fonseca, dirigeant fondateur du Front sandiniste de libération nationale du Nicaragua (artiste : Arnoldo Guillén — Nicaragua).

Malcolm X, combattant pour les droits des Noirs et dirigeant révolutionnaire (artiste : Carole Byard).

Ernesto Che Guevara, communiste d'origine argentine et dirigeant de la révolution cubaine (artiste : Ricardo Carpani — Argentine).

Maurice Bishop, le dirigeant central de la révolution à Grenade (artiste : Maxine Townsend-Broderick).

Thomas Sankara, dirigeant du gouvernement révolutionnaire au Burkina Faso, en Afrique de l'Ouest (artistes : Lynne Pelletier — Québec ; Luis Perero).

Nelson Mandela, dirigeant du Congrès national africain devenu président de l'Afrique du Sud (artiste : Dumile Feni — Afrique du Sud).

Et **Fidel Castro,** dirigeant central de la révolution socialiste à Cuba (artiste : Aldo Soler — Cuba).

Des « Casse-pierres » regroupés à l'entrée d'une mine au bas de la fresque (des enfants exploités par les patrons des mines de Pennsylvanie au début du vingtième siècle ; certains d'entre eux ont participé par la suite aux luttes sanglantes pour syndiquer l'industrie du charbon) ; au drapeau de combat déployé dans la lutte contre les colonisateurs britanniques de la Nouvelle-Zélande par le guerrier maori Te Kooti, qui s'étend au sommet de la fresque ; aux travailleurs et paysans en lutte qui escaladent les classiques du marxisme — la fresque dépeint les luttes des masses laborieuses des 150 dernières années. Dans la multitude, on trouve les portraits d'autres dirigeants ouvriers et de combattants pour la libération nationale et la justice sociale à travers le monde. On peut plus clairement voir certains d'entre eux dans le détail de la fresque reproduit sur la page d'à-côté.

Quatre-vingts artistes — tous volontaires — de vingt pays ont participé à créer la fresque. Plusieurs ont peint des scènes de luttes ouvrières et de luttes de libération nationale de leur pays ou les portraits de dirigeants de ces luttes.

Mike Alewitz a été le premier directeur du projet de la fresque. Sam Manuel a complété son travail. C'est lui qui a coupé le ruban lors de l'inauguration de la fresque murale en 1989. Sam Manuel est resté directeur de la fresque après la cérémonie. Il a supervisé le travail de restauration des sections de la fresque endommagées par les assaillants de droite, mené une bataille disciplinée, même si perdue d'avance, contre les effets des intempéries et gardé le contact avec les artistes et les autres personnes dont l'effort collectif a permis de réaliser la fresque.

LA FRESQUE EST RESTÉE sur le mur de l'immeuble Pathfinder pendant sept ans, attirant visiteurs, groupes organisés de touristes et médias de l'Amérique du Nord et du monde. Dès le début, elle a suscité l'appui et souvent l'admiration des travailleurs et des résidants du quartier de Manhattan qu'elle surplombait. Littéralement, elle a été vue par des millions de conducteurs se dirigeant vers le nord sur l'autoroute à forte circulation Westside ou de plaisanciers participant à des croisières le long des rives de New York. Plusieurs personnes représentées sur la fresque qui n'ont pas eu la chance de la voir se sont fait décrire en détail cette oeuvre d'art par d'autres qui avaient pu la voir directement.

ANDREA BRIZZI/PATHFINDER

Détail de la fresque Pathfinder. Y sont représentés des scènes de la révolution chinoise et de la lutte pour l'indépendance de l'Inde ; des opposants sud-africains à l'apartheid ; des militants U.S. pour le droit à l'avortement ; plusieurs des martyrs de Haymarket ; les dirigeants révolutionnaires mexicains Emiliano Zapata et Pancho Villa ; Louise Michel de la Commune de Paris ; le dirigeant autochtone Leonard Peltier ; les combattants U.S. contre l'esclavage, John Brown, Sojourner Truth et Harriet Tubman ; la combattante pour l'indépendance de Porto Rico, Lolita Lebrón ; le martyr républicain irlandais, Bobby Sands ; le révolutionnaire du dix-neuvième siècle, Auguste Blanqui, et le collaborateur de Marx, Joseph Wedemeyer ; les dirigeants du Parti socialiste des travailleurs, Joseph Hansen et Evelyn Reed ; le dirigeant pour la libération du Congo, Patrice Lumumba ; le dirigeant de la lutte des Métis au Canada, Louis Riel ; le militant pour les droits des gays, Leonard Matlovich ; les dirigeants des Travailleurs industriels du monde, « Big Bill » Haywood et Frank Little ; et plusieurs autres.

On peut commander une affiche couleur grand format de la fresque à www.pathfinderpress.com.

En 1996, la fresque avait pâli et sa surface de base était devenue irréparable sous l'impact du soleil et des intempéries. Le mur qu'elle couvrait avait lui aussi souffert et requérait d'urgentes réparations structurelles.

À la suite d'une cérémonie organisée en juin 1996 à l'extérieur de l'immeuble Pathfinder et à laquelle ont participé des artistes et d'autres volontaires impliqués dans la création de la fresque, des travailleurs, des jeunes et des voisins, la fresque a été recouverte de panneaux protecteurs jaune pâle au cours de la restauration du mur sud. Cette surface est une invitation à la nouvelle génération de travailleurs socialistes qui, à une étape future de la lutte des classes, organisera la nouvelle représentation artistique de Pathfinder, la maison d'édition née avec la révolution d'octobre.

❖

La représentation graphique de la fresque qui entoure ce numéro de *Nouvelle Internationale* a été rendue possible grâce au travail collectif d'Eva Braiman, la conceptrice de la couverture, et de Toni Gorton, qui lui a offert des conseils inestimables. Elles ont collaboré avec les rédacteurs tout en travaillant sur des quarts de travail opposés dans des usines situées dans des villes différentes. Les travailleurs de l'imprimerie des éditions Pathfinder ont transformé, en portant une attention particulière à la qualité, leur conception graphique dans le livre que vous tenez maintenant entre les mains.

Les rédacteurs expriment leur reconnaissance pour tous ces efforts, qui aideront à mettre ce numéro de *Nouvelle Internationale* dans les mains de travailleurs, d'agriculteurs et de jeunes à travers le monde. Nous espérons qu'il s'agit d'un hommage approprié à ceux et à celles qui ont créé et défendu la fresque, ainsi qu'à ceux et à celles qui continuent aujourd'hui de protéger l'espace qui servira de site à la prochaine fresque.

Steve Clark
Septembre 1998

NOTRE ÉQUIPE INTERNATIONALE DE VOLONTAIRES

LA PUBLICATION DE CE NUMÉRO de *Nouvelle Internationale* a été rendue possible grâce à l'énorme travail accompli par une équipe internationale de volontaires. Après leurs heures de travail — pour plusieurs, en usine — ou d'étude, ces volontaires ont traduit de l'anglais et de l'espagnol les textes contenus dans ce numéro ; saisi sur ordinateur et révisé les traductions ; corrigé les épreuves ; et assuré la gestion et la transmission informatiques des données. Il s'agit de :

À **Bruxelles** : Marc Claessens et Daouda Sanon. À **Miami** : Rollande Girard. À **Montréal** : Marie-Claire David, Sébastien Desautels, André Doucet, Brigitte Grouix, Grant Hargrave, Joanne Holowchak, Christiane Malet, Elssa Martinez, Normand Raymond et Josée Séguin. À **Paris** : Claude Bleton, Florence Duval, Derek Jeffers, Nat London, Jacques Salfati et Abdelrafik Zaïgouche. À **Toronto** : Al Cappe, Gabriel Charbin, Sylvie Charbin, Maria Isabel Le Blanc, Margaret Manwaring, Linda Meissenheimer, Guy Tremblay et Arthur Young.

De plus, Michel Dugré à Montréal a effectué une révision minutieuse de la rédaction des textes et aidé à résoudre plusieurs difficultés de traduction. Jean-Louis Salfati à Paris a accompli la révision linguistique du numéro. Carole Caron à Montréal a supervisé la composition des textes et produit les pages de publicité. Et George Rose à Toronto a réalisé en micro-édition la composition de tout le numéro.

Michel Prairie
Février 1999

MARTÍN KOPPEL/MILITANT

17 octobre 1997, Cuba. Cérémonie à Santa Clara pour recevoir et enterrer les ossements d'Ernesto Che Guevara et de six autres guérilleros de Bolivie, de Cuba et du Pérou, tués en 1966 et 1967 pendant la campagne de Bolivie. « L'internationalisme révolutionnaire est la vague du futur et non le dernier vestige d'une époque passée. Ce futur sera marqué par des luttes de classe, des révolutions populaires, des mouvements de libération nationale et des guerres civiles. » (« L'impérialisme U.S. a perdu la guerre froide »)

NOTRE ÉPOQUE EST CELLE DE LA RÉVOLUTION MONDIALE

Jack Barnes et Mary-Alice Waters

> « *Nous ne pouvons* réfléchir *clairement à ce qui arrive dans le monde aujourd'hui sans un début de mouvement vers une organisation de jeunesse. Pourquoi en est-il ainsi ? Parce qu'en plus de l'expérience et de la continuité sans lesquelles toute organisation communiste perdrait politiquement ses amarres, il y a aussi des moments dans l'histoire où tout change tellement vite que même les meilleurs combattants seront désorientés s'ils n'arrivent pas à rompre avec des habitudes de pensée développées dans le passé et à voir le monde avec les yeux d'une génération qui s'éveille tout juste à la vie politique.* »

CES MOTS, TIRÉS de l'article principal du cinquième numéro de *Nouvelle Internationale*[1], sont aussi au coeur du premier texte du présent numéro, le « Manifeste des Jeunes socialistes ». Ce document a été

1. Jack Barnes, « La marche de l'impérialisme vers le fascisme et la guerre », *Nouvelle Internationale* n° 5, p. 318. Cet article a été discuté et adopté par les délégués au congrès national d'août 1994 du Parti socialiste des travailleurs.

écrit par des membres du chapitre des Jeunes socialistes à Los Angeles en avril 1998. Il est le produit de plusieurs discussions dans le chapitre au cours desquelles ceux-ci ont rédigé des notes de travail pour clarifier entre eux le caractère et les activités de leur organisation et la nécessité de ses liens politiques avec le Parti socialiste des travailleurs, le parti de l'avant-garde communiste de la classe ouvrière aux États-Unis.

La concision, la clarté et la fraîcheur du document témoignent du labeur et de l'effort collectif de ses auteurs et sont un signe de sa richesse.

Le « Manifeste », comme d'autres l'ont rapidement appelé, est devenu le centre des discussions lors d'une Conférence régionale des Jeunes socialistes de la côte Ouest tenue à San Francisco les 5 et 6 septembre 1998 et organisée par les chapitres des JS en Californie. En réponse à une demande du Comité exécutif national des Jeunes socialistes, les participants à cette conférence ont convoqué le troisième congrès national de l'organisation, du 4 au 6 décembre 1998 à Los Angeles. Ils ont décidé que les chapitres des JS à travers les États-Unis devraient commencer à construire le congrès en discutant le manifeste et « L'organisateur des Jeunes socialistes », un document adopté lors du deuxième congrès national des Jeunes socialistes en mars 1997. Le début de ce deuxième document est aussi reproduit dans ce numéro de *Nouvelle Internationale.*

Le « Manifeste des jeunes socialistes » met en lumière l'objectif poursuivi par ce numéro de *Nouvelle Internationale* : comprendre la profondeur des changements politiques, économiques et sociaux qui refaçonnent notre monde et forger le genre de partis ouvriers dont les unités sont capables d'agir d'une manière politiquement centralisée, avec rapidité et efficacité, alors que nous sommes confrontés aux défis et aux opportunités imprévisibles créés chaque jour par le désordre mondial croissant du capitalisme.

Sans la trajectoire tracée par le manifeste des Jeunes socialistes pour la nouvelle génération qui commence à peine à s'orienter politiquement vers la classe ouvrière, les autres articles de ce numéro de la revue pourraient toujours avoir un mérite historique et analytique. Mais pris isolément, ils ne constitueraient pas un cours communiste pour aujourd'hui. Le marxisme est un guide pour la pratique révolutionnaire. Comme les fondateurs du mouvement ouvrier moderne l'ont exprimé de façon succincte il y a plus de 150 ans : il ne s'agit pas d'interpréter le monde, il faut le transformer.

LES OCCASIONS pour les organisations de travailleurs communistes et de jeunes d'agir ensemble selon la perspective présentée dans les pages qui suivent se sont multipliées, du moins depuis le début de 1997. Il est de plus en plus évident que la classe ouvrière aux États-Unis et dans la plupart des autres pays impérialistes a émergé de la période de retraite politique qui a suivi la courte, brutale — et démoralisante parce que largement restée sans réponse — attaque impériale contre le peuple irakien en 1990-1991. Il y a des signes d'un renouvellement des activités défensives tout autour de nous — plus de grèves reflétant la ténacité et la résistance des travailleurs du rang en lutte ; une croissance notable de la confiance et de la détermination des femmes dans l'industrie ; le poids accru des dirigeants qui sont des Noirs dans les batailles ouvrières et dans les luttes des petits agriculteurs ; une remontée du mouvement pour l'indépendance de Porto Rico ; et plus d'actions en défense des droits des immigrés. De tels développements préparent le renforcement de la direction ouvrière dans ces luttes et augmentent la capacité des syndicats d'« agir sciemment comme foyers organisateurs de la classe ouvrière dans le grand but de son émancipation radicale[2] ».

C'est avant tout dans de tels moments que le parti d'avant-garde de la classe ouvrière et les jeunes à l'esprit révolutionnaire qui cherchent à construire un mouvement de jeunesse prolétarien doivent avancer ensemble, approfondir leur compréhension et organiser leur travail de l'intérieur de l'histoire et de la ligne de marche du mouvement communiste moderne. C'est une condition nécessaire pour effectuer un travail de masse efficace et recruter aux deux organisations — pas à long terme, mais aujourd'hui. C'est la seule façon de mettre en application un cours prolétarien, en répondant à temps — sans hésitation politique, sans abstention et sans faux pas gauchistes — à la résistance accélérée engendrée par les crises croissantes du capitalisme.

« La théorie n'est pas un dogme ni une reconnaissance de dette, » déclare le document cité par les Jeunes socialistes dans leur manifeste. « C'est la généralisation vivante de la ligne de marche d'une classe et des leçons politiques stratégiques que notre classe a apprises dans la lutte au prix de sacrifices sanglants. Ces leçons sont les biens les plus précieux du mouvement communiste,

---

2. « Les syndicats : leur passé, leur présent et leur avenir », le document fondateur du mouvement communiste sur les syndicats. Rédigé par Karl Marx pour être discuté et adopté par la Première Internationale en 1867, il est publié en anglais dans *Trade Unions in the Epoch of Imperialist Decay,* Pathfinder, 1990. On peut le trouver en français dans le tome 2 des *Oeuvres choisies* de Karl Marx et Friedrich Engels, Moscou, éditions du Progrès, 1978, p. 83-84.

nos armes les plus précieuses. C'est en assimilant ces leçons dans la pratique politique quotidienne et hebdomadaire d'un mouvement communiste mondial organisé que des millions de communistes sont capables, quand arrive le moment crucial, de penser et d'agir d'une manière disciplinée pour faire ce qui est requis par les circonstances. »

C'est là le cours tracé par le Manifeste des Jeunes socialistes et que les Jeunes socialistes suivront en construisant le troisième congrès national de leur organisation à Los Angeles. C'est pour cette raison que leur manifeste mérite la place centrale que lui accorde ce numéro de *Nouvelle Internationale,* ainsi que l'attention de toute personne ayant un esprit révolutionnaire, peu importe son âge ou ses années d'expérience politique.

❖

« L'impérialisme U.S. a perdu la guerre froide », le document central de ce numéro de *Nouvelle Internationale,* a été discuté et adopté par le trente-cinquième congrès national du Parti socialiste des travailleurs aux États-Unis, tenu du 8 au 12 août 1990. Le Comité national du Parti socialiste des travailleurs a soumis la résolution aux délégués. Pendant que les branches du parti à travers les États-Unis et des organisations communistes dans d'autres pays la discutaient et la débattaient, les événements historiques qui ont marqué la fin des régimes staliniens à travers l'Europe de l'Est et en Union soviétique ainsi que la désintégration du pouvoir des appareils du Parti communiste dans ces pays se déroulaient jour après jour. Les dirigeants impérialistes avaient commencé à proclamer bruyamment la défaite du communisme et la naissance d'un « nouvel ordre mondial » — et même la fin de l'histoire elle-même — et prétendaient se diriger vers un contrôle incontesté de la direction du monde.

Au moment même où les délégués au congrès du SWP délibéraient, le gouvernement U.S. commençait ses préparatifs de guerre contre l'Irak, qui ont culminé cinq mois plus tard dans six semaines de bombardements massifs et dévastateurs, une invasion de 100 heures et le massacre de quelque 150 000 hommes, femmes et enfants irakiens.

LES PLANS POUR ÉDITER et publier rapidement la résolution adoptée au congrès d'août 1990 ont été temporairement mis de côté alors que les branches et les fractions syndicales du Parti socialiste des travailleurs, les chapitres de l'Alliance des jeunes socialistes et les communistes dans le monde qui partageaient les conclusions politiques de ce document se sont tournés vers la tâche immédiate de faire campagne contre la guerre qui approchait. L'impérialisme U.S. allait se montrer incapable d'atteindre ses objectifs dans la guerre contre l'Irak. La « grande coalition » rassemblée sous la houlette du président George Bush a commencé à se désintégrer alors même que le tir des canons retentissait toujours, ce qui a forcé les dirigeants U.S. à s'arrêter sans avoir établi le protectorat dont ils ont besoin dans cette région. Le résultat de la guerre du Golfe a été l'une des premières confirmations frappantes des conflits interimpérialistes de plus en plus aigus qui marquent le monde de l'après-guerre froide, faisant entendre une note discordante dans le concert de louanges à l'hégémonie U.S. dans le nouvel ordre mondial. Les conséquences de cette issue de la guerre pour le capital financier U.S. continuent à se faire sentir aujourd'hui.

Personne n'a prévu ou voulu que la publication dans *Nouvelle Internationale* de la résolution « L'impérialisme U.S. a perdu la guerre froide » ne se fasse que huit ans après sa rédaction et son adoption. Sa parution aujourd'hui est peut-être un accident heureux. Ce qui est publié ici n'a pas été réécrit après-coup. Le texte est publié tel que présenté dans le Bulletin de discussion du Parti socialiste des travailleurs en mai 1990, en y incorporant les changements décidés par les délégués au congrès qui l'a adopté. La résolution n'a été éditée que pour éliminer les répétitions inutiles, les digressions et les ambiguïtés et pour ajouter des notes expliquant les faits et les références que le temps a vieillis ou embrouillés. Mais nous lisons ce document avec d'autres yeux aujourd'hui. Le recul de quelques brèves années nous permet d'apprécier les énormes conséquences de la défaite historique de l'impérialisme et la vitesse avec laquelle quelques-uns des pivots les plus fondamentaux de la politique mondiale de la période qui a suivi la deuxième guerre mondiale ont changé et sont en train de changer.

• Loin de conduire au « renforcement relatif du capital financier allemand au sein du système impérialiste » et à la formation d'une Europe « de plus en plus dominée par le capital financier allemand, » des tendances à long terme constatées par la résolution, la bourgeoisie allemande et sa devise autrefois forte, le mark, ont été politiquement et économiquement affaiblis par neuf ans d'efforts traumatisants pour avaler et digérer l'État ouvrier est-allemand. La résolution souligne avec justesse les nombreuses contradictions inhérentes à la réunification prochaine de l'Allemagne. Mais elle n'est pas allée jusqu'à en indiquer les conséquences probables, tellement celles-ci différaient de la période précédente, marquée par une Allemagne de l'« Est » et de l'« Ouest » profondément séparées ainsi que par une grande vague d'expansion capitaliste.

Un taux de chômage officiel qu'on n'avait pas vu en Allemagne depuis la veille de l'intronisation d'Hitler comme chancelier du troisième Reich, une polarisation politique de plus en plus aiguë avec la montée de courants fascistes et une plus grande vulnérabilité du capital financier allemand aux conséquences déstabilisatrices de la désintégration économique de la Russie — voilà quelques-unes des manifestations les plus visibles de la nouvelle réalité en Europe capitaliste.

L'AFFAIBLISSEMENT RELATIF de la bourgeoisie allemande vis-à-vis de ses rivaux, en particulier de la France impérialiste, a été le plus grand changement en politique mondiale depuis que la résolution a été rédigée. Avec le déclin accéléré de Tokyo au cours de la même période, ce changement a modifié la conception populaire erronée, qui avait atteint son apogée parmi les chroniqueurs bourgeois dans la période précédant 1990, voulant que l'Allemagne et le Japon, avec leur « miracle économique » respectif, aient été les « vrais vainqueurs » de la deuxième guerre mondiale. Mais seule une nouvelle boucherie interimpérialiste et l'émergence de nouvelles puissances victorieuses peuvent changer l'équilibre des forces établi au sortir de la dernière guerre mondiale. Et une telle bataille se prépare.

Le vrai vainqueur de la deuxième guerre mondiale, nous ne devrions jamais l'oublier, n'a pas seulement été le capital financier U.S., qui a émergé largement incontesté parmi les classes dirigeantes impérialistes. Le « siècle américain » est resté, à leur grande surprise, une triste illusion des libéraux de Washington provoquée par la défaite complète qui leur a été imposée à l'échelle internationale par la classe ouvrière, l'autre vainqueur de cette conflagration mondiale. La victoire des travailleurs réside dans le fait que la dictature du prolétariat en Union soviétique, bien qu'affaiblie et déformée, n'a pas été détruite. À un coût humain et matériel incroyable et avec le soutien des travailleurs et des agriculteurs du monde entier, le peuple travailleur de l'Union soviétique a repoussé l'invasion impérialiste et a commencé à reconstruire le pays. Les assises économiques établies par la révolution d'octobre 1917 ont survécu. Et les nations et peuples opprimés d'Asie, d'Afrique et d'Amérique latine ont saisi l'opportunité créée par l'affaiblissement du système impérialiste pour lancer de puissantes luttes de libération nationale qui ont changé la face de la politique mondiale et le rapport de force entre les classes au niveau international au détriment du capital financier.

• La première guerre sur le continent européen en presque 50 ans n'avait pas encore commencé en 1990. Mais depuis sept ans maintenant, depuis le début de 1991, elle a tantôt couvé sous les cendres, tantôt explosé à travers la Yougoslavie et les Balkans.

En marchant dans le sang et sur les os du peuple yougoslave, le gouvernement des États-Unis s'est établi comme la principale puissance « européenne ». Tandis que drapées du drapeau des Nations unies, les classes capitalistes nationales rivales de l'Europe s'épuisaient dans de futiles efforts pour se supplanter mutuellement et devenir le « vainqueur » de la nouvelle guerre des Balkans, Washington a déployé en 1994 sa bannière de l'OTAN et est intervenu de façon décisive. Contrairement à leurs justifications démagogiques, les dirigeants U.S. n'ont pas pour objectif d'arrêter l'« épuration ethnique » ou d'imposer la « démocratie », mais d'établir la suprématie U.S.

en Europe et de créer les conditions qui faciliteront un jour la restauration des relations sociales capitalistes à travers l'État ouvrier yougoslave.

• Loin de diminuer, les tensions croissantes notées par la résolution au sein de l'alliance réactionnaire de l'OTAN « sous l'impact de la concurrence interimpérialiste accrue et des alignements changeants » se sont accentuées. Mais sous la gouverne d'une classe dirigeante U.S. loin d'être unanime quant aux conséquences inévitables de sa trajectoire, l'OTAN s'élargit pour inclure des contradictions encore plus explosives. Son centre de gravité s'est nettement déplacé vers l'est. L'encerclement de l'État ouvrier russe se resserre sur tout son périmètre, de l'Europe centrale au Caucase riche en pétrole et loin en Asie, le long de l'historique route de la soie au sud. Cet anneau de feu s'enflammera de plus en plus fréquemment à mesure que les puissances capitalistes essayeront d'y faire avancer leurs intérêts. Les forces incontrôlables mises en mouvement s'accroîtront. C'est la véritable perspective à l'aube du vingt et unième siècle.

Pas à pas, l'impérialisme U.S. se prépare froidement à faire ce qu'il est convaincu devra finalement être fait. Ce que la révolution d'octobre 1917 a initié en Russie ne peut pas être délicatement éliminé de l'histoire. Seule une contre-révolution sanglante peut rétablir le capitalisme dans ces territoires. Il faudra directement affronter les travailleurs de l'ex-Union soviétique. Le pouvoir d'État de la classe ouvrière a été affaibli et trahi par des décennies de règne abusif d'une caste bureaucratique d'opportunistes, d'assassins et d'autres parasites antiouvriers, maintenant éclatée en d'innombrables camps opposés. Mais ce pouvoir doit toujours être renversé par la force militaire.

Ainsi que l'affirme la résolution, « [l]es États ouvriers et leurs assises dans la propriété prolétarienne se sont avérés beaucoup plus forts que les castes. »

• En août 1990, les formes squelettiques de l'Union des républiques socialistes soviétiques existaient encore. Mikhaïl Gorbatchev était le président de l'Union soviétique et le secrétaire général du Parti communiste. Le régime de Moscou cherchait toujours à justifier sa légitimité en prétendant représenter la continuité de la révolution d'octobre 1917 dirigée par les bolcheviks. Plus rien de cela n'est vrai aujourd'hui.

LA DÉSINTÉGRATION des castes bureaucratiques, qui ont abandonné toute prétention de parler au nom du communisme ou de représenter les intérêts de la classe ouvrière et de ses alliés à l'échelle internationale, a éliminé un énorme obstacle qui a empêché pendant des décennies les combattants révolutionnaires de trouver le chemin du marxisme. Au lieu de cela, des millions en ont été détournées vers un cours qui était en réalité la négation contre-révolutionnaire de ce pour quoi les dirigeants historiques du mouvement ouvrier moderne — dont Marx, Engels et Lénine — se sont battus. Mais aujourd'hui, ni le chancelant président russe Boris Eltsine et ses collaborateurs, ni leurs opposants factionnels — pour ne rien dire de leurs imitateurs dans les diverses anciennes républiques soviétiques — n'ont la capacité d'influencer et de désorienter le moindre combattant révolutionnaire où que ce soit dans le monde.

Le ciment qui a servi pendant des décennies à structurer le milieu généralement désigné comme la « gauche » dans le monde a également disparu avec cet obstacle. Depuis l'introduction par les staliniens de la « stratégie » de collaboration de classe du front populaire au milieu des années 30, la « gauche » a tiré sa ligne politique et sa cohérence, et souvent ses ressources, de son identification et de sa loyauté aux castes réellement existantes qui dominaient les États ouvriers. La force d'attraction du fait existant était énorme. De là la crise de la « gauche » qui a balayé le monde lorsque, comme l'a dit le président cubain Fidel Castro, « un jour, le soleil ne s'était pas levé à 6 heures du matin, ni à 7 heures, ni à 10 heures, ni à midi[3]. » L'ardeur de tous ceux qui s'appelaient eux-mêmes socialistes ou communistes a de nouveau été mise à l'épreuve — une épreuve qui s'approfondit et prend de l'ampleur aujourd'hui.

Les courants qui se disent révolutionnaires n'ont plus aucune force à part eux-mêmes à blâmer ou à féliciter dans le mouvement ouvrier pour ce qu'ils s'avèrent capables ou pas de faire, de diriger et de devenir.

• Au début de 1990, les marchés boursier et immobilier japonais hypertrophiés venaient tout juste de s'effondrer. Que ce développement ait marqué le début d'une crise mondiale déflationniste commence seulement à être reconnu aujourd'hui dans certains secteurs de l'opinion publique bourgeoise — tardivement et sur un ton de plus en plus paniqué. Contrairement aux prévisions, la reprise n'a jamais eu lieu. La crise n'a fait que s'approfondir.

Huit ans plus tard, alors que la « crise asiatique » s'élargit et que l'effondrement international du système bancaire capitaliste pointe de façon menaçante à l'horizon, personne ne sait encore si nous ne sommes pas déjà

---

3. Discours au congrès de l'Union nationale des écrivains et des artistes de Cuba (UNEAC) en novembre 1993. Voir « Défendre Cuba, défendre la révolution socialiste à Cuba » par Mary-Alice Waters, *Nouvelle Internationale* n° 5, p. 42.

en train de vivre ce qui sera bientôt universellement reconnu comme la première année d'une nouvelle dépression mondiale. Se souviendra-t-on de 1998 comme d'un nouveau 1929 ? Oui ou non, la réponse ne change pas grand chose. Ce qui est indéniable, c'est que nous sommes témoins des derniers efforts faibles et désespérés des dirigeants capitalistes pour conjurer l'inévitable.

Et ce qui arrive sera encore plus dévastateur pour les travailleurs du monde que les lendemains de 1929. Cette fois-ci, le désastre aura des dimensions véritablement mondiales.

PENDANT LA DÉPRESSION MONDIALE des années 30, les relations sociales capitalistes étaient marginales dans la plus grande partie de l'Asie et de l'Afrique coloniales — et même dans des parties de l'Amérique latine. Pour la vaste majorité paysanne qui vivait sous le colonialisme, les conséquences économiques et sociales de la surexploitation coloniale signifiaient une vie d'extrême misère. Mais sa subsistance et sa survie se déroulaient largement en dehors du marché capitaliste mondial. Les conditions de vie de la majorité laborieuse dans le monde n'ont souvent pas été aggravées de manière qualitative par la grande dépression. Aujourd'hui, le capitalisme a pénétré plus profondément l'agriculture de la plupart de ces pays et une classe ouvrière industrielle de salariés, pas toujours petite, s'est développée dans nombre d'entre eux.

Les peuples d'Union soviétique ont été protégés des ravages de la dépression mondiale dans les années 30 grâce aux conquêtes révolutionnaires d'octobre, qui avaient jeté les bases économiques de la propriété nationalisée et de l'économie planifiée. Ils sont infiniment plus vulnérables aujourd'hui.

Partout, le sort des travailleurs a été lié beaucoup plus étroitement aux mécanismes du marché capitaliste mondial. Les espoirs d'un lendemain meilleur commencent tout juste à se briser.

Ce monde du vingt et unième siècle, né prématurément dans les dernières heures du vingtième, peut être profondément désorientant pour nombre de ceux dont la vie et la conscience ont été formées par le bouleversement et les conséquences de la deuxième guerre mondiale. Mais pour la génération qui s'éveille à la vie politique aujourd'hui, c'est le seul monde qu'elle ait jamais connu. Pour nous tous, « L'impérialisme U.S. a perdu la guerre froide » implique des tâches pratiques et des perspectives qui correspondent à la résistance ouvrière croissante d'aujourd'hui et qui donnent un relief politique aux forces qui façonneront les batailles titanesques qui approchent. Avant tout, cet article nous explique pourquoi, en dépit de la propagande bourgeoise, les chances historiques de la classe ouvrière internationale se sont renforcées et non pas affaiblies en sa faveur.

❖

« Un axe de conflit La Havane-Washington sera au centre de la politique mondiale dans les années 90. C'est la manifestation la plus directe du conflit international opposant l'impérialisme à la dictature du prolétariat[4]. »

Avec l'implosion des castes, régimes et partis bureaucratiques en Europe de l'Est et en Union soviétique, les dirigeants impérialistes U.S. ont espéré que le gouvernement des travailleurs et des agriculteurs à Cuba devienne

4. Tiré de la deuxième partie de « L'impérialisme U.S. a perdu la guerre froide ».

une cible plus facile. Ils n'ont pas été capables de comprendre — et cela est vrai depuis la guerre révolutionnaire contre la dictature de Fulgencio Batista — que la direction de la révolution à Cuba n'est pas une variante tropicale du stalinisme, mais un parti véritablement révolutionnaire et internationaliste qui fait corps avec le peuple travailleur cubain.

Les dirigeants U.S. s'attendaient à ce que la baisse soudaine et brutale du niveau de vie à Cuba — le résultat de la fin abrupte en 1990-1991 des échanges commerciaux préférentiels avec les États ouvriers de l'Union soviétique et de l'Europe de l'Est, qui représentaient 85 pour cent du commerce extérieur de Cuba — forcerait les travailleurs cubains affamés à se soumettre ou créerait au moins des conditions fertiles pour le renversement du gouvernement révolutionnaire.

La perspective politique internationale présentée par le dirigeant du Parti communiste de Cuba José Ramón Balaguer dans « Le socialisme : une option viable », publié dans ce numéro, confirme le caractère erroné de ce point de vue. « Dans les conditions internationales actuelles, nous réaffirmons que le socialisme est une nécessité, » a dit José Ramón Balaguer aux participants à une conférence internationale intitulée « Le socialisme à l'aube du vingt et unième siècle », tenue à La Havane du 21 au 23 octobre 1997. « Celui-ci est non seulement le résultat logique du développement des forces productives à l'échelle internationale, mais la seule alternative pour garantir la survie de l'humanité. »

Faisant référence à la « liquidation du socialisme en Europe de l'Est et en URSS, » il a noté que « [c]e n'est pas la vérité socialiste qui a failli. » Ce qui s'est plutôt produit là-bas, c'est « l'effritement d'un type de marxisme dogmatique et vulgaire qui, dans ces pays, faisait figure de théorie officielle. Ce marxisme avait abandonné plusieurs des principes fondamentaux de nos classiques et transformé en loi universelle des thèses ne servant qu'à justifier des positions politiques et ne s'appuyant qu'à peine sur une base scientifique. »

LA CONFÉRENCE INTERNATIONALE de représentants de partis politiques à laquelle José Ramón Balaguer s'est adressé et à laquelle quelques-uns des rédacteurs de *Nouvelle Internationale* ont participé, dont les auteurs de cet article, a été organisée par le Comité central du Parti communiste de Cuba. C'était un des nombreux événements qui ont confirmé depuis deux ans que la révolution cubaine a surmonté les pires moments de ce que les Cubains appellent la période spéciale — la crise politique et économique précipitée par la désintégration abrupte des gouvernements et partis avec lesquels ils avaient maintenu les liens les plus étroits pendant plus d'un quart de siècle. Une crise délibérément aggravée, bien sûr, par l'intensification de la guerre économique menée contre Cuba par les dirigeants U.S.

Ces autres événements comprennent :

- Le cinquième congrès du Parti communiste de Cuba, qui a eu lieu à La Havane du 8 au 10 octobre 1997, a réitéré le cours politique de la révolution, rétablissant la continuité entre le processus de rectification commencé au milieu des années 80 et les politiques de la période spéciale. Parmi les décisions adoptées par les délégués, le congrès a renforcé la direction du parti en réduisant de manière résolue la taille du Comité central de 225 à 150 membres, tout en y incorporant quelque 50 nouveaux membres des générations plus jeunes qui assument directement des responsabilités quotidiennes de direction dans tous les domaines. Le congrès a enregistré le fait que la transition dans la direction à Cuba, le sujet de beaucoup de spéculation par les ennemis de la révolution à l'étranger, n'est pas une question pour le futur, mais se déroule dès maintenant.

- La commémoration, à l'automne 1997 et durant toute l'année, du trentième anniversaire de la campagne révolutionnaire menée par Ernesto Che Guevara et ses camarades en Bolivie a réaffirmé l'internationalisme prolétarien qui a été et reste le coeur et l'âme de la révolution cubaine.
- L'accueil solennel et unificateur en octobre 1997 réservé à ce que le président cubain Fidel Castro a appelé la brigade de renforcement du Che, alors que les ossements et les « idées immortelles » du Che et de ses camarades sont revenus à Cuba « nous prêter main-forte dans cette difficile lutte que nous livrons aujourd'hui pour sauver les idées pour lesquelles tu as combattu, pour sauver la révolution, la patrie et les conquêtes du socialisme, qui sont une partie réalisée des grands rêves que tu nourrissais. »
- La tenue en août 1997 du Festival mondial de la jeunesse et des étudiants a rassemblé 12 000 jeunes à Cuba. Organisée par l'Union des jeunes communistes et d'autres organisations de jeunesse, cette initiative a fait partie de la lutte politique pour se tourner vers la nouvelle génération de combattants autour du monde qui est attirée par l'exemple de la révolution cubaine.
- La « Déclaration des Mambis du vingtième siècle », initiée en février 1997 par les généraux des Forces armées révolutionnaires et signée par 250 000 officiers et soldats, ainsi que par 5 millions d'autres Cubains dans les mois suivants. Faisant le lien avec la continuité des Mambis — les combattants pour l'indépendance de Cuba de la fin du

dix-neuvième siècle qui ont lutté contre la domination coloniale espagnole — la déclaration répudie les tentatives insultantes et grossières du président U.S. William Clinton pour fomenter des divisions parmi les officiers et les soldats de l'armée en leur offrant de l'aide en retour du renversement du gouvernement révolutionnaire dont les travailleurs et les agriculteurs cubains se servent pour exercer leur pouvoir politique.

• L'accueil réservé au pape Jean-Paul II lors de sa visite officielle en janvier 1998. La direction révolutionnaire a donné un exemple aux travailleurs du monde entier de courtoisie envers les croyants et les non-croyants. En même temps, elle a fait la preuve de la supériorité morale du prolétariat en disant la vérité au monde entier sur le rôle historique de la hiérarchie de l'Église catholique en tant qu'instrument d'obscurantisme scientifique, de préjugés raciaux, d'oppression des femmes, de conquête coloniale et d'esclavage, et de réaction sous toutes ses formes. Les travailleurs de Cuba sont ressortis de la visite du pape plus confiants en eux-mêmes et dans leur direction et plus certains que leur classe, et non pas les représentants du capitalisme ou du féodalisme, sera porteuse de la culture dans la marche en avant de l'humanité.

• Le dix-septième congrès de la Centrale des travailleurs de Cuba (CTC), qui s'est tenu du 27 au 30 avril 1996, a enregistré la confiance acquise par la classe ouvrière à Cuba en faisant directement sentir son poids dans la détermination de l'avenir de la révolution et sa capacité de surmonter les énormes obstacles pour accroître la production dans les conditions imposées par la période spéciale. Comme les thèses adoptées par les délégués l'ont souligné, la classe ouvrière organisée de Cuba s'est réunie pour déterminer ce qu'elle pouvait faire pour « assurer, dans toutes les circonstances, le pouvoir révolutionnaire des travailleurs, par les travailleurs et pour les travailleurs. »

« Un jour, nous devrons peut-être ériger un monument à la période spéciale, » a dit Fidel Castro dans ses remarques aux délégués du congrès. En relevant le défi des années les plus difficiles de la révolution, la classe ouvrière cubaine en est ressortie plus forte et plus confiante qu'à aucun autre moment depuis le début de la période spéciale.

Chacun de ces événements a nécessité des ressources matérielles et de direction substantielles, qu'il aurait été impossible de rassembler à Cuba durant les heures les plus sombres (littéralement et métaphoriquement) de la période spéciale. Pris dans leur ensemble, ainsi que les Cubains le remarquent en riant, ils démontrent clairement que la révolution est maintenant sortie de l'unité des soins intensifs — qu'il n'est plus nécessaire de dévouer chaque fibre de leur corps à la lutte pour la seule survie. Les travailleurs cubains peuvent maintenant se payer le luxe de consacrer un peu d'énergie à penser à la guérison et à comment faire avancer la lutte révolutionnaire internationale dans le monde d'aujourd'hui.

La conférence « Le socialisme à l'aube du vingt et unième siècle » a peut-être été le rassemblement de ce genre le plus important à s'être déroulé à La Havane en plus de 30 ans, depuis les initiatives de direction internationale des années 60 qui ont culminé dans la conférence de la Tricontinentale en janvier 1966 et la conférence de l'Organisation latino-américaine de solidarité en août 1967.

Évidemment, les conditions politiques étaient largement différentes à cette époque. L'exemple héroïque de la lutte de libération nationale vietnamienne avait galvanisé des millions de personnes à agir à l'échelle internationale à mesure que la haine pour la guerre meurtrière de l'impérialisme U.S. contre les peuples d'Indochine s'approfondissait et s'élargissait. Une vague de luttes anti-impérialistes montait à travers l'Amérique latine dans le sillage de la révolution cubaine. On voyait exploser dans le monde arabe l'appui au peuple palestinien et à sa lutte contre la dépossession par l'État d'Israël. Les forces attirées par l'initiative de La Havane étaient alors substantiellement plus grandes. Dans leur grande majorité, elles étaient jeunes et prêtes à l'action. Malgré les disparités politiques cependant, la place et le poids objectifs des initiatives de direction prises à 30 ans d'intervalle sont similaires : aller chercher dans le monde et trouver les forces prêtes à projeter et à appliquer une stratégie révolutionnaire pour avancer.

La présentation d'ouverture de José Ramón Balaguer aux délégués n'a fait mention d'aucune tragédie qui se serait abattue sur Cuba ou sur d'autres forces révolutionnaires dans le monde. Elle ne contenait aucune lamentation sur la mondialisation ni aucun vacillement face aux rapports de force entre les classes qui ont permis l'implantation de politiques néolibérales à travers l'Amérique latine. À la place, il y avait un examen scientifique de la lutte de classe internationale à la fin du vingtième siècle — avec les yeux rivés sur les batailles à venir qu'engendrera la réalité impérialiste — et un programme qui constitue un point de départ nécessaire et suffisant pour l'action révolutionnaire :

- Non à toute variante des théories de la mondialisation et de l'ultra-impérialisme qui conduise à sous-évaluer la lutte pour le pouvoir d'État contre nos propres bourgeoisies. « Le socialisme n'apparaîtra pas sur la scène historique comme une modernisation de la société actuelle, mais comme une révolution de ses structures dominantes. En ce sens, la question de la prise du pouvoir constitue toujours une condition fondamentale [...]. »

• Oui au cours politique de la rectification et de la période spéciale, qui est l'opposé du « modèle de gestion de l'économie, copié en grande partie de l'expérience soviétique [... qui a détourné] la construction du socialisme vers des sentiers qui n'avaient rien de révolutionnaire. »

• Non à toute politique d'alliances qui ne se construit pas « à partir, par et pour ceux d'en bas » ou qui exige que les révolutionnaires renoncent à « la conviction et la fermeté des principes. »

• Oui à la lutte pour gagner la supériorité morale, pour « démontrer non seulement que le socialisme est possible et viable, mais encore qu'il est souhaitable [...]. Pour nous, le socialisme est la seule option authentique pour fonder les relations sociales sur une assise morale. Nous ne pouvons pas renoncer à la tâche de démontrer, autant sur les plans théorique que pratique, sa supériorité indéniable pour façonner les plus hautes valeurs humaines : justice, égalité, équité, liberté, démocratie, respect des droits humains, souveraineté nationale et solidarité. Cette société socialiste continue d'être une alternative claire non seulement au capitalisme, mais aussi aux expériences frustrantes de l'Europe de l'Est et de l'URSS. »

La résolution du Parti socialiste des travailleurs intitulée « L'impérialisme U.S. a perdu la guerre froide » souligne le fait que « la direction du Parti communiste de Cuba est la première depuis les bolcheviks à donner une direction communiste au développement d'un État ouvrier. » À la barre du gouvernement cubain et confrontée aux pressions économiques, militaires et politiques incessantes de l'impérialisme U.S., elle a maintenu un cours révolutionnaire pendant 40 ans. « Ce « facteur subjectif » — le caractère véritablement internationaliste de l'avant-garde prolétarienne qui dirige l'État ouvrier à Cuba — est le résultat et l'apport *objectifs* les plus importants de la révolution cubaine. »

Ceci est encore plus vrai aujourd'hui qu'en 1990. Le poids objectif dans la politique mondiale du seul exemple vivant d'une dictature du prolétariat combative et confiante — avec une direction de combat expérimentée qui a prouvé ses capacités année après année pendant plus de quatre décennies — a augmenté et non pas diminué. Pour les combattants révolutionnaires à travers le monde, il ne suffit pas de reconnaître que l'impérialisme a réellement perdu la guerre froide. Ceci ne leur permet pas en soi de projeter une perspective montrant la voie en avant. Ils ont aussi besoin de l'exemple vivant de Cuba.

Ceci est vrai aussi bien pour les nouvelles générations de combattants à l'esprit révolutionnaire à Cuba que pour les jeunes ailleurs dans le monde. La véritable histoire de la révolution cubaine — l'histoire des hommes et des femmes qui ont renversé la dictature de Batista, fait plier l'empire yankee à la baie des Cochons et durant la « crise des missiles » d'octobre 1962, et pris part à des missions internationalistes de volontaires en Amérique latine, en Afrique, en Asie et au Moyen-Orient — est un lien vital dans la continuité révolutionnaire qu'il faut tracer [5].

5. On en trouvera un exemple frappant dans *Secretos de generales*, La Havane, éditions Si Mar, 1996, distribué par les éditions Pathfinder. Il s'agit d'un recueil de 41 entrevues avec des officiers supérieurs des Forces armées révolutionnaires de Cuba réalisées par le journaliste Luis Baez.

Une *stratégie* pour essayer de construire le socialisme dans un seul pays — même dans un pays aussi vaste et riche en ressources que l'Union soviétique, sans parler d'une île des Caraïbes avec un héritage historique de siècles de domination coloniale et impérialiste — ne peut signifier que l'abandon de l'internationalisme prolétarien, la démoralisation et la démobilisation de l'avant-garde combattante des masses laborieuses et une défaite certaine. Mais les travailleurs communistes ne placent aucune limite a priori quant à la capacité des travailleurs cubains de résister et de survivre, de contenir l'ennemi impérialiste jusqu'à ce qu'arrivent les brigades de renforcement de la lutte de classe internationale, de maintenir les fondements de leur pouvoir d'État et de continuer à consolider leur internationalisme et à faire avancer leurs intérêts de classe.

Il s'agit d'une question pratique et non pas analytique, où l'exemple de Cuba même pèse lourdement dans la balance.

❖

« L'offensive menée par les patrons depuis plus de 10 ans n'a pas réussi à chasser le mouvement ouvrier du centre de la scène politique aux États-Unis. »

Ces premiers mots de « L'impérialisme U.S. a perdu la guerre froide » situent dans une perspective historique la résistance croissante opposée par les travailleurs aux États-Unis en 1989-1990 à la campagne antisyndicale des patrons qui a caractérisé la période pendant laquelle la résolution a été écrite. Ces batailles défensives ont culminé dans deux grèves liées entre elles et qui se sont chevauchées. Commencée en mars 1989, la première est celle de 22 mois menée par l'Association internationale des machinistes contre la compagnie aérienne Eastern. Les travailleurs du rang ont réussi à acculer le patron détesté Frank Lorenzo à la faillite puis à la liquidation plutôt que de permettre à sa compagnie de transport de fonctionner sans syndicat. La deuxième est la grève de 11 mois, réglée en février 1990, menée contre la compagnie Pittston. Cette lutte a permis de repousser l'effort concerté des patrons des mines de charbon de briser le syndicat des Mineurs unis d'Amérique dans les régions minières de l'Est des États-Unis.

Ces dures luttes — où les travailleurs du rang ont laissé leur marque sur la direction des grèves — et l'exemple qu'elles ont donné à tout le mouvement ouvrier ont présagé l'arrivée de plus grandes batailles de classe au début des années 90. Transformés par leur participation dans les luttes contre Eastern et Pittston, les travailleurs communistes organisés en fractions syndicales industrielles dans le Parti socialiste des travailleurs voyaient venir avec confiance et plaisir ces possibilités de répondre au défi de nouveaux développements, mieux préparés à le faire en tant que fraction de l'avant-garde combattante de la classe ouvrière.

AINSI QUE L'EXPLIQUE LA RÉSOLUTION, la troisième période de « vaches maigres » de l'histoire du mouvement communiste aux États-Unis semblait tirer à sa fin. Celle-ci avait commencé avec la retraite du mouvement ouvrier à la suite de la grande récession de 1981-1982. Elle s'est poursuivie pendant la déroute qui n'a commencé à être renversée qu'avec la résistance des travailleurs d'abattoir dans le Midwest en 1985-1986. Elle a coïncidé avec les coups durs que l'impérialisme a portés contre les avancées révolutionnaires au Nicaragua, à Grenade et ailleurs.

Mais contrairement à ce qu'on pouvait anticiper lorsque la résolution a été adoptée en 1990, les jours de chien de la classe ouvrière aux États-Unis (et dans la majorité des autres pays impérialistes) se sont poursuivis pendant six autres années. Les préparatifs militaires U.S. et la guerre meurtrière contre l'Irak qui se sont déroulés d'août 1990 à mars 1991 ont marqué toute la politique pendant plus d'un an. La guerre a fini en débâcle pour Washington, mais le patriotisme et le triomphalisme promus par les dirigeants U.S. avant, pendant et après l'assaut largement incontesté contre l'Irak ont freiné la combativité ouvrière pour une période plus longue que la guerre elle-même.

L'économie capitaliste U.S. est entrée en récession au cours des huit mois de préparatifs militaires et de guerre. La remontée subséquente dans le cycle économique a été tellement faible que le taux de chômage officiel a continué d'augmenter pendant la première année de la « reprise » économique. Les indices se sont multipliés qu'une crise déflationniste mondiale du capitalisme menaçait à l'horizon.

Le mouvement ouvrier a été repoussé vers les marges et la retraite s'est prolongée.

Il s'est avéré que les batailles contre Eastern et Pittston ont préparé les travailleurs communistes dans l'immédiat non pas à des grèves défensives et à d'autres batailles ouvrières, mais à l'épreuve de la guerre impérialiste. Le quatrième numéro de *Nouvelle Internationale* intitulé « La guerre contre l'Irak : les premières salves de la troisième guerre mondiale » explique comment les organisations communistes à travers le monde ont bien relevé le défi en menant une campagne disciplinée et centralisée contre la guerre brutale orchestrée par Washington au travail, dans les quartiers ouvriers, dans les syndicats et sur les campus.

À la suite de la guerre contre l'Irak, les travailleurs communistes ont répondu avec succès au défi de mettre en pratique leur compréhension du monde en train de prendre forme. La guerre en Yougoslavie, la « crise du peso » mexicain, la montée politique de Patrick Buchanan et la nature de ce courant fasciste embryonnaire aux États-Unis, le défi de construire des organisations communistes de jeunesse dès que les premiers signes d'une lutte renouvelée des jeunes apparaîtraient à l'horizon — tous ces éléments ont fait partie de la réalité politique qui s'est déroulée au cours des cinq années qui ont suivi l'adoption de la résolution présentée ici. Ils sont discutés dans un livre à paraître des éditions Pathfinder, *Le désordre mondial du capitalisme*[6].

DEPUIS LE DÉBUT DE 1997, il est de plus en plus évident que les jours de chien tirent effectivement à leur fin. Les signes de résistance (de Caterpillar aux lignes aériennes, de la grève des travailleurs d'UPS en 1997 à celle de cinq semaines des travailleurs de General Motors en 1998), les changements qui se produisent parmi les mineurs de charbon, les efforts de syndicalisation du Syndicat uni des travailleurs agricoles dans les champs de la Californie et les nouvelles formes d'initiatives de direction prises par les travailleurs qui sont noirs et par les femmes dans les usines — tous ces faits attestent des opportunités accrues pour les travailleurs communistes de se tourner vers le travail de masse à un niveau qui n'était simplement pas possible depuis nombre d'années.

---

6. De Jack Barnes, publié en anglais au début de 1999 et en français plus tard au cours de l'année.

On peut maintenant lire la première partie de la résolution de 1990 intitulée « Le mouvement ouvrier demeure au centre de la politique aux États-Unis » non pas avec l'idée que les conditions d'aujourd'hui sont différentes ou que beaucoup de ce qui a été écrit n'est pas un guide aussi utile pour agir aujourd'hui, mais avec la confiance que le contraire est de plus en plus vrai.

Haute de six étages et reproduite en page couverture, la fresque murale de Pathfinder a été inaugurée en novembre 1989 dans le centre-ville de Manhattan, à quelques rues du centre financier mondial de l'impérialisme U.S. Quelques jours après la chute du mur de Berlin et alors que les maîtres du capitalisme mondial essayaient de nous convaincre qu'ils étaient sortis vainqueurs d'une bataille historique contre les travailleurs du monde, le ruban a été coupé devant cette oeuvre d'art célébrant les luttes passées, présentes et futures de la classe ouvrière moderne et de ses alliés sur la voie de l'émancipation. Cette coïncidence est un accident de l'histoire, mais le symbolisme n'aurait pu mieux saisir la réalité de notre temps. Ce que la fresque Pathfinder dépeint est le thème central de ce numéro de *Nouvelle Internationale.*

Notre époque est celle de la révolution mondiale.

Septembre 1998

Nouvelle Internationale

UNE REVUE DE POLITIQUE ET DE THÉORIE MARXISTES

NOUVELLE INTERNATIONALE N° 9

RÉVOLUTION, INTERNATIONALISME ET SOCIALISME : LA DERNIÈRE ANNÉE DE MALCOLM X

Jack Barnes

« Comprendre la dernière années de Malcolm X, c'est voir comment à l'époque impérialiste une direction révolutionnaire du plus haut niveau de capacité, de courage et d'intégrité politiques converge avec le communisme. Cette vérité prend un poids encore plus grand aujourd'hui alors que l'expansion violente du capitalisme mondial précipite des milliards de personnes à travers le monde dans la lutte de classe moderne, de la Chine au Brésil. » — Jack Barnes

Contient aussi : « L'héritage anti-ouvrier des Clinton : les racines de la crise financière mondiale de 2008 » ; « L'intendance de la nature incombe aussi à la classe ouvrière : en défense de la terre et du travail » ; « Rétablir la vérité sur le fascisme et la deuxième guerre mondiale. » 14 $ US

NOUVELLE INTERNATIONALE N° 7

LE LONG HIVER CHAUD DU CAPITALISME A COMMENCÉ

Jack Barnes

Et « Leur transformation et la nôtre, » résolution du Parti socialiste des travailleurs

Les conflits interimpérialistes qui s'aiguisent aujourd'hui sont alimentés à la fois par le début de ce qui sera des décennies de convulsions économiques, financières et sociales et de batailles de classe, et par le plus important changement dans la politique et l'organisation militaires de Washington depuis l'escalade U.S. qui a conduit à la deuxième guerre mondiale. Les travailleurs ayant un esprit de lutte de classe doivent faire face à ce point tournant pour l'impérialisme et prendre plaisir à projeter avec audace un cours révolutionnaire pour y faire face. 16 $ US

TOUS CES NUMÉROS SONT AUSSI DISPONIBLES EN ANGLAIS ET EN ESPAGNOL À WWW.PATHFINDERPRESS.COM

NOUVELLE INTERNATIONALE N° 8

NOTRE POLITIQUE COMMENCE AVEC LE MONDE

Jack Barnes

Les énormes inégalités économiques et culturelles qui existent entre les pays impérialistes et semicoloniaux et entre les classes de presque tous les pays sont produites, reproduites et accentuées par le fonctionnement du capitalisme. Pour que des travailleurs d'avant-garde puissent construire des partis capables de diriger une lutte révolutionnaire victorieuse dans nos propres pays, dit Jack Barnes, nous devons guider notre activité avec une stratégie visant à combler cet écart. *Contient aussi* : « L'agriculture, la science et les classes travailleuses » *de Steve Clark* ; « Capitalisme, travail et nature, » *un échange entre Richard Levins et Steve Clark*. 14 $ US

NOUVELLE INTERNATIONALE N° 6

L'IMPÉRIALISME U.S. A PERDU LA GUERRE FROIDE

Jack Barnes

Contrairement aux attentes de l'impérialisme au début des années 1990 après l'effondrement des régimes qui prétendaient être communistes en Europe de l'Est et en URSS, les travailleurs et les agriculteurs de ces pays n'ont pas été écrasés. Des relations sociales capitalistes n'y ont pas non plus été stabilisées. Les travailleurs demeurent un obstacle intraitable à tout progrès de l'impérialisme, un obstacle que les exploiteurs devront affronter dans des batailles de classe et la guerre. 16 $ US

NOUVELLE INTERNATIONALE N° 5

LA MARCHE DE L'IMPÉRIALISME VERS LE FASCISME ET LA GUERRE

Jack Barnes

« Il y aura de nouveaux Hitler et de nouveaux Mussolini. C'est inévitable. Ce qui n'est pas inévitable, c'est leur victoire. L'avant-garde ouvrière organisera notre classe pour riposter aux conséquences dévastatrices qu'il nous faut payer pour la crise du capitalisme. L'avenir de l'humanité va se décider dans la lutte entre ces forces de classe ennemies. » 17 $ US

NOUVELLE INTERNATIONALE N° 4

LES PREMIÈRES SALVES DE LA TROISIÈME GUERRE MONDIALE

LA GUERRE CONTRE L'IRAK

Jack Barnes

L'attaque meurtrière contre l'Irak en 1990-1991 a annoncé des conflits de plus en plus aigus entre les puissances impérialistes, une instabilité croissante du capitalisme international et plus de guerres.

Contient aussi : « La troisième poussée militariste de Washington » *de Mary-Alice Waters* ; « Les leçons de la guerre Iran-Irak » *de Samad Sharif* et « Cuba dénonce la guerre de Washington à l'ONU. » 13 $ US

MANIFESTE DES JEUNES SOCIALISTES

ELLEN BERMAN/MILITANT

Des membres des Jeunes socialistes et du Parti socialiste des travailleurs à San Francisco ont participé le 29 mars 1998 à une manifestation d'appui à la campagne de syndicalisation des travailleurs agricoles qui font la cueillette des fraises en Californie. « Aujourd'hui, il y a plus de jeunes qui s'intéressent à la politique et qui veulent lutter. Ils détestent les conséquences du capitalisme — le racisme, la brutalité policière, les attaques sur les droits des femmes, la destruction de l'environnement, le chômage, les guerres et les menaces de guerres. »

MANIFESTE DES JEUNES SOCIALISTES

A. Que signifie faire partie d'un chapitre actif des Jeunes socialistes à Los Angeles ?

1. Le contexte politique fourni par Jack Barnes dans *Nouvelle Internationale* nº 5, « La marche de l'impérialisme vers le fascisme et la guerre ».

   a) Dans le passé récent, il a été plus difficile pour les jeunes combattants « de voir comment ils pourraient établir des liens avec une force sociale, la classe ouvrière et le mouvement ouvrier, disposant de la puissance nécessaire pour changer les choses [...] encore plus difficile de nouer des liens avec une tradition de lutte plus large » dans la classe ouvrière (p. 299).

Ce document a été écrit en avril 1998 par des membres des Jeunes socialistes du chapitre de Los Angeles en Californie. C'est un ensemble de notes de travail, le produit de plusieurs discussions dans le chapitre, rédigé au moment où ses membres ont clarifié pour eux-mêmes le caractère et l'activité de leur organisation et la nécessité de son rapport politique avec le Parti socialiste des travailleurs, le parti communiste d'avant-garde de la classe ouvrière aux États-Unis.

Le « manifeste », comme on l'a rapidement appelé, est devenu le centre de la discussion lors d'une conférence régionale de la côte Ouest tenue à San Francisco par les chapitres des Jeunes socialistes de Californie, les 5 et 6 septembre 1998.

Il est publié ici avec les « Buts des Jeunes socialistes », la première section d'un document intitulé « L'organisateur des Jeunes socialistes », adopté par le deuxième congrès national des Jeunes socialistes à Atlanta en Géorgie, du 28 au 30 mars 1997.

La conférence régionale de Californie a convoqué le troisième congrès national des Jeunes socialistes, qui a eu lieu à Los Angeles du 4 au 6 décembre 1998, et a soumis les deux documents aux Jeunes socialistes pour qu'ils les discutent dans tous leurs chapitres en préparation du congrès.

Mais aujourd'hui, le terrain est grand ouvert où les JS peuvent fonctionner comme une organisation de jeunesse révolutionnaire.

b) « [...] plus de jeunes aujourd'hui [...] commencent à s'intéresser à la politique et veulent se battre. Ils détestent les effets du capitalisme [...] le racisme, la brutalité policière, les attaques contre les droits des femmes, la destruction de l'environnement, le chômage, les guerres et les menaces de guerre. [...] Ils veulent se joindre à la lutte partout où il y a de la résistance à l'oppression et à l'exploitation » (p. 303-304).

c) « [...] chercher à convaincre politiquement chaque jeune rebelle que nous pouvons rejoindre, avant qu'il ou elle ne devienne un adepte d'idées bizarres, ne soit attiré par la droite radicale ou tout simplement ne finisse avec le temps par accepter le capitalisme et retourner à une vie banale dans la société bourgeoise » (p. 316).

d) « [...] je parle ici de quelque chose de différent. Nous ne pouvons *réfléchir* clairement à ce qui arrive dans le monde aujourd'hui sans un début de mouvement vers une organisation de jeunesse. Pourquoi en est-il ainsi ? Parce qu'en plus de l'expérience et de la continuité sans lesquelles toute organisation communiste perdrait politiquement ses amarres, il y a aussi des moments dans l'histoire où tout change tellement vite que même les meilleurs combattants seront désorientés s'ils n'arrivent pas à rompre avec des habitudes de pensée développées dans le passé et à voir le monde avec les yeux d'une génération qui s'éveille tout juste à la vie politique » (p. 318).

e) Les JS s'efforcent de comprendre notre place dans ce contexte en tant que chapitre réel et actif, qui accroît son niveau d'activité politique et de recrutement.

B. Augmenter l'activité politique du chapitre des Jeunes socialistes à Los Angeles

1. Participation politique avec les jeunes et les étudiants
   a) Équipes de ventes dans les quartiers, aux portes d'usine et sur les campus : à l'Université d'État de la Californie à Los Angeles (CSLA), à l'Université de la Californie à Los Angeles (UCLA), à la compagnie aérienne United, porte-à-porte dans la campagne d'abonnement pour le *Militant* et *Perspectiva Mundial*
   b) Travail politique « Ne touchez pas à l'Irak » : Collège Occidental, UCLA et lignes de piquetage/piquets de grève
   c) Série de cours des JS : cours hebdomadaires à la librairie et au Collège Occidental
   d) Conférence « Retour du Kosova, de La Havane et du Caire » : amener les jeunes intéressés à la conférence pour y discuter les présentations faites par des dirigeants du parti et des JS ; participation et responsabilité, y compris financière, des membres des JS
   e) Campagne des travailleurs socialistes dans les élections : faire prochainement campagne pour les candidats du SWP, dont un est membre des JS à Los Angeles
   f) Emplois et prolétarisation des Jeunes socialistes

C. Construire un chapitre des JS plus fort : recrutement et contacts

a) Comment gagner les jeunes à une perspective ouvrière : « Prenons avantage de toutes les ouvertures politiques [...]. Participons aux manifestations et aux autres activités de protestation. Prenons part à toute forme de résistance au travail. Rendons-nous sur les campus pour y rencontrer qui nous pouvons.

Diffusons la littérature socialiste aussi largement que possible afin de présenter l'alternative socialiste [… Asseyons] ce que nous faisons sur une compréhension objective et réfléchie de la politique

b) et sur une approche organisationnelle prolétarienne, disciplinée et à long terme. [Autrement, on] va finir par gaspiller nos succès et désorganiser notre travail » (p. 307)

(1) En ayant une approche plus consciente du besoin de participer à la construction d'une variété d'actions dirigées par les jeunes

(2) Cours/formation des JS : l'arsenal de Pathfinder, le *Militant* et *Perspectiva Mundial*

(3) Travail politique soutenu et patient pour gagner de nouveaux membres

(4) Maintenir notre attention à l'intérieur de coalitions plus larges de jeunes et d'étudiants

c) Clarté dans notre définition des Jeunes socialistes

(1) Les JS ne sont pas une organisation « du tournant[1] »

---

1. *Turn party (turn organization).* En anglais, cette expression décrit à la fois un parti qui a effectué un tournant vers l'industrie comme celui que le SWP a fait à la fin des années 70 et un parti dont le rythme de travail, les normes de conduite et le milieu politique sont déterminés par le fait que la majorité de ses membres et de sa direction sont des travailleurs industriels membres de syndicats industriels. L'expression est largement synonyme de celle de parti prolétarien, telle que les dirigeants du Parti socialiste des travailleurs l'ont historiquement utilisée. La meilleure présentation de ce qu'est et fait un parti du tournant, ainsi que de sa continuité à travers les générations depuis la fondation du communisme aux États-Unis en 1919 se trouve dans *Le visage changeant de la politique aux États-Unis* de Jack Barnes, Pathfinder, 1997, en particulier la section du livre appelée « Construire un parti de travailleurs socialistes ». *NOTE DE LA TRADUCTION*

   (2) Recrutement à la va-vite opposé à recrutement politique de qualité

d) Comment les JS fonctionnent-ils par rapport au parti ?

   (1) Travail de comité avec le SWP

   (2) Organisation différente et auxiliaire

   (3) Travailler avec des camarades à des articles pour le *Militant*

e) Faire campagne pour les candidats du Parti socialiste des travailleurs

« L'adhésion des jeunes Marx et Engels à cette organisation de travailleurs révolutionnaires représentait un pas nécessaire : ils se voyaient ainsi comme des agents de l'histoire qui, pour être politiquement efficaces, devaient faire partie du mouvement d'avant-garde d'une classe » (p. 310-311).

BUTS DES JEUNES SOCIALISTES

LE BUT CENTRAL DES JS est de participer à la lutte pour l'établissement d'un gouvernement des travailleurs et des agriculteurs qui abolira le capitalisme aux États-Unis et se joindra à la lutte internationale pour le socialisme. Les JS s'efforcent de gagner les jeunes combattants à leur perspective politique, celle du socialisme révolutionnaire. Nous nous formons et nous formons d'autres combattants à partir de l'histoire et des leçons de la classe ouvrière. Nous appliquons ces dernières aux escarmouches et aux luttes à petite échelle qui éclatent aujourd'hui, en préparation des luttes de classe majeures qui viennent. Notre programme et nos activités politiques découlent de 150 ans de lutte de classe moderne et des principes développés par le mouvement ouvrier révolutionnaire.

Nous reconnaissons aussi qu'une organisation de jeunesse ne peut diriger les travailleurs et leurs alliés dans le renversement de la classe capitaliste et la conquête d'un gouvernement des travailleurs et des agriculteurs. Un parti révolutionnaire de masse de type léniniste est essentiel. Notre travail vise à faciliter la construction d'un tel parti. À cette fin, nous collaborons et avons des relations fraternelles avec le Parti socialiste des travailleurs (SWP), le noyau d'un tel parti aux États-Unis.

Les Jeunes socialistes sont indépendants au niveau organisationnel du Parti socialiste des travailleurs et lui sont subordonnés au niveau politique. Nous nous appuyons sur la direction politique du Parti socialiste des travailleurs et sur son expérience et sa continuité dans la lutte des classes, que l'on peut faire remonter jusqu'à Marx et Engels. Le Parti socialiste des travailleurs et les Jeunes socialistes forment le noyau de l'avant-garde prolétarienne dans ce pays. Le SWP et les JS ont entre eux une relation structurée, formelle et organisationnelle, qui passe par nos comités nationaux respectifs et leurs instances exécutives : le Comité politique du SWP et le Comité exécutif national des JS. Au niveau local, les chapitres des Jeunes socialistes et les branches du SWP coordonnent leur travail par le biais des instances de direction élues des chapitres et des branches : les comités exécutifs de ces organisations.

Notre façon de nous organiser découle de nos buts politiques. Afin d'atteindre nos objectifs avec succès, les JS doivent être une organisation homogène et disciplinée. Nous avons adapté le centralisme démocratique utilisé par le parti d'avant-garde aux besoins des JS, comme la méthode pour atteindre nos objectifs.

La démocratie est une méthode pour prendre des décisions, qui requiert une discussion organisée, un débat et un vote. Les positions adoptées par vote majoritaire sont les positions que tous les membres des JS mettent en application de manière centralisée. La règle de la majorité est fondamentale dans le concept de centralisme démocratique. La minorité peut maintenir ses désaccords et les soulever au moment approprié à l'intérieur de l'organisation, mais reste liée à la décision de la majorité ; les JS s'engagent dans l'activité politique unis et avec un but commun. Ceci maintient la démocratie interne et la capacité de l'organisation d'agir dans l'unité. Ceci s'appuie sur un accord fondamental avec le programme et les principes politiques des JS, qui servent de fondement à la discipline.

L'adhésion repose sur l'accord politique avec les principes des JS et la participation active dans le travail de l'organisation. Les responsabilités des membres comprennent l'assistance aux réunions de chapitre hebdomadaires, le paiement de cotisations mensuelles et la mise en application sur une base hebdomadaire du travail du chapitre.

Aussi de Pathfinder

LE DÉSORDRE MONDIAL DU CAPITALISME

Jack Barnes

La dévastation sociale et les paniques financières, le durcissement de la politique, la brutalité policière, la militarisation de la vie quotidienne et les actes d'agression impérialiste — aucune de ces réalités n'est le produit de quelque chose qui s'est détraqué dans le capitalisme, mais bien des lois qui régissent son fonctionnement. La lutte unitaire des travailleurs et des agriculteurs de plus en plus conscients de leur capacité de transformer le monde peut changer l'avenir. 24 $ US. Aussi en anglais et en espagnol.

LE MANIFESTE COMMUNISTE

Karl Marx, Friedrich Engels

Le document fondateur du mouvement ouvrier moderne, publié en 1848. Il explique pourquoi le communisme ne découle pas de principes préconçus, mais de la ligne de marche de la classe ouvrière vers le pouvoir — issue « d'une lutte de classe existante, d'un mouvement historique qui s'opère sous nos yeux. » 5,95 $ US. Aussi en anglais, espagnol et arabe.

LES COSMÉTIQUES, LA MODE ET L'EXPLOITATION DES FEMMES

Joseph Hansen, Evelyn Reed, Mary-Alice Waters

Comment le grand capital joue sur le statut de deuxième classe et l'insécurité sociale des femmes pour vendre des cosmétiques et empocher des profits. L'introduction de Mary-Alice Waters explique comment l'entrée de millions de femmes dans la main-d'oeuvre durant et après la deuxième guerre mondiale a transformé de manière irréversible la société U.S. et jeté les bases pour une nouvelle montée des luttes pour l'émancipation des femmes. 15 $ US. En anglais et en farsi.

LE VISAGE CHANGEANT DE LA POLITIQUE AUX ÉTATS-UNIS

LA POLITIQUE OUVRIÈRE
ET LES SYNDICATS

Jack Barnes

Comment construire le type de parti dont les travailleurs ont besoin pour se préparer aux batailles de classe qui viennent, au cours desquelles ils vont se révolutionner, révolutionner leurs syndicats et révolutionner toute la société. Un guide pour ceux qui cherchent la voie de l'action efficace pour renverser le système d'exploitation capitaliste et se joindre à la reconstruction du monde sur de nouvelles assises socialistes. 23 $ US. Aussi en anglais, espagnol et suédois.

HISTOIRE DE LA RÉVOLUTION RUSSE

Léon Trotsky

Le récit classique de la dynamique sociale, économique et politique de la première révolution socialiste, raconté par l'un de ses principaux dirigeants. Trotsky décrit comment, sous la direction de Lénine, le Parti bolchevique a conduit la classe ouvrière, la paysannerie et les nationalités opprimées à renverser le régime monarchiste des propriétaires fonciers et des capitalistes et à porter au pouvoir un gouvernement des travailleurs et des paysans, qui est devenu un exemple pour les travailleurs du monde entier. 36 $ US. En anglais et en russe.

JOHN COLTRANE ET LA RÉVOLUTION DES ANNÉES 60 DANS LE JAZZ

Frank Kofsky

Le rôle joué par John Coltrane dans l'introduction d'innovations exprimant la nouvelle fermentation culturelle et politique qui a caractérisé la montée de la lutte de masse pour les droits des Noirs. 24 $ US. En anglais.

THOMAS SANKARA PARLE

LA REVOLUTION AU BURKINA FASO, 1983-1987

Thomas Sankara

Sous la direction de Thomas Sankara, le gouvernement révolutionnaire du Burkina Faso en Afrique de l'Ouest a donné un exemple électrisant. Il a mobilisé les paysans, les travailleurs, les femmes et les jeunes pour mener des campagnes d'alphabétisation et de vaccination ; creuser des puits, planter des arbres, construire des barrages et des logements ; combattre l'oppression des femmes, transformer les relations d'exploitation à la campagne ; se libérer du joug impérialiste et se solidariser avec ceux qui étaient engagés dans le même combat ailleurs dans le monde. 24 $ US. Aussi en anglais.

L'IMPÉRIALISME, STADE SUPRÊME DU CAPITALISME

V. I. Lénine

« J'ose espérer, » écrit Lénine au milieu de la première guerre mondiale, « que ma brochure aidera à l'intelligence d'un problème économique capital, sans l'étude duquel il est impossible de rien comprendre à ce que sont les guerres d'aujourd'hui et la politique d'aujourd'hui ; je veux parler de la nature économique de l'impérialisme. » 7,95 $ US. Aussi en anglais et en espagnol.

LA CLASSE OUVRIÈRE ET LA TRANSFORMATION DE L'ÉDUCATION

L'IMPOSTURE DE LA RÉFORME DE L'ÉCOLE SOUS LE CAPITALISME

Jack Barnes

« Jusqu'à ce que la société soit réorganisée de façon à ce que l'éducation soit une activité humaine de notre prime jeunesse à notre mort, il n'y aura pas d'éducation digne de l'humanité travailleuse et créatrice. » 3 $ US. Aussi en anglais, espagnol, farsi, grec, islandais et suédois.

LE SOCIALISME : UNE OPTION VIABLE

AP-WIDE WORLD PHOTOS

La dictature de Fulgencio Batista que soutenaient les États-Unis à Cuba est tombée au début du mois de janvier 1959, sous l'impact d'une série de victoires militaires de l'Armée rebelle dirigée par Fidel Castro et d'une insurrection et grève générale dans l'ensemble du pays. Ici, Fidel Castro s'adresse le 7 janvier 1959 aux résidents de Colón, un jour avant que sa colonne n'atteigne La Havane. « Le socialisme n'apparaîtra pas sur la scène historique comme une modernisation de la société actuelle, mais comme une révolution de ses structures dominantes. En ce sens, la question de la prise du pouvoir constitue toujours une condition fondamentale. »

LE SOCIALISME : UNE OPTION VIABLE

José Ramón Balaguer

La société capitaliste contemporaine

Encore une fois, on entend carillonner les cloches annonçant l'apothéose victorieuse du capitalisme, cette fois-ci sous la bannière des merveilles de la mondialisation — un terme à la mode utilisé pour tenter d'expliquer et de justifier beaucoup de choses. Autant dans les analyses académiques que dans les documents de gouvernements et d'organismes internationaux, on nous décrit ce processus complexe et multiforme, dont l'axe s'articule autour de la globalisation de l'économie mondiale.

En s'appuyant sur l'idée d'un futur « village global », qui nous rappelle les positions du début du siècle à propos

---

Discours prononcé par José Ramón Balaguer Cabrera, membre du bureau politique du Comité central du Parti communiste de Cuba, à l'ouverture de l'atelier international sur « Le socialisme à l'aube du vingt et unième siècle », tenu les 21-23 octobre 1997 à La Havane, Cuba. Un compte-rendu de la conférence par Mary-Alice Waters, directrice de la revue New International, *et Jack Barnes, le secrétaire national du Parti socialiste des travailleurs aux États-Unis, a été publié dans* Celebrating the Homecoming of Ernesto Che Guevara's Reinforcement Brigade to Cuba, *un recueil de textes distribué par les éditions Pathfinder.*

de l'« ultra-impérialisme [1] », on nous parle d'une nouvelle économie mondiale où régnera un climat d'harmonie permanente entre les pays et en leur sein, climat d'harmonie rendu possible avec la fin de la guerre froide. De plus, on prend pour acquis que les États nationaux se sont presque dissous et que la souveraineté nationale a perdu son sens, en vertu de certaines tendances universelles qui ont commencé à uniformiser le fonctionnement du système.

C'est vrai qu'il y a eu une énorme croissance du commerce mondial, des mouvements internationaux du capital et en particulier du capital sous sa forme financière, à un rythme plus rapide que la croissance de la production. Il n'est pas nécessaire non plus de réitérer qu'il existe un degré supérieur d'interpénétration des économies nationales. Celles-ci se rapprochent maintenant par la

---

1. Un dirigeant des forces centristes qui ont capitulé devant la bourgeoisie allemande au début de la première guerre mondiale dans le Parti social-démocrate allemand et dans la Deuxième Internationale, Karl Kautsky a écrit en 1915 : « La politique impérialiste actuelle ne peut-elle pas être supplantée par une politique nouvelle, ultra-impérialiste, qui substituerait à la lutte entre les capitaux financiers nationaux l'exploitation de l'univers en commun par le capital financier uni à l'échelle internationale ? » Le dirigeant bolchevique V. I. Lénine lui a répondu en 1916 que « la signification sociale objective, c'est-à-dire réelle, de sa [Kautsky] « théorie » est et ne peut être que de consoler les masses, dans un esprit éminemment réactionnaire, par l'espoir d'une paix permanente en régime capitaliste, en détournant leur attention des antagonismes aigus et des problèmes aigus de l'actualité, et en l'orientant vers les perspectives mensongères d'on ne sait quel futur « ultra-impérialisme » prétendument nouveau. » Voir « L'impérialisme, stade suprême du capitalisme », dans Lénine, *Oeuvres complètes,* Moscou, éditions du Progrès, 1977, vol. 22, p. 316-317.

révolution des moyens de transport. Elles communiquent entre elles de manière plus étroite grâce à la révolution des moyens de communication et de transmission de l'information. Elles s'intègrent dans un réseau transnational tissé par un capital qui possède maintenant une mobilité internationale considérablement supérieure à celle de ses arrière-grands-parents du siècle dernier.

Après tout, depuis longtemps déjà le marxisme s'est chargé de nous avertir que la croissance d'un tissu de relations économiques internationales constitue un processus objectif du capitalisme. La vocation internationale du capital — un des traits qui le définissent — a permis à la domination capitaliste de conduire, comme une de ses caractéristiques, à l'établissement d'un système mondial, le premier à proprement parler dans l'histoire de l'humanité. Cette même vocation internationale, qui s'appuie maintenant sur des progrès scientifiques et technologiques colossaux, se traduit par un degré très élevé d'internationalisation du capital.

MAIS LA MONDIALISATION équivaudrait-elle par hasard, comme on nous le propose avec insistance, au triomphe universel et définitif du capitalisme ? Ou à l'abolition des contradictions entre les classes sociales, ou entre les pays et les régions ? Ou à l'élimination des crises du système ? Ou à l'annulation des transformations révolutionnaires ? Ou à l'inévitable adoption par tous les pays, comme une camisole de force, d'un certain modèle de conduite dans leur politique intérieure et extérieure ?

La réalité est déjà suffisamment dramatique pour dégonfler ces fantaisies de l'idéologie de la mondialisation.

Nous sommes témoins d'une situation de crise du système capitaliste qui s'exprime aussi bien dans une tendance à long terme à de faibles rythmes de croissance de l'activité économique, que dans un mouvement cyclique marqué qui a inclus de profondes chutes au milieu des années 70 et au début des années 80 et 90. Le manque d'investissement, l'endettement généralisé, les taux insoutenables de chômage et la détérioration du taux de profit ne sont que quelques-uns des symptômes de la santé fragile du système.

Il n'est pas possible d'oublier la volatilité et l'instabilité que représentent les masses énormes de capitaux qui se déplacent de manière erratique, sans régulation efficace et avec une énorme capacité destructrice, capables en quelques heures de mettre en crise des économies nationales et des gouvernements. La vertigineuse séparation de la masse de capital spéculatif de la base réelle, une expression de l'état parasitaire du capitalisme, a des limites.

D'AUTRE PART, LA MONDIALISATION ne constitue pas un mécanisme automatique de solution des contradictions et de l'hétérogénéité qui ont accompagné le développement du capitalisme. Elle constitue encore moins la fin de l'histoire. Au contraire, la disparition du camp socialiste, la réévaluation par les pays industrialisés des liens qui existent entre les aspects économiques et politiques dans la définition de leurs stratégies de relations internationales, et le développement actuel et prévisible des blocs économiques et de la concurrence entre eux — pris dans leur ensemble, tous ces aspects semblent être en train d'élever la rivalité interimpérialiste à un nouveau degré.

La loi du développement inégal est devenue plus évidente que jamais, ce qui s'est traduit par la tendance à reproduire, à une échelle encore plus large, les différences Nord-Sud qui ont historiquement accompagné le développement du capitalisme. Sauf que maintenant, avec des niveaux tellement élevés de développement scientifique et technologique, s'exprime le besoin d'une utilisation et d'un contrôle sociaux. L'appropriation et la domination privées de ce développement posent une contradiction non seulement en termes de lutte de classe, mais de survie de l'espèce, tant au niveau de la coexistence des relations sociales que de la continuité de la vie dans un entourage écologique soutenable.

Notre région latino-américaine et caraïbe, avec l'Afrique et une partie de l'Asie, est devenue un cas extrême de marginalisation par rapport au dynamisme de l'économie mondiale, de retrait du fonctionnement global du système et d'insertion internationale qui n'a pas dépassé dans la pratique le simple paiement du service de la dette au système bancaire privé international.

Les politiques économiques néolibérales, qui ont pour emblème les formules du Fonds monétaire international, ont joué un rôle indubitable dans l'établissement de cette situation bouleversante d'insécurité et d'inégalité. On a homogénéisé presque tout le monde sous-développé dans la même pratique de privatisation totale et d'ouverture commerciale à n'importe quel prix, comme s'il ne s'agissait que des seules formules possibles pour la réussite économique. Toutefois, ceux qui les exaltent et les proposent dans leurs discours devant les tribunes gouvernementales, académiques, patronales et d'organismes économiques internationaux s'en sont soigneusement éloignés.

Cette capitulation intellectuelle et politique a relégué aux oubliettes les efforts pour élaborer des théories et des politiques de développement pensées à partir et en fonction du sous-développement. Les conséquences pour le tiers monde sont impossibles à quantifier. Mais la tragédie est visible : pauvreté, famine et inquiétude à l'excès dans le sillage de la privatisation et du « chacun pour soi » caractéristique du marché parfait.

Aujourd'hui, un abîme se creuse entre richesse et pauvreté, non seulement entre les pays développés et sous-développés, mais dans les poches du tiers monde qui se développent dans toutes les économies développées et se nourrissent, entre autres choses, d'une migration de pauvres qu'on tente de freiner en versant sur le feu l'huile du racisme, de la xénophobie et de la répression.

En 1960, le cinquième le plus riche de la population mondiale a reçu des revenus 30 fois plus élevés que le cinquième le plus pauvre. Actuellement, le cinquième le plus riche reçoit 60 fois plus. Cette comparaison tient compte de la distribution entre les pays développés et sous-développés. Mais si on considère la distribution inégale à l'intérieur des divers pays, le cinquième le plus riche reçoit alors des revenus au moins 150 fois supérieurs au cinquième le plus pauvre.

Une autre manière d'exprimer cette tragédie, c'est de dire que le cinquième le plus riche reçoit 82,7 pour cent des revenus totaux du monde, tandis que le cinquième le plus pauvre n'en reçoit que 1,4 pour cent.

En Amérique latine, le creuset de prédilection de la politique néolibérale, quelque 84 millions de gens vivent dans l'indigence, un état de pauvreté difficile à surmonter. Ceci signifie que, statistiquement, près d'un Latino-Américain sur cinq se classe comme indigent après 15 ans d'application soutenue du néolibéralisme, dont on disait qu'il allait supprimer l'inefficacité de l'État et favoriser le développement grâce à la libéralisation du marché et à l'initiative privée.

La mondialisation néolibérale ne peut non plus s'appuyer sur la stabilité politique après la disparition de l'URSS et de ce qu'on a appelé le socialisme réel.

Au contraire, la puissante vague d'explosions ethniques, de disputes territoriales, de fondamentalisme religieux, de disparition et d'émergence d'États dans le fracas de guerres locales montre que la victoire momentanée sur le socialisme n'a pas éliminé les conflits inhérents au système capitaliste. Celui-ci s'en tire grâce à son noyau profond d'exploitation, d'exclusion et d'iniquité, en assumant de nouvelles formes surprenantes, mais aussi des formes anciennes et dangereuses comme la renaissance du fascisme.

Il ne s'agit pas seulement d'un monde plus instable, désagrégé et politiquement plus explosif que jamais. Il s'agit aussi de la destruction du milieu ambiant. Il ne serait pas difficile de démontrer que la destruction de l'environnement et la mondialisation capitaliste néolibérale vont inexorablement de pair, pour des raisons qui ont plus à voir avec la quête du plus grand profit sur le marché qu'avec le raisonnement.

La chute du socialisme en Europe de l'Est et en URSS : quelques observations

Dans ces conditions, nous n'avons pas le moindre doute que deux chemins s'ouvrent au monde : ou la poursuite de la barbarie capitaliste, ou la recherche d'alternatives à cet état de chose. Pour nous Cubains, comme pour des millions d'êtres humains, l'alternative continue d'être le socialisme.

Ce n'est pas la vérité socialiste qui a failli. Ceux qui avaient la responsabilité historique de la faire avancer, de la guider à partir du travail créatif quotidien et des expériences concrètes, ont commis des erreurs. C'est là un thème très délicat puisqu'il a pour enjeu le futur de l'humanité.

Sans avoir l'intention de nous attarder à analyser la chute du socialisme en Europe de l'Est et en URSS, je peux rappeler que le soi-disant effet de domino n'a pas atteint notre pays.

La liquidation du socialisme en Europe de l'Est et en URSS a des causes historiques, socio-économiques et politiques que nous avons clarifiées entre nous. Ces causes se sont combinées au travail de sape et de subordination de l'impérialisme. Mais une chose cependant a bien été démontrée, c'est que ce processus européen n'a pas signifié l'échec du socialisme en tant que système.

Il n'a pas non plus fait perdre au marxisme et au léninisme leur utilité comme guides de notre action. Oui, il a signifié l'effritement d'un type de marxisme dogmatique et vulgaire qui, dans ces pays, faisait figure de théorie officielle. Ce marxisme avait abandonné plusieurs des principes fondamentaux de nos classiques et transformé en loi universelle des thèses ne servant qu'à justifier des positions politiques et ne s'appuyant qu'à peine sur une base scientifique.

Nous savons tous que les classiques n'ont pas élaboré pour nous de schéma de la société socialiste, mais plutôt des thèses fondamentales. Le socialisme qui a succombé s'était éloigné de l'idéal socialiste conçu par Marx, Engels, Lénine et d'autres marxistes. Ce modèle a été copié mécaniquement dans les pays qui ont formé le CAEM [2], en transplantant des schémas peut-être valides

---

2. Le Conseil d'assistance économique mutuelle a été créé en 1949 à l'initiative de Moscou dans le but explicite de coordonner

pour une réalité mais pas pour d'autres et en faisant fi des réalités et traditions nationales.

AU MOMENT DE LA CHUTE du socialisme en Europe et en URSS, le processus de reflux des forces révolutionnaires dans ces pays a atteint son point le plus extrême, ce qui a eu une portée internationale. Cuba traversait alors un processus de rectification d'erreurs et de tendances négatives initié en 1986 par la direction de notre parti. Nous en étions arrivés à la conclusion que le modèle de gestion de l'économie, copié en grande partie de l'expérience soviétique, devait subir des transformations radicales.

Ce modèle, qui imprégnait toute la vie sociale cubaine, nous avait conduits à des erreurs et à des tendances négatives qui détournaient la construction du socialisme vers des sentiers qui n'avaient rien de révolutionnaire.

Nous avons amorcé un processus social, qui a commencé dans la sphère économique pour s'étendre à la vie politique du pays. Nous avons initié un processus de rectification et de perfectionnement de notre socialisme à partir de positions socialistes. Ce processus s'est vu tronqué par la disparition du socialisme qui existait en Europe et en URSS. Une étape inédite a débuté pour nous, avec la fin d'un monde avec qui, parmi de nombreux autres avantages, nous avions 75 pour cent de notre commerce extérieur et qui fournissait le combustible et les matières premières essentielles à notre industrie et à notre agriculture, ainsi que le financement pour notre développement. Nous avons ainsi initié une période au

---

les politiques commerciales et d'investissement des États ouvriers soviétique et de l'Europe de l'Est. Cuba y a adhéré en 1972.

cours de laquelle nous avons adopté un ensemble de mesures économiques dans le but de sauver la patrie, la révolution et le socialisme.

Aujourd'hui, nous les forces progressistes, nous assistons à une nouvelle situation géopolitique marquée par les efforts de l'impérialisme, et particulièrement des États-Unis, pour établir un nouvel ordre mondial dominé par les principes et les valeurs du capitalisme — un nouvel ordre mondial où les États-Unis imposeraient une suprématie telle qu'ils pourraient soumettre le reste des peuples à leurs desseins et diriger à leur guise les affaires du monde.

Le socialisme en tant que système

Dans les conditions internationales actuelles, nous réaffirmons que le socialisme est une nécessité. Celui-ci est non seulement le résultat logique du développement des forces productives à l'échelle internationale, mais la seule alternative pour garantir la survie de l'humanité. Plus que tout autre argument, l'aggravation constante des problèmes mondiaux met aujourd'hui en évidence sur une grande échelle les limites historiques du capitalisme.

Il est déjà évident que, combinés aux contradictions de classe nationales, ces problèmes globaux sont des facteurs qui ont un grand poids à l'échelle mondiale et qui stimulent la lutte pour un nouveau régime social. La contradiction capital-travail s'internationalise d'une manière croissante, ce qui oblige davantage le socialisme à élargir lui aussi sa portée au delà des frontières et des contradictions nationales et confirme la pertinence de ce mot d'ordre du marxisme classique : « Prolétaires de tous les pays, unissez-vous ! » Loin de perdre de la vigueur, ce slogan pourrait s'étendre à d'autres secteurs et mouvements sociaux qui subissent eux aussi la barbarie du capital.

Cette aspiration transcende nécessairement les distinctions de classe et les distinctions nationales et se convertit en une nécessité de la communauté mondiale.

Ce qui précède ne veut pas dire de retomber dans la même erreur de concevoir un modèle unique et abstrait de socialisme pour tous les pays. Notre objectif doit être celui d'un socialisme qui se développe à partir des caractéristiques propres à chaque nation ou région.

Face à la crise généralisée des valeurs dans le monde, il devient indispensable en élaborant de nouveaux projets d'émancipation de démontrer non seulement que le socialisme est possible et viable, mais encore qu'il est souhaitable. Aucun changement social ne sera possible si les valeurs *objectives* qu'une telle modification vise à générer ne sont pas d'abord *subjectivement* acceptées comme des valeurs désirables.

Pour nous, le socialisme est la seule option authentique pour fonder les relations sociales sur une assise morale. Nous ne pouvons pas renoncer à la tâche de démontrer, autant sur les plans théorique que pratique, sa supériorité indéniable pour façonner les plus hautes valeurs humaines : justice, égalité, équité, liberté, démocratie, respect des droits humains, souveraineté nationale et solidarité.

Cette société socialiste continue d'être une alternative claire non seulement au capitalisme, mais aussi aux expériences frustrantes de l'Europe de l'Est et de l'URSS. Les erreurs, les divergences et les abus qui ont eu lieu là-bas sous le nom de « socialisme réel », combinés à l'exagération qu'en ont faite les transnationales de l'information, ont dévalué extraordinairement l'image du socialisme dans la conscience des travailleurs et des opprimés du monde.

Il est nécessaire de projeter une image nouvelle et fraîche du socialisme, basée sur un concept de société pleine de justice et de liberté. Une société qui tienne compte des particularités propres à chaque cas ; qui présente un rapport adéquat entre plan et marché, entre égalité et efficacité et entre centralisme et démocratie ; qui inculque une véritable relation de propriétaires entre les travailleurs vis-à-vis des moyens de production ; qui respecte et tienne compte des différences ; qui se préoccupe de l'environnement naturel ; et qui soit l'expression authentique de la volonté populaire.

Qu'elle soit en somme ce que le camarade Fidel a souligné lorsqu'il a déclaré : « Pour moi, le socialisme est un changement total dans la vie des gens, l'établissement de valeurs nouvelles, d'une culture nouvelle. Ce changement se doit d'être essentiellement fondé sur la solidarité entre les hommes et non sur l'égoïsme ou l'individualisme. »

Le socialisme n'apparaîtra pas sur la scène historique comme une modernisation de la société actuelle, mais comme une révolution de ses structures dominantes. En ce sens, la question de la prise du pouvoir constitue toujours une condition fondamentale, bien qu'elle revête des formes très variées selon les conditions de chaque pays ou région du monde.

Jamais auparavant l'alternative socialiste n'a-t-elle été aussi nécessaire. Mais le paradoxe actuel vient de ce que le capitalisme a su profiter de la déroute récente. Il maintient toujours un consensus à son sujet que les forces de gauche doivent renverser.

La révolution cubaine et son développement socialiste

Dans une histoire qui est la mémoire vivante d'événements capitaux, jalonnés d'héroïsme et de résistance, les Cubains ont d'abord combattu l'Espagne pour obtenir l'indépendance et se débarrasser de l'esclavage colonial. Presque simultanément, nous avons dû faire face aux États-Unis et nous opposer à leur ingérence et intervention. Le patriotisme et l'anti-impérialisme ont été deux formes organiques de la lutte présentes tout au long de la révolution, depuis les premières luttes pour l'émancipation en 1868 jusqu'à nos jours.

Dans son testament politique, José Martí a dénoncé les projets expansionnistes yankees et prévenu du danger qui planait sur les peuples de notre Amérique [3].

De longues années, dont certaines ont été cruciales dans l'histoire de notre patrie, révèlent l'ampleur des combats que le peuple cubain a dû livrer contre ce puissant voisin, qui n'a jamais cessé de l'attaquer, de le dominer, d'occuper son territoire par la force et de détruire ses richesses et sa culture. Pourtant, il n'a jamais réussi à faire de notre pays une étoile de plus sur son drapeau,

---

3. Héros national de Cuba, poète, écrivain et journaliste reconnu, José Martí a été le fondateur du Parti révolutionnaire cubain qui a lancé en 1895 la guerre d'indépendance de Cuba contre l'Espagne, au cours de laquelle il est mort au combat. L'expression « Notre Amérique » a été forgée par Martí, qui avait vécu plusieurs années en exil aux États-Unis et avait compris que la lutte pour l'indépendance de Cuba faisait partie de la lutte plus large contre la domination et la spoliation croissantes de toute l'Amérique latine par l'impérialisme U.S. Dans une lettre inachevée du 18 mai 1895, commencée un jour avant sa mort et souvent désignée comme son testament politique, Martí a écrit : « Je risque tous les jours ma vie pour mon pays et mon devoir [...] qui est d'empêcher pendant qu'il en est temps encore, avec l'indépendance de Cuba, que les États-Unis ne s'étendent dans les Antilles et, avec cette force nouvelle, ne se jettent sur nos terres d'Amérique. Tout ce que j'ai fait jusqu'à ce jour, tout ce que je ferai, l'a été dans ce but. [...] J'ai vécu dans le monstre et je connais ses entrailles. Ma fronde est celle de David. »

et encore moins à le soumettre avec des guerres économiques, psychologiques ou biologiques.

Cela fera bientôt 100 ans qu'au cours de leur première guerre impérialiste, les Yankees ont privé ceux qui luttaient pour leur indépendance du droit de se gouverner eux-mêmes. Ils ont imposé l'amendement Platt qui a amputé le pays de sa souveraineté et ils se sont installés par la force sur un morceau du territoire national, à Guantánamo, qu'ils ont transformé jusqu'à aujourd'hui encore en une insolente base navale U.S. [4]

De manière évidente, dans la logique de la conscience patriotique des Cubains, l'anti-impérialisme est devenu une expression de la défense de la nation cubaine et de son identité face au danger de la voir disparaître en tant que telle.

Cuba socialiste a rompu avec le schéma fatidique du « Destin manifeste » dans l'hémisphère occidental[5]. L'empire ne lui a jamais pardonné ce défi historique, que certains de ses plus éminents universitaires ont qualifié

---

4. Le Congrès U.S. a incorporé en 1901 l'amendement Platt à un projet d'attribution des crédits militaires. Le gouvernement cubain établi au cours de l'occupation militaire de l'île par Washington après la guerre hispano-américaine en a incorporé les dispositions dans la nouvelle constitution cubaine. Washington s'est vu octroyer le droit d'intervenir en tout temps dans les affaires de Cuba et d'établir des bases militaires U.S. sur le sol cubain. Cuba a éliminé ces articles de sa constitution en 1934, à la suite d'un soulèvement révolutionnaire l'année précédente.

5. Le « Destin manifeste » est une expression employée par la classe capitaliste U.S. en ascension au milieu du dix-neuvième siècle pour présenter l'expansion vers l'Ouest à travers le continent nord-américain comme étant le « destin » de la nouvelle nation. L'expression a servi par la suite à justifier au niveau idéologique la domination impérialiste U.S. en Amérique latine.

« d'erreur de la politique nord-américaine envers l'insurrection descendue de la Sierra Maestra. »

Le premier janvier 1959, l'insurrection révolutionnaire a triomphé grâce à l'action des guérilleros dans les montagnes et des combattants dans les villes, au milieu de la plus intense lutte de classe. Mais le pouvoir était désormais entre les mains du peuple travailleur et de son Armée rebelle.

L'oligarchie et ses partis se sont retrouvés isolés et leur presse sans lecteurs. Et sans aucune loi pour le protéger, le régime pluripartiste du bloc bourgeois-propriétaires fonciers a succombé définitivement.

Les dirigeants de la révolution ont averti que les moments les plus difficiles et les plus dangereux étaient sur le point d'arriver. C'est alors qu'ont commencé les affrontements avec les impérialistes yankees et la contre-révolution à leur service.

Dans de telles circonstances, l'unité des révolutionnaires est devenue encore plus nécessaire et urgente. Ces derniers se sont entendus pour avancer vers la formation d'un parti unique de façon à assurer l'unité du peuple [6].

---

6. Après la victoire de la révolution, le Mouvement du 26 juillet dirigé par Fidel Castro a pris l'initiative d'intégrer en son sein les directions des deux autres organisations qui s'étaient jointes à la lutte contre le régime de Batista et de finalement fusionner avec elles. Il s'agit du Directoire révolutionnaire, basé principalement parmi les étudiants, et du Parti socialiste populaire (PSP), l'ancien Parti communiste à Cuba. En 1961, les trois groupes ont formé les Organisations révolutionnaires intégrées (ORI), premier pas d'un processus qui a conduit en 1965 à la création du Parti communiste de Cuba.

La révolution victorieuse n'a pas seulement uni la nation autour de son programme de libération nationale et sociale. Elle a aussi libéré les forces de la société qui ont écrit des chapitres d'héroïsme humain authentique, d'enthousiasme sans précédent et de dévouement révolutionnaire total — des facteurs qui ont caractérisé ce peuple en train de se forger dans sa propre histoire de lutte et de combat.

Les Cubains ont défendu avec une fermeté absolue leur souveraineté et leur indépendance — en d'autres mots, leur droit à l'autodétermination, un principe valable pour tous les États mais dont l'impérialisme veut déposséder Cuba avec des projets de « transition pacifique au capitalisme ». En vérité, dans leur acharnement à imposer ces projets, ils recourent au terrorisme et à d'autres actes d'agression.

La base de l'appui politique à la révolution cubaine n'a pas changé. Loin de reculer, Cuba continue de se transformer au milieu de l'escalade du blocus et de l'hostilité des États-Unis. Elle le fait sans renoncer à ses principes de nation souveraine, qui a choisi d'avancer vers une plus grande justice sociale et de créer les bases pour construire la société socialiste.

Enrichie par la meilleure tradition de la pensée révolutionnaire, l'idéologie marxiste et léniniste fournit le support sur lequel s'appuient la pensée et l'action des révolutionnaires cubains. Avec les idées essentielles de Martí qui sont à la fois nôtres et universelles, elle constitue la force idéologique de notre peuple et de son parti.

Uni au germe du socialisme qui a pénétré les racines de la pensée révolutionnaire cubaine, l'internationalisme est indissociable de notre révolution. C'est l'expression de l'identification avec la lutte des exploités dans d'autres parties du monde. Les exemples en sont nombreux, mais il suffit d'en rappeler deux magnifiques, caractéristiques de ce sentiment présent dans notre peuple : José Martí et Antonio Maceo ne concevaient pas l'indépendance de Cuba sans celle de Porto Rico ; et la révolution cubaine a répondu à une dette historique envers les peuples frères africains[7].

Dans la tâche d'éduquer les nouvelles générations à ces idées, l'action et le message internationalistes laissés par Ernesto Che Guevara fournissent une leçon exemplaire et impérissable.

Autant comme tradition historique que comme principes de notre idéologie, le patriotisme, l'internationalisme et le socialisme ont fusionné jusqu'à devenir des concepts inséparables, qui expriment la force de la société que nous construisons et défendons.

Ces idéaux de dignité humaine, de respect et d'égalité sociale — en résumé, cette aspiration à construire la société la plus juste et la plus avancée qu'ait connue l'histoire — c'est le droit que réclament les Cubains, au milieu de tout le scepticisme, de toutes les pressions impériales et de toutes les confusions idéologiques que l'on peut voir dans le monde d'aujourd'hui.

Dans le programme et la plate-forme du Parti révolutionnaire cubain qu'avait fondé José Martí pour organiser la guerre de 1895, on peut observer le contenu profondément humaniste et la véritable volonté de transformation sociale résumés dans son appel à une république « avec

---

7. Antonio Maceo a été un remarquable chef militaire pendant les guerres d'indépendance de Cuba contre l'Espagne. Il est mort au combat en 1896.

tous et pour le bien de tous[8] ». Ce sentiment de justice sociale a été au centre de la pensée révolutionnaire qui a caractérisé le discours du mouvement de libération à Cuba.

Le message libérateur de notre histoire comprend l'adhésion idéologique de socialistes du calibre de Carlos Baliño, fondateur du parti de Martí, et de Julio Antonio Mella, fondateur du premier parti des communistes cubains[9].

Ces idéaux se sont développés jusqu'à devenir la force politique de la classe ouvrière et d'autres secteurs progressistes pendant la république néocoloniale. Quand la révolution a triomphé en 1959, les idées du socialisme n'étaient étrangères ni au contenu de ce processus historique, ni à la conscience de ses principaux protagonistes. Notre socialisme n'est ni importé, ni imposé de l'extérieur. La société que nous construisons part de la réalité cubaine, du niveau de développement de nos conditions matérielles et de la vie spirituelle de notre peuple.

Dans la conception cubaine du socialisme, l'humanisme révolutionnaire a été et reste fondamental, appliqué à

8. José Martí, « Con todos, y para el bien de todos » [Avec tous et pour le bien de tous], 26 novembre 1891, *Obras escogidas,* La Havane, Editorial de Ciencias Sociales, 1992, tome 3, p. 8-17.

9. Un dirigeant du mouvement ouvrier cubain, Carlos Baliño a milité dans le Parti révolutionnaire cubain de José Martí qui s'est battu pour l'indépendance de Cuba à la fin du dix-neuvième siècle. En 1925, il a été l'un des fondateurs du Parti communiste de Cuba. Dirigeant étudiant de la lutte contre la dictature de Machado, Julio Antonio Mella a été le dirigeant fondateur du Parti communiste de Cuba. Il a été assassiné au Mexique en 1929 par des agents de Machado.

chaque étape de manière créatrice et en tenant compte des conditions concrètes. Nous continuons d'être fidèles aux idées de Che quand nous décrivons notre société comme « un système marxiste, socialiste, harmonieux, ou plus ou moins harmonieux, dans lequel l'homme est placé au centre, dans lequel on parle de l'individu, on parle de l'homme et de l'importance qu'il a en tant que facteur essentiel de la révolution [10]. »

Des éléments capitalistes et de marché ont été introduits dans notre pays sans pour autant en changer la nature socialiste. Il s'agit d'un risque que nous savons affronter avec intelligence et modération, sans nous laisser éblouir par les trompeuses recettes du néolibéralisme asservissant.

Dans les conditions actuelles, malgré une conjoncture économique difficile, les caractéristiques essentielles de notre socialisme se maintiennent. Il s'agit de la prédominance de la propriété sociale, de la justice sociale et du maintien de politiques qui bénéficient à la grande majorité ; de la direction résolue exercée par le parti dans la société ; et de la structure et du fonctionnement de l'État socialiste et des organisations de masse, qui visent à promouvoir le développement économique, l'amélioration du niveau de vie et la réactivation des programmes de développement social. En résumé, il s'agit de la lutte pour maintenir et consolider les valeurs de la vie matérielle et spirituelle de la société socialiste.

Les réformes introduites dans l'économie cubaine n'ont pas été synonymes de licenciements de travailleurs, de privatisations, de perte de la sécurité sociale, ni même de fermetures d'écoles ou d'hôpitaux, bien que nous

---

10. E. Guevara, transcription de la réunion bimensuelle du ministère des Industries du 5 décembre 1964.

n'ayons pas caché le coût social que le peuple a dû payer en termes de privations et de pénuries de toutes sortes. Le marché, devant lequel nous ne nous inclinons pas, est préjudiciable à certaines valeurs. Il encourage l'individualisme et non pas la solidarité. Nous y répondons en renforçant la conscience patriotique et socialiste qui caractérise notre révolution.

Pour le Parti communiste de Cuba, la construction du socialisme s'appuie aussi sur la recherche des caractéristiques particulières de chaque région ou pays. C'est ainsi que se trouvent les possibilités de réussite, et non en copiant d'autres expériences. C'est pour cette raison que nous pensons qu'il n'y a pas un seul et unique chemin pour construire cette nouvelle société. Nous respectons toutes les expériences, qu'il faut étudier pour en retirer ce qui s'applique à chaque réalité.

Dans notre socialisme, le rôle de la politique, de l'idéologie, de l'éthique ainsi qu'une attention minutieuse accordée à la satisfaction des besoins sociaux dans la mesure de nos possibilités économiques constituent les axes du développement dialectique de la société cubaine. Ceci est bien différent du cours suivi par les sociétés ravagées par les injustices, dépourvues de solidarité humaine, accablées par la misère, soumises à la corruption politique, ingouvernables et victimes de l'oppression brutale du capital transnational.

Si le socialisme, comme l'a exprimé Fidel, est la science de l'exemple, alors l'éthique guide les attitudes envers le perfectionnement des hommes et des femmes dans la vie et la société. En expliquant que l'éthique est un front essentiel de la résistance révolutionnaire, Che a contribué comme peu d'autres l'ont fait aux efforts déployés par Fidel dans son enseignement et par le parti dans son travail organisationnel et éducatif.

Ernesto Che Guevara est le modèle du perfectionnement humain auquel aspirent les Cubains. (Il y en a qui veulent liquider par la force l'exemple qu'inspire ce modèle). Il a contribué de façon significative à l'analyse, à l'étude et à l'interprétation de notre révolution, avec des jugements nouveaux, frais et originaux. Il l'a dotée d'idées et d'actions qui l'ont enrichie.

LE CONCEPT DEVENU RÉALITÉ de l'homme nouveau est une oeuvre impressionnante de la révolution qu'on peut voir dans les médecins, les professeurs, les ouvriers d'avant-garde, les simples combattants, les étudiants, les scientifiques, les techniciens, les ingénieurs et les intellectuels qui s'inspirent de l'oeuvre du Che et l'imitent quotidiennement dans de grands efforts de sacrifice et d'héroïsme. Ils sont ceux qui pensent que Che vit encore parmi nous — et ils ont raison.

Il y a une idée, aussi simple qu'impossible à réaliser pour le système capitaliste, et que le socialisme cubain place au centre de tout conformément à l'enseignement de Martí : « préserver la dignité humaine et en faire la loi fondamentale de la société. »

Nous sommes fiers de pouvoir compter aujourd'hui sur un peuple nouveau, au sein duquel se forgent des femmes et des hommes nouveaux. Ce n'est pas un idéal irréalisable ou qui ne correspondrait qu'à un futur éloigné. C'est un idéal à notre portée dans la pratique révolutionnaire qui transforme la conscience sociale.

L'unité révolutionnaire a été un facteur décisif pour arriver là où nous en sommes aujourd'hui. Grâce à l'unité qu'il a réalisée autour de son parti et de ses dirigeants historiques, le peuple cubain a pu confronter avec une résistance admirable les conditions difficiles imposées par la disparition du socialisme européen et de l'Union soviétique — des conditions aggravées par le plus criminel et le plus génocide des blocus.

Notre unité est fondée sur un système politique qui repose sur les principes les plus démocratiques. Ceux-ci possèdent un authentique caractère socialiste, comme la consultation de la société civile et de ses organisations sur les plus importantes décisions politiques, sociales, économiques et juridiques de l'État, la participation populaire au gouvernement à tous les niveaux ou encore l'élection des candidats et des représentants du peuple aux différentes instances du Pouvoir populaire. Notre parti ni ne propose, ni n'élit, ni ne révoque ceux qui ont été choisis. Tout cela revient au peuple. On a eu un exemple de cette démocratie dans les élections qui ont eu lieu dimanche dernier, le 19 octobre 1997, et dans leurs résultats [11]. Par son vote, le peuple a donné un clair soutien à notre révolution, pour la simple raison que le peuple en est l'élément principal.

La démocratie est un autre élément qui caractérise et renforce notre socialisme. Rien n'explique mieux l'essence des principes sur lesquels repose notre démocratie que les idées exprimées par Fidel lorsqu'il a dit : « Pour moi, la démocratie signifie avant tout que les gouvernements sont intimement liés au peuple, qu'ils émanent du peuple, qu'ils ont le soutien du peuple, et qu'ils se consacrent

11. Le 19 octobre 1997 ont eu lieu les élections aux assemblées municipales du Pouvoir populaire, les instances gouvernementales locales à Cuba. Un deuxième tour a été réalisé le 26 octobre dans les circonscriptions où aucun des candidats n'avait obtenu plus de 50 pour cent des suffrages. Les élections municipales se déroulent tous les deux ans et demi. Le pourcentage des Cubains qui ont participé au vote a été plus élevé lors de ces élections qu'aux précédentes, en avril 1995, et le pourcentage des votes blancs ou nuls y a été inférieur.

entièrement à travailler et à lutter pour le peuple et pour les intérêts du peuple. Pour moi, la démocratie implique la défense de tous les droits des citoyens, qui comprennent le droit à l'indépendance, le droit à la liberté, le droit à la dignité nationale, le droit à l'honneur. Pour moi, la démocratie signifie la fraternité entre les hommes, la véritable égalité entre les hommes, l'égalité des chances pour tous les hommes, pour chaque être humain qui naît, pour chaque intelligence qui existe. »

Cette conception qui a pris forme dans la révolution cubaine, nos ennemis prétendent ne pas la connaître. En même temps, ils veulent nous imposer le schéma traditionnel et usé de la « démocratie représentative », qui ne signifierait rien d'autre qu'un retour au capitalisme.

À la recherche d'une sortie à la crise actuelle

Chers camarades,

À l'intérieur de plusieurs pays dans le monde, le panorama politique se caractérise par le discrédit des institutions exécutives, législatives et répressives ; par l'augmentation des contradictions au sein des partis et des courants politiques, ce qui conduit à leur fractionnement ; par le manque croissant de confiance dans les systèmes et processus électoraux ; par l'épuisement accéléré des dirigeants récemment élus ; par le développement de l'abstentionnisme ; par la prolifération des scandales liés à la corruption ; par l'expansion de la production et du trafic des narcotiques ; par l'aggravation de la délinquance et de la violence institutionnalisée ; par la marginalisation de nombreux secteurs sociaux ; par le recours généralisé à la démagogie dans le but de profiter de la frustration et du désespoir de la population ; et par d'autres phénomènes qui conduisent à ce que certains appellent une « crise de gouvernabilité ». Cette crise se reflète dans l'essor des mouvements sociaux et populaires, de même que dans l'augmentation sans précédent du rejet de la fraude et de la corruption — souvent sans direction d'aucun parti politique.

Exprimant la préoccupation des élites dominantes devant l'aggravation de la situation, diverses initiatives prolifèrent visant à élaborer un modèle de contrôle social capable de neutraliser les effets de la crise socio-économique. Certaines d'entre elles préconisent le maintien du modèle d'accumulation néolibérale, alors que d'autres prétendent trouver des alternatives à l'intérieur du système capitaliste.

LE TRANSFERT CROISSANT de la souveraineté et de la prise de décision vers les centres de pouvoir mondial et vers les organismes transnationaux provoque un vide du pouvoir dans les États nationaux sous-développés et dans plusieurs autres ayant un développement moyen. La politique et ses institutions se réduisent à un système assez homogène qui fait disparaître de manière croissante l'identité propre des partis, alors que plusieurs organisations de gauche se voient amenées à travailler à l'intérieur de « variables » et de « normes » qui ne leur permettent d'exprimer que des divergences insignifiantes face aux critères établis par le capitalisme.

Un des objectifs pour lesquels se mènent les luttes révolutionnaires, le pouvoir de l'État-nation commence à être sous-estimé. C'est pour cette raison qu'il est prioritaire de réévaluer la question de la lutte pour le pouvoir et d'évaluer ainsi les instruments et les formes de participation politique de la gauche dans la société. Désormais, les luttes révolutionnaires devront inexorablement avoir une composante internationaliste et les changements seront impossibles sans confronter les groupes et institutions vers qui sont aujourd'hui transférées les décisions.

En même temps, la transition à la production intensive et la concentration et la contraction du capital — phénomènes qui s'accompagnent de l'exclusion croissante de travailleurs salariés, de la fragmentation sociale et de la segmentation culturelle et politique qu'entraîne l'actuel processus de changement du capitalisme — tout cela produit des transformations profondes dans la composition sociale et de classe de nos sociétés. Ces phénomènes modifient la composition des classes et groupes sociaux populaires. Et ils altèrent certaines des arènes politiques et certains des modèles établis du travail politique de la gauche. Il ne s'est pas produit une expansion de la classe ouvrière normalement employée, mais plutôt une exclusion croissante de gens de la force de travail, qui se transforment souvent en travailleurs occasionnels et marginaux.

Les partis progressistes de même que le reste des institutions politiques et économiques sont vulnérables aux effets du système de relations internationales qui s'impose. Ceci rend plus complexes les conditions nécessaires au succès de la transformation politique, économique et sociale indispensable pour supprimer la dépendance et le sous-développement.

La gauche fait face aujourd'hui à une situation qualitativement différente, conditionnée par la disparition du soi-disant « socialisme réel », par les transformations du capitalisme mondial et par les mutations provoquées au sein des sociétés où elle mène ses luttes.

L'une des questions les plus importantes dans les luttes actuelles de la gauche est celle de la *politique des alliances,* une condition pour articuler des réponses au néolibéralisme. C'est à chaque parti et organisation qu'il revient cependant d'évaluer dans son propre pays et sa propre région les aspects à inclure dans l'articulation des alliances, en fonction des caractéristiques et particularités de ses réalités.

SELON NOUS, UNE CONCERTATION des forces révolutionnaires avec d'autres secteurs autour d'objectifs à court, moyen et long termes devrait être un processus où les partis présentent, avec une clarté totale, leurs intérêts essentiels. Il ne semble pas acceptable de renoncer au socialisme ou aux positions révolutionnaires pour être accepté. Ainsi, le plus important est d'abord et avant tout de définir avec quels objectifs et sur quelle base on peut travailler au sein d'une alliance.

Contrairement aux « transactions » permanentes des partis traditionnels, une alliance où participent les organisations révolutionnaires ne doit pas se réduire à des négociations entre élites, dirigeants et exécutifs nationaux. Il ne sert à rien d'aller de l'avant avec des accords qui nous affaiblissent ou contribuent à miner l'unité interne et la stabilité politique des organisations. L'appui et la compréhension des membres de la base sont essentiels au succès. L'intégration de leurs critères et de leurs intérêts est nécessaire et possible. Il n'y aura pas d'alliances solides si elles ne peuvent compter sur le soutien et la participation des secteurs populaires. L'essence de n'importe quelle alliance qui se dit de gauche, c'est qu'elle doit se structurer à partir, par et pour ceux d'en bas.

Il est normal qu'une concertation suppose nécessairement une négociation dans laquelle les parties cèdent sur quelques questions et l'emportent sur d'autres. Mais ce qui n'est pas négociable pour les révolutionnaires, ce sont les principes.

La voie de la capitulation et de la renonciation ne semble ni juste ni celle qui nous permettrait d'être respectés dans le cadre des initiatives qui pourraient éventuellement surgir. Favoriser les alliances qui reposent sur l'adaptation contribuerait à la démobilisation et menacerait les résultats atteints et l'existence même des organisations révolutionnaires. Il ne peut pas y avoir d'offre politique ni d'alliance plus importantes que la conviction et la fermeté des principes.

Si notre objectif immédiat est de vaincre le néolibéralisme, il est nécessaire d'intégrer ou d'influencer tous ceux qui s'opposent à ce modèle et pas seulement une partie d'entre eux. Les alliances visant à exclure d'autres qui vont dans la même direction ne font que reproduire à d'autres niveaux les vieilles traditions de sectarisme qui nous rendent si vulnérables face à la domination de l'impérialisme.

Le développement des conflits et des contradictions du système lui-même engendre une grande variété de nouveaux secteurs sociaux, tout en en remodelant d'autres. Ces secteurs sont tous exclus par le système, ce qui crée parmi eux les conditions et les possibilités d'une large politique d'alliances. Il y a les écologistes et les paysans, les sans-terre et les sans-abri, ceux qui luttent pour la santé et la protection sociale, et les individus organisés autour de revendications à caractère sexuel, religieux, social ou ethnique — en bref, tous ceux qui ne sont pas impliqués dans les intrigues politiques. Il serait aussi important d'inclure un large éventail de secteurs marginalisés, exclus et généralement non organisés, qui permettent et rendent nécessaire de créer un nouvel universalisme émancipateur.

D'autre part, nous devons observer que le développement des contradictions du système, et en particulier sa tendance à concentrer et à exclure, force certains secteurs de la population à abandonner des perspectives qui leur permettaient de fonctionner dans des formations capitalistes antérieures mais ne le font plus aujourd'hui. C'est le cas d'une partie des couches moyennes, les petits et moyens entrepreneurs, pour qui la polarisation croissante restreint la possibilité de réaliser leurs aspirations. Ceci s'applique aussi aux groupes militaires patriotiques et nationalistes, ainsi qu'à d'autres secteurs affectés, que nous devons inclure dans toute proposition s'opposant au néolibéralisme.

Lors de la quatrième rencontre du Forum de Sao Paulo, le camarade Fidel a expliqué que « vaincre le néolibéralisme créerait un espoir pour le futur et préserverait les conditions pour continuer d'avancer, parce que la limite de notre progrès serait dans le capitalisme et il n'y aura pas de progrès humain si l'humanité ne propose pas de redéfinir les frontières du capitalisme. C'est une tâche pour un autre moment, mais je ne dirais pas que c'est une tâche pour d'autres générations [...]. » En même temps, il a souligné que pour vaincre le néolibéralisme, l'impartialité et la sagesse sont nécessaires, car c'est seulement « sans extrémisme d'aucune sorte, avec une grande largesse, en parlant d'unir les forces et de réaliser des alliances qui permettent de gagner la bataille contre cet ennemi d'aujourd'hui qu'est le néolibéralisme, ennemi qui va continuer de créer des conditions sociales atroces et insupportables, » qu'il sera possible d'obtenir la victoire [12].

Camarades,

Les sessions du cinquième congrès de notre parti ont pris fin il n'y a que quelques jours. C'est un processus

---

12. Retraduit de l'espagnol. Le discours du 24 juillet 1993 de Fidel Castro a été initialement publié dans l'édition du 18 août 1993 de *Granma International.*

qui a commencé il y a des mois à partir de la base, où les thèses fondamentales ont été analysées non seulement par les militants, mais par tout notre peuple. Ce congrès a aussi été un exemple de démocratie dans notre parti, dont les membres ont proposé des dizaines de milliers de candidats pour être délégués et de nombreux candidats pour l'élection du Comité central.

LE CONGRÈS A CONCLU que le cours adopté lors du quatrième congrès de 1991 était correct, que la révolution a su résister, qu'ici nous défendons le socialisme et notre indépendance, et que nous sommes prêts à conquérir le développement économique du socialisme.

Comme nous l'avons expliqué lors de notre congrès, les idées impérialistes sont discréditées et ne pourront plus persuader personne. Le monde qu'elles veulent imposer n'est pas viable, il n'a pas d'avenir. Ces idées pourront acheter et corrompre, mais elles ne pourront conquérir le coeur et la conscience des peuples.

En dépit des grandes difficultés que traverse notre pays et d'une guerre économique que l'impérialisme U.S. nous a imposée et qu'il renforce chaque jour, nous confirmons que notre récupération économique est en marche et que c'est une tendance irréversible.

Nous communistes cubains, nous disons que face à la campagne idéologique du capitalisme pour promouvoir l'idée qu'il faut marginaliser toute participation de l'État dans l'économie, ce que nous pouvons faire de plus révolutionnaire, c'est de démontrer qu'une entreprise socialiste peut fonctionner avec la plus grande efficacité.

Comme l'a proclamé notre premier secrétaire, le camarade Fidel, la tâche clé pour le parti au cours des prochaines années, c'est de faire en sorte que l'inefficacité soit l'exception et non la règle. Ainsi, nous communistes cubains, nous proclamons que nous travaillerons à démontrer dans la vie, dans la réalité, que le socialisme — avec la justice sociale comme un élément constitutif de ses principes — signifie efficacité et que cette société est l'unique option viable des peuples à la recherche de leur authentique bonheur.

Merci beaucoup.

> « Ce que Cuba peut offrir au monde, c'est son exemple. »
> LA DEUXIÈME DÉCLARATION DE LA HAVANE

Cuba et la révolution américaine à venir

JACK BARNES

La révolution cubaine de 1959 a eu un impact politique à travers le monde, y compris sur les travailleurs et les jeunes au coeur de l'impérialisme. Alors que la lutte de masse à base prolétarienne pour les droits des Noirs gagnait déjà du terrain aux États-Unis, la transformation sociale pour laquelle s'étaient battus les travailleurs et les paysans cubains et qu'ils avaient gagnée a donné l'exemple qu'une révolution socialiste est non seulement nécessaire, mais qu'on peut la faire et la défendre. Deuxième édition, avec une nouvelle préface de Mary-Alice Waters. 10 $ US. En anglais et en espagnol.

Le socialisme et l'homme à Cuba

ERNESTO CHE GUEVARA, FIDEL CASTRO

S'appuyant sur son expérience de dirigeant central de la révolution cubaine, Che Guevara explique pourquoi la transformation révolutionnaire des relations sociales implique nécessairement la transformation des travailleurs qui organisent et dirigent ce processus. « Pour construire le communisme, il faut développer l'homme nouveau en même temps que la base matérielle. » 7 $ US. Aussi en anglais, espagnol, farsi et suédois.

Che Guevara : l'économie et la politique dans la transition au socialisme

CARLOS TABLADA

Puisant abondamment dans les écrits et les discours de Che Guevara sur la construction du socialisme, ce livre examine les relations entre le marché, la planification économique, les stimulants matériels et le travail volontaire. Il explique pourquoi le profit et les autres catégories capitalistes ne peuvent servir à mesurer les progrès accomplis dans la transition au socialisme. 24 $ US. Aussi en anglais et espagnol.

Les Première et Deuxième déclarations de La Havane

Manifestes de la lutte révolutionnaire dans les Amériques adoptés par le peuple de Cuba

Nulle part les questions de stratégie révolutionnaire auxquelles font aujourd'hui face les hommes et les femmes engagés sur la ligne de front des luttes dans les Amériques ne sont abordées avec plus de véracité et de clarté que dans ces deux documents adoptés par des assemblées de millions de Cubains en 1960 et 1962. Ces mises en accusation sans compromis du pillage impérialiste et de l'« exploitation de l'homme par l'homme » demeurent des manifestes de la lutte révolutionnaire du peuple travailleur à travers le monde. 10 $ US. Aussi en anglais, arabe, espagnol et grec.

Che Guevara et la lutte pour le socialisme aujourd'hui

Cuba fait face à la crise mondiale des années 90

MARY-ALICE WATERS

Le socialisme ne peut être construit que par des hommes et des femmes libres qui travaillent ensemble pour jeter les bases d'une nouvelle société et se transforment en le faisant. Cet engagement a été défendu en action par Che Guevara au cours des premières années de la révolution cubaine. Il demeure un héritage vivant des travailleurs cubains aujourd'hui. 5 $ US. Aussi en anglais, espagnol et islandais.

Che Guevara parle aux jeunes

Dans huit discours prononcés entre 1959 et 1965, le révolutionnaire d'origine argentine met au défi les jeunes de Cuba et du monde de lire et d'étudier. De travailler et de devenir disciplinés. De se joindre aux premières lignes des combats, petits et grands. D'aspirer à être des combattants révolutionnaires. De politiser leurs organisations et de se politiser en le faisant. De devenir un autre genre d'être humain en cherchant à transformer le monde avec les travailleurs de tous les pays. 15 $ US. En anglais et espagnol.

Notre histoire s’écrit toujours

L’HISTOIRE DE TROIS GÉNÉRAUX CUBAINS D’ORIGINE CHINOISE DANS LA RÉVOLUTION CUBAINE

Armando Choy, Gustavo Chui et Moisés Sío Wong parlent de la place historique de l’immigration chinoise à Cuba ainsi que de plus de cinq décennies d’action révolutionnaire et d’internationalisme — à Cuba, en Angola et aujourd’hui au Venezuela. À travers leur histoire, on voit les forces sociales et politiques qui ont donné naissance à la nation cubaine et ouvert la porte à la révolution socialiste dans les Amériques. 37 pages de photos et d’illustrations, glossaire et index. Rédigé et présenté par Mary-Alice Waters. En anglais, espagnol et chinois. 20 $ US

« [A]ccompagné de photos contemporaines, il se caractérise par sa vigueur et sa clarté. [...] il communique un idéalisme dont on a grand besoin dans un monde de poursuites matérialistes. Le livre est peut-être « une histoire qui s’écrit toujours » comme le suggère son titre ; reste que chez moi, il a déjà touché une corde sensible. »

LI ANSHAN, UNIVERSITÉ DE BEIJING
JOURNAL OF CHINESE OVERSEAS, NOVEMBRE 2006

« Des perspectives originales sur et de l’intérieur de la communauté sino-cubaine. »

MULTICULTURAL REVIEW, AUTOMNE 2006

« Leurs récits retracent non seulement la fièvre d’il y a cinquante ans, mais aussi des années qui se sont écoulées depuis [...] [un] regard très utile sur l’évolution de l’histoire moderne de Cuba. »

MIDWEST BOOK REVIEW, MARS 2006

L'IMPÉRIALISME U.S. A PERDU LA GUERRE FROIDE

L'IMPÉRIALISME U.S. A PERDU LA GUERRE FROIDE

Jack Barnes

La résolution « L'impérialisme U.S. a perdu la guerre froide » a été discutée et adoptée par les délégués au trente-cinquième congrès du Parti socialiste des travailleurs aux États-Unis, qui a eu lieu du 8 au 12 août 1990. Jack Barnes, le secrétaire national du SWP et le principal rédacteur de la résolution, l'a présentée aux délégués au nom du Comité national du parti. La deuxième composante de la résolution, « La stratégie communiste pour construire le parti aujourd'hui », a été présentée par sa rédactrice Mary-Alice Waters, dans le cadre d'un rapport sur la quatrième partie de « L'impérialisme U.S. a perdu la guerre froide ».

III. Le capitalisme mondial a subi une défaite historique en Europe de l'Est et en Union soviétique

IV. Reconstruire un mouvement communiste international

HALKET ALLEN/MILITANT

Le 15 janvier 1990 à Miami en Floride, dans un geste de solidarité, des mineurs de charbon en grève contre la compagnie Pittston marchent avec les grévistes de la compagnie aérienne Eastern lors des célébrations de la journée de Martin Luther King. « Ces luttes ont établi un exemple pour les autres syndiqués en levant une bannière de résistance, de recours à la force des syndicats et d'effort pour aller chercher l'unité et la solidarité. »

Première partie

LE MOUVEMENT OUVRIER DEMEURE AU CENTRE DE LA POLITIQUE AUX ÉTATS-UNIS

A. Une direction du rang se développe

1. L'offensive menée par les patrons depuis plus de dix ans n'a pas réussi à chasser le mouvement ouvrier du centre de la scène politique aux États-Unis.

a) Le mouvement ouvrier demeure là où il est depuis la deuxième moitié des années 70, lorsqu'il est revenu au centre de la scène politique après en avoir été chassé près de trois décennies auparavant.

b) Deux événements ont signalé ce changement pour le mouvement ouvrier aux États-Unis :

(1) La grève des Mineurs unis d'Amérique (UMWA) en 1977-1978. Cette grève a été précédée par l'entrée des femmes dans le travail d'extraction souterrain et suivie par la participation croissante du syndicat dans le mouvement contre l'énergie nucléaire et pour celle, plus sûre, du charbon [1].

---

1. Le 6 décembre 1977, plus de 180 000 mineurs ont déclenché une grève de 110 jours dans 22 États — la plus longue grève nationale des charbonnages aux États-Unis. Les mineurs de l'UMWA ont repoussé les efforts des patrons de l'industrie du charbon pour affaiblir leur syndicat avec l'aide de l'administration démocrate de James Carter.

Au début des années 70, les femmes ont fait sauter les obstacles empêchant leur embauche dans les mines. En 1973, sur 6 714 mineurs de charbon nouvellement embauchés, il n'y avait

(2) Et le mouvement pour la démocratie dans le syndicat des Métallurgistes unis d'Amérique, ou Métallos, construit autour de la campagne des « Métallos ripostent » dans les élections à la direction du syndicat[2].

2. À la suite de la récession de 1981-1982, la retraite du mouvement ouvrier sous les coups de l'offensive patronale commencée à la fin des années 70 s'est transformée en déroute totale des syndicats.

a) La capitulation de la bureaucratie syndicale devant les patrons a poussé les travailleurs à fuir la lutte.

---

qu'une seule femme. En 1979 cependant, 555 des 4856 nouveaux mineurs étaient des femmes, soit 11,4 pour cent. Au cours de la réduction subséquente de la force de travail dans les mines de charbon, les femmes ont été licenciées de manière disproportionnée. Le pourcentage des femmes dans les mines a décliné de son sommet de 4 pour cent à la fin des années 80 à 1 pour cent en 1996.

Le 28 mars 1981, à l'occasion du troisième anniversaire de l'accident du réacteur nucléaire de la centrale de Three Mile Island en Pennsylvanie, quelque 15000 syndiqués et autres opposants à l'énergie nucléaire ont participé à une manifestation parrainée par les syndicats à Harrisburg, la capitale de l'État. L'action avait été appelée en octobre 1980 à Pittsburgh par une conférence du Comité syndical pour une énergie sans danger et pour le plein emploi. Les Mineurs unis d'Amérique ont pris l'initiative d'organiser la conférence, à laquelle ont participé près de 1000 syndiqués et autres activistes.

2. Les « Métallos ripostent » ont été lancés en 1975 sous la direction d'Ed Sadlowsky, le président du district 31 des Métallos, dans le but de chasser le régime consolidé du président des Métallos, I. W. Abel. La lutte pour élargir la démocratie dans le syndicat, dont le droit des membres de voter sur les propositions de conventions collectives, a été un aspect central de cette campagne. L'élection a eu lieu le 8 février 1977. Selon les résultats officiels, Sadlowski a reçu 43 pour cent des votes.

b) Les membres ont non seulement accepté, et souvent voté, des réductions de salaire, des concessions aux chapitres de la sécurité au travail et des augmentations de cadences, mais aussi des salaires à échelles multiples et des plans variés de sous-traitance et de travail à temps partiel qui ont qualitativement approfondi les divisions parmi la force de travail et parmi les membres des syndicats.

c) Malgré ces coups durs infligés par l'offensive patronale au mouvement ouvrier et à la classe ouvrière et malgré l'affaiblissement accru des syndicats qui en a résulté, les capitalistes :

(1) N'ont pas brisé la résistance des travailleurs.

(2) Et ils n'ont pas suffisamment amélioré leur position concurrentielle vis-à-vis des autres capitalistes pour pouvoir acheter une large couche de la classe ouvrière.

3. Les tentatives récentes des capitalistes — en particulier ceux qui sont dans une mauvaise position concurrentielle au sein de leur industrie (Lorenzo et les lignes aériennes Eastern, Douglas et les charbonnages Pittston, Currey et les autocars Greyhound) — pour pressurer encore plus durement le mouvement syndical et approfondir la dynamique antisyndicale du début des années 80 se heurtent à une résistance croissante [3].

---

3. Pour en lire plus sur les grèves contre Eastern, Pittston et Greyhound et sur les autres luttes syndicales discutées dans cette section de la résolution, voir *The Eastern Airlines Strike: Accomplishments of the Rank-and-File Machinists and Gains for the Labor Movement* par Ernie Mailhot, Judy Stranahan et Jack Barnes, éditions Pathfinder, 1991. Frank Lorenzo, Paul Douglas et Fred Currey étaient les directeurs généraux respectifs des compagnies Eastern, Pittston et Greyhound.

a) Cette résistance s'est tout d'abord manifestée durant la déroute elle-même, quand les patrons exploitant les mines de charbon ont décidé d'éviter une autre confrontation avec l'UMWA à l'échéance de la convention collective nationale en 1984. Ils ont offert aux mineurs une convention collective sans recul majeur et contenant des augmentations de salaire.

(1) L'UMWA était à ce moment-là le seul syndicat industriel important à avoir été capable de résister au type de concessions dont l'effet cumulatif a caractérisé la déroute.

(2) Cette situation découlait du fait qu'à la fin des années 60 et au début des années 70, les travailleurs du rang dans l'UMWA avaient commencé à résister au déclin et à la dégénérescence de leur syndicat. Dans le cadre d'un puissant mouvement pour établir une démocratie du rang dans le syndicat, ils ont confronté la bureaucratie consolidée et corrompue et ont gagné de l'espace pour la démocratie syndicale — espace qu'ils ont utilisé pour organiser la force du syndicat contre les patrons des charbonnages en menant des grèves victorieuses en 1977-1978 et en 1981[4].

---

4. À la fin des années 60, les mineurs de charbon membres de l'UMWA ont commencé à se mobiliser pour répondre au désastre minier de Farmington, en Virginie occidentale, au cours duquel 78 travailleurs avaient péri et pour forcer le gouvernement à verser des prestations d'invalidité aux victimes de la silicose, une maladie des poumons provoquée par la respiration de poussières de charbon. En 1969, les mineurs dans le sud de la Virginie occidentale ont quitté le travail pour exiger d'être protégés contre la silicose et 3 000 mineurs ont manifesté devant le Capitole de l'État, à Charleston. En décembre de la même année,

(3) Seule cette bataille réussie des membres du rang pour gagner la démocratie syndicale requise pour pouvoir déployer la force du syndicat contre les propriétaires de mines explique la puissance et la combativité relatives de l'UMWA aujourd'hui. Les autres syndicats n'ont pas encore atteint ce seuil.

b) À la fin de 1985, les membres des Travailleurs unis de l'alimentation et du commerce (TUAC) ont commencé à riposter à l'intensification des cadences, aux conditions de travail devenues insoutenables et aux deuxième et troisième réductions salariales exigées par les patrons de l'industrie de l'abattage et du conditionnement des viandes.

(1) Ces batailles sont devenues un point de mire national avec la grève de 1985-1986 contre la compagnie Hormel dans l'État du Minnesota. Cette grève a eu un impact sur les combattants syndicaux à travers toute l'Amérique du Nord [5].

(2) Une vague de grèves a déferlé sur les usines d'abattage et de conditionnement des viandes dans le Midwest des États-Unis à la fin de 1986 et durant la première moitié de 1987. Au cours de la même période, les travailleurs en grève des conserveries de Watsonville en Californie ont remporté une victoire importante.

Jock Yablonsky a été assassiné. C'était un partisan de ces luttes qui faisait campagne pour la présidence de l'UMWA contre le président sortant Tony Boyle. L'équipe des Mineurs pour la démocratie dirigée par Arnold Miller a défait Boyle en 1972. Ce dernier a par la suite été reconnu coupable et emprisonné pour le triple meurtre de Jock Yablonsky, de sa femme et de sa fille.

5. Voir la brochure de Fred Halstead, *The 1985–86 Hormel Meat-Packers Strike in Austin, Minnesota,* éditions Pathfinder, 1986.

(3) En 1987-1988, les travailleurs des pâtes et papier ont mené une dure grève de 16 mois dans plusieurs régions des États-Unis. Les mineurs de l'UMWA ont livré une série de grèves dans les mines de charbon de l'Ouest du pays et en ont remporté plusieurs. Et les patrons des charbonnages ont encore une fois choisi de ne pas exiger de concessions majeures à l'expiration du contrat national en 1988, évitant ainsi un affrontement direct avec l'UMWA.

(4) Bien que rarement capable de repousser les concessions dans les conventions collectives ou d'empêcher l'embauche de briseurs de grève permanents, cette résistance initiée par les batailles de l'industrie de l'abattage et du conditionnement des viandes en 1985-1986 n'en a pas moins constitué un point tournant dans la dynamique de la déroute.

c) Quelque chose de nouveau est survenu au printemps de 1989 : les mécaniciens, les travailleurs de piste et les préposés à l'entretien de la compagnie aérienne Eastern, membres de l'Association internationale des machinistes (AIM), ont déclenché la première *grève nationale soutenue* de la décennie qui n'a pas été rapidement contenue, si ce n'est défaite par les patrons.

d) De plus, la bataille contre Eastern a rapidement *chevauché et établi des liens* avec une nouvelle étape de la résistance déployée par des membres du rang de l'UMWA.

(1) La lutte des mineurs de Pittston a reçu l'appui des membres du rang de tout le syndicat. Ces derniers ont lancé une vague de grèves de solidarité au milieu de 1989, pour empêcher que les travailleurs de Pittston ne soient isolés et vaincus

comme les grévistes de l'UMWA l'avaient été par la compagnie A. T. Massey en 1985[6].

(2) La grève contre la compagnie Pittston s'est gagnée un appui national croissant de la part des grévistes d'Eastern et d'autres travailleurs, ainsi que de mineurs et de syndiqués à travers le monde. Plusieurs d'entre eux ont visité le Camp de la solidarité, le centre de grève du syndicat dans le Sud-Ouest de la Virginie.

(3) La lutte des mineurs a forcé la compagnie Pittston à conclure une entente au début de 1990. Elle a ainsi repoussé les efforts des patrons pour rompre la résistance de l'UMWA et transformer la défaite de Massey en un nouveau modèle dans les régions minières[7].

(4) La solidarité qu'ont forgée entre elles ces luttes continues des membres de l'AIM et de l'UMWA contre les compagnies Eastern et Pittston, ainsi qu'avec plusieurs autres grèves dures, a renforcé chacune de ces batailles et affermi la résistance des autres travailleurs face aux attaques patronales.

---

6. La compagnie charbonnière A. T. Massey a refusé de signer l'entente intervenue en 1984 entre l'UMWA et l'Association des exploitants de houille grasse. En 1984-1985, une grève des mineurs syndiqués à l'UMWA contre la convention collective imposée par la compagnie s'est terminée par une défaite et le syndicat a été brisé dans les mines de la compagnie Massey.

7. En février 1990, le Groupe des charbonnages Pittston a signé une nouvelle convention collective avec l'UMWA couvrant plus de 1 900 mineurs en Virginie, en Virginie occidentale et au Kentucky. Au cours de la grève de 11 mois, quelque 40 000 membres de l'UMWA ont quitté le travail en appui à la lutte à travers les régions houillères de l'Est des États-Unis et plus de 50 000 partisans ont visité le Camp de la solidarité.

e) Les batailles syndicales qui ont éclaté en 1989-1990 se sont largement déroulées dans des industries où :

(1) Des conditions accablantes ont acculé les travailleurs au pied du mur — comme une deuxième ou troisième vague de concessions, des pressions considérables au chapitre de la sécurité au travail ou des réductions dans l'assurance médicale.

(2) Des employeurs qui font face à une situation concurrentielle particulièrement mauvaise dans leur industrie sont poussés à imposer des conditions que les officiers syndicaux ne se sentent pas capables de faire accepter à des membres déjà aux abois.

(3) Et il y a un grand élément de lock-out dans l'attitude des patrons, une menace à l'existence même du syndicat quand les employeurs vont de l'avant avec leur objectif d'embaucher des briseurs de grève comme « travailleurs de remplacement » permanents.

f) Il s'agit là de luttes défensives, menées par des travailleurs qui ont conclu qu'ils n'avaient aucune autre alternative que de se battre. Leur exemple a un impact national.

(1) Ce sont des batailles désespérées, que les travailleurs entreprennent avec de moins bonnes chances de l'emporter que dans le cas des travailleurs relativement favorisés qui font grève pour améliorer les termes d'une convention collective (par exemple, la grève contre Eastern par opposition à la grève contre Boeing[8]).

---

8. Quelque 58 000 membres de l'AIM employés par la compagnie Boeing dans des usines situées dans les États de Washington, de l'Orégon et du Kansas ont fait grève en octobre 1989, à un moment

(2) Pour ces raisons, le seul fait de lutter a commencé rapidement à soulever des enjeux plus larges pour des millions d'autres travailleurs.

(a) Un nombre croissant de grévistes dans ces luttes ont déclaré : « Nous ne luttons pas seulement pour nous-mêmes, mais pour l'ensemble du mouvement ouvrier. »

(b) Syndiqués ou non, ceux qui leur ont exprimé leur solidarité ont de plus en plus déclaré : « Votre lutte est une lutte pour nous tous. »

(c) L'exemple donné aux membres du rang des autres syndicats les encourage à dépasser la seule solidarité et à dire : « La prochaine fois, nous lutterons comme vous. »

g) La grève contre la compagnie Eastern a montré plus particulièrement comment la paralysie de la bureaucratie syndicale face au besoin de mobiliser la force du syndicat, même si ce n'est que comme un élément de pression en réponse à l'intransigeance des patrons dans des négotiations, peut donner de l'espace permettant aux membres d'aller plus loin et à une direction issue de la base d'émerger.

(1) Comme les autres bureaucraties placées dans des conditions semblables, celle de l'AIM a fait preuve de démagogie tonitruante durant la première semaine de la grève. Mais ses fanfaronnades se sont rapidement avérées n'être que du vent quand le

---

où la compagnie avaient énormément de commandes non exécutées. Après 48 jours de grève, Boeing a signé une entente accordant une augmentation de salaire de 10 pour cent en trois ans, une augmentation supplémentaire de 19 pour cent des primes annuelles de rendement, une meilleure indexation au coût de la vie et une réduction des heures supplémentaires obligatoires.

gouvernement a obtenu des injonctions contre les actions de solidarité projetées dans les chemins de fer et que Frank Lorenzo l'a forcée à révéler son jeu en se plaçant sous la protection du tribunal des faillites, rompant de fait les négociations.

(a) Dans ces conditions, les officiers syndicaux se sont retrouvés tout nus. Ils sont structurés pour négocier à coups de menaces, pas pour mener une lutte soutenue.

(b) Les niveaux supérieurs de la bureaucratie sont trop éloignés des membres du rang pour diriger une lutte, même comme un moyen de pression pour faire avancer leurs propres buts limités. La vaste majorité des officiers locaux, où se trouvent de grandes poches de pourriture et de corruption, sont incapables de se battre.

(c) Poussés par le besoin de faire avancer leur lutte, les membres du rang de l'AIM ont commencé après plusieurs semaines de grève à combler cette absence de direction.

(2) Avec le temps, une direction du rang a été mise à l'épreuve et a commencé à se structurer.

(a) Les initiatives de cette direction du rang, qui comprenait aussi quelques officiers syndicaux locaux plus enclins à se battre, ont donné aux membres un petit aperçu de ce que veut dire *utiliser la force du syndicat* et elles ont empêché que l'énergie et la détermination des grévistes ne se dissipent.

(b) Elles ont aussi contraint les officiers à continuer de mettre certaines ressources du syndicat à la disposition de la lutte et à approuver les appels à la solidarité lancés au reste du mouvement ouvrier.

(3) Les structures syndicales actuelles sont inadéquates au combat, même pour livrer des batailles limitées répondant aux intérêts de la bureaucratie. Il s'agit là d'un problème objectif permanent que les officiers ne peuvent pas fondamentalement modifier.

(a) Ceci explique pourquoi, lorsque la pression de la lutte de classe augmente, la bureaucratie doit faire appel à un plus grand nombre de radicaux et incorporer de jeunes combattants dans l'appareil syndical afin d'en garder le contrôle. Elle empêche ainsi les dirigeants du rang de concentrer leur énergie sur les tactiques les plus efficaces pour faire avancer la lutte.

(b) Au même moment, les combattants d'avant-garde — dont les communistes — ont dû se battre de plus en plus contre les efforts déployés par des organisations anti-ouvrières de « gauche » comme la Ligue des travailleurs pour perturber leurs luttes et restreindre l'espace permettant à une direction du rang d'émerger[9].

h) Même si la lutte contre Eastern et l'étape de la résistance des mineurs représentée par la bataille contre

9. De 1975 à 1995, le groupe anti-ouvrier appelé la Ligue des travailleurs (renommé le Parti de l'égalité socialiste en 1996) a mené une campagne de harcèlement et de désorganisation visant le Parti socialiste des travailleurs et de nombreuses actions syndicales, dont les grèves contre Eastern et Pittston, la grève de 1987-1988 contre International Paper et la grève de 1985-1986 des travailleurs d'abattoirs et de conditionnement des viandes contre la compagnie Hormel. Voir *A New Probe by the Workers League against the Communist Movement: Record of an Antilabor Outfit, from the Gelfand Harassment Case to the Campaign against Mark Curtis,* Pathfinder, 1995.

Pittston n'ont pas projeté un nouveau cours stratégique pour le mouvement ouvrier, elles ont montré comment les membres du rang peuvent trouver des façons de dépasser les limites imposées par la stratégie syndicale de la bureaucratie et se tailler un espace tactique leur permettant d'utiliser la force des syndicats pour se battre contre les patrons.

(1) Ces batailles se sont déroulées avant que les conditions minimales n'existent pour organiser le noyau d'une aile gauche de lutte de classe dans le mouvement ouvrier. En d'autres mots :

(a) Avant que les syndicats ne soient suffisamment unis pour remporter un nombre important de grèves.

(b) Avant que ces luttes ne se généralisent à d'autres industries et syndicats.

(c) Avant que d'autres batailles sociales et politiques n'aient atteint une taille et une portée suffisantes pour donner un élan social et politique additionnel aux batailles syndicales.

(d) Et avant qu'une radicalisation plus large puisse aider à transformer encore plus la conscience des dirigeants du rang à mesure qu'ils traversent des expériences de combat.

(2) Le mûrissement de ces conditions permettra aux travailleurs en lutte de briser les présentes structures syndicales pourries, qui les empêchent d'agir, et de tracer un cours stratégique alternatif pour organiser les syndicats comme un mouvement social de lutte.

i) Durant les batailles en cours, les grévistes ont prouvé leur capacité de lutter avec efficacité dans le cadre des limites tactiques étroites qui leur sont imposées. Des dirigeants du rang ont émergé, caractérisés par leur détermination, leur bon sens tactique, leur cohérence et leur capacité d'aller chercher et d'élargir l'unité et la solidarité.

(1) Les dirigeants du rang sont reconnus comme tels par les autres combattants à partir de leur capacité durant la grève :
   (a) De repousser les limites tactiques réelles dont ils avaient hérité au début de la grève.
   (b) Et de faire pression pour mieux utiliser la force syndicale, tout en évitant des confrontations avec les officiers qui ne peuvent être gagnées dans les conditions actuelles sans que les membres du rang n'y perdent plus qu'ils ne pourraient en tirer.

(2) Cette façon de fonctionner de la direction du rang est le *contraire* de ce que font les regroupements d'opposition dans les syndicats (ou les publications d'opposition en dehors des syndicats). Ces derniers s'en prennent à certains officiers syndicaux qu'ils cherchent à remplacer à leurs postes ou mandats syndicaux, au lieu d'organiser les membres pour leur permettre d'utiliser des tactiques efficaces capables de mobiliser la force du syndicat.

(3) Les dirigeants du rang de l'AIM dans la bataille contre Eastern ont suivi un cours qui a maximisé l'unité parmi les employés en grève.
   (a) Ils ont forgé une alliance entre les grévistes de l'AIM, les agents de bord membres du Syndicat des travailleurs du transport (TWU) et les pilotes de l'Association des pilotes de ligne aérienne (ALPA). Ces deux derniers groupes ont participé aux premiers mois de la grève.
   (b) Le cours suivi par les dirigeants du rang *est allé dans une direction opposée* à l'orientation promue

par les officiers syndicaux. Ces derniers comptaient sur le tribunal des faillites, les projets de rachat et les remaniements à la direction de l'entreprise pour sauver « notre » compagnie aérienne. Les dirigeants du rang s'orientaient plutôt *vers* la mobilisation des rangs de l'AIM et, par leur entremise, *vers* la recherche d'une solidarité ouvrière plus large capable de renforcer *notre* syndicat.

(c) Ce cours a permis aux membres en grève de l'AIM de ne pas perdre le cap lors du premier grand bris d'unité : la défection organisée par l'ALPA des pilotes et des agents de bord, qui a culminé en novembre 1989. Ce fut la plus grande épreuve de la grève, que les militants en grève de l'AIM ont franchi avec succès. Ce succès a reflété la conscience et la confiance de classe acquises par les membres de l'AIM. Il a fait entrer la lutte pour renverser Lorenzo — et prouver que le « lorenzoïsme » ne peut réussir — dans une étape nouvelle et plus résolue en décembre 1989-janvier 1990.

(4) L'analyse et le cours d'action adoptés par le Comité national du SWP dès le début de la grève au printemps de 1989 ont convergé en pratique avec les conclusions tirées par des couches de plus en plus larges de dirigeants du rang à partir de leur expérience dans la lutte.

(a) Il était nécessaire de garder le feu sur Lorenzo comme directeur général d'Eastern. « Arrêtez Lorenzo » était un slogan qu'on ne pouvait ni ne devait contourner. Les membres du rang ne pouvaient mener la lutte contre le lorenzoïsme qu'à travers leur effort pour « Arrête[r] Lorenzo ».

(b) Le rôle du tribunal des faillites est d'empêcher la dissipation du capital social. La cour allait faire ce qu'il fallait pour sauvegarder le capital représenté par la compagnie aérienne Eastern, ce qu'un nombre croissant de dirigeants du rang en est venu à reconnaître. Elle allait protéger Lorenzo contre les syndicats et les créanciers d'Eastern jusqu'à ce que les résultats du cours qu'il proposait menacent l'existence même de gros morceaux de capital social. Faire confiance au juge ou aux tribunaux, avec l'idée de faire appel auprès d'eux des activités de Lorenzo, n'offrait aucune perspective de progrès à la lutte pour utiliser la force du syndicat.

(c) Il fallait préparer les grévistes à la possibilité croissante que l'action de l'ALPA en appui à la grève ne s'effondre plus vite que Lorenzo. À mesure que la lutte s'étirait, un nombre croissant de membres de l'AIM ont conclu que cette issue était inévitable à partir de leur expérience avec les pilotes et les officiers de l'ALPA.

(d) Les grévistes devaient construire leur force et leur dynamisme en renforçant l'unité des travailleurs des compagnies aériennes *et* en allant au delà de celle-ci, en élargissant la solidarité dans le mouvement syndical plus large. Ils devaient en particulier se gagner l'appui des autres membres de l'AIM sur qui s'exerçaient des pressions pour qu'ils exécutent le travail des grévistes, ainsi que l'appui des travailleurs impliqués dans d'autres luttes, comme les mineurs de Pittston et d'autres membres de l'UMWA. Ils devaient sortir des frontières des

États-Unis pour atteindre les travailleurs prêts à les écouter ailleurs dans le monde.

(e) En poursuivant ce cours de manière déterminée — « en faisant davantage la même chose » — il serait possible de renforcer les combattants du rang dans l'AIM, de continuer à utiliser la force du syndicat pour coincer Lorenzo et, comme cela vient de se produire, de porter la lutte à un niveau nouveau et pas encore résolu. Il serait possible de confronter le lorenzoïsme, avec ses contrats d'esclaves et ses havres de briseurs de grève, afin de se préparer pour la bataille la plus difficile : celle de maintenir le syndicat et l'esprit combatif de ses cadres — et non pas la compagnie Eastern, avec ou sans Lorenzo.

j) En livrant de dures batailles, les travailleurs d'Eastern, de Pittston et d'autres compagnies (comme la grève des Travailleurs en communication d'Amérique contre la compagnie téléphonique NYNEX et la grève des travailleurs d'hôpitaux du District 1199 à New York) ont déjà imposé de nouvelles limites au modèle que Lorenzo cherchait à établir : le modèle des concessions répétées et du cassage de syndicat, sur le thème de « les briseurs de grève restent tous et vous n'avez plus d'emploi » (lignes aériennes Continental, International Paper, etc.). Les efforts du directeur général de Pittston, Paul Douglas, pour généraliser dans les mines de charbon le modèle établi dans la grève contre Massey ont été repoussés.

(1) Ces luttes ont établi un exemple pour les autres syndiqués en levant une bannière de résistance, de recours à la force des syndicats et d'effort pour aller chercher l'unité et la solidarité.

(*a*) Elles ont tracé une voie que d'autres travailleurs peuvent emprunter, celle du refus de se laisser intimider par le refrain grandissant des patrons (et qui n'est pas toujours un bluff) : « Ou vous acceptez mes conditions ou la compagnie déclare faillite. C'est à prendre ou à laisser. »

(*b*) Les travailleurs d'Eastern et de Pittston ont fini par se battre et l'ensemble du mouvement ouvrier s'en est trouvé renforcé.

(2) Dans ces conditions, on peut évaluer le résultat des grèves en mesurant ce que les travailleurs ont gagné de plus en *luttant*, pas en mesurant ce que le misleadership * de la bureaucratie les a empêchés d'accomplir (par exemple contre Pittston).

(*a*) Plus la lutte est forte et plus l'écart se réduit entre ce qui a été gagné et ce qui aurait pu être gagné.

(*b*) La grève représente un progrès si elle a été menée de manière à encourager d'autres travailleurs et syndiqués à l'imiter[10].

---

10. Après 22 mois, la grève des Machinistes contre Eastern s'est terminée en janvier 1991 quand la compagnie aérienne a fait faillite, 8 mois après la publication de cette résolution. « Après presque deux ans sur les lignes de piquetage, les grévistes d'Eastern ont finalement forcé la compagnie aérienne autrefois toute-puissante à reconnaître sa défaite, à fermer ses portes et à vendre ses biens aux enchères, » ont expliqué les auteurs dans la préface du livre des éditions Pathfinder *The Eastern Airlines Strike.* « La ténacité des grévistes d'Eastern a porté un coup aux attaques antisyndicales. La lutte des Machinistes a montré aux autres travailleurs qu'il est préférable de se tenir debout et de lutter pour vos droits que d'accepter passivement les exigences des patrons. »

* Jeu de mot intraduisible en français. Du verbe *mislead,* diriger dans une mauvaise direction. NOTE DE LA TRADUCTION.

B. La réponse de la bureaucratie syndicale à l'offensive continue des patrons

1. Les officiers de l'AFL-CIO ont approfondi leur cours de collaboration de classe en cherchant plus que jamais auparavant à « bien administrer » et rendre profitables « notre » compagnie et « notre » industrie.

a) De façon croissante, les politiques de la bureaucratie ont cherché à en faire l'associée du patronat — et à partager d'une certaine façon les prérogatives du capital.

b) Ceci a pris la forme de plans échafaudés par les officiers pour que les syndicats eux-mêmes investissent les fonds de retraite et d'autres ressources de leurs membres dans l'achat d'actions et d'obligations, négocient des programmes d'actionnariat ouvrier et s'engagent comme actionnaire principal dans l'acquisition de compagnies.

c) La bureaucratie cherche de plus en plus à dire son mot dans le choix de « bons » administrateurs et à obtenir des postes pour des officiers syndicaux dans les conseils d'administration et les comités de créanciers.

d) Un plus grand pourcentage que jamais des fonds syndicaux est dépensé non seulement en frais d'avocats et de consultants, mais aussi pour payer les « services » de conseillers financiers, de conseillers en investissements et de spécialistes en acquisition d'entreprises. Il s'agit d'une saignée des ressources syndicales qui s'ajoute aux dépenses de longue date en démarcheurs à Washington et en « comités d'action politique » oeuvrant pour les candidats démocrates et républicains « amis ».

e) Là où il réussit, le cours des officiers impose aux rangs des syndicats les risques qu'entraîne la possession de créances et d'actions (dont la logique implique que les syndicats ont « intérêt » à faire des concessions pour « réduire les coûts », à rattacher les salaires et les avantages sociaux aux profits des compagnies, etc.), alors que les droits de propriété restent en fait dans les mains du capital.

2. Ce cours visant à identifier davantage les intérêts du travail avec ceux du capital — un effort pour faire converger syndicat et conseil d'administration — sape encore plus l'utilisation de la force des syndicats, ce qui renforce les politiques de collaboration de classe qui ont de plus en plus affaibli le mouvement ouvrier pendant un demi-siècle.

a) La bureaucratie négocie des conventions collectives dont les dates d'expiration sont repoussées de plus en plus loin dans le futur. Les conventions sont devenues des documents légaux plus longs et plus compliqués, qui servent de manuels d'instruction à la direction des entreprises au lieu d'être des guides clairs indiquant aux travailleurs ce qu'ils ont gagné à un moment donné dans leur lutte incessante contre les patrons.

b) On voit s'accroître les écarts de salaire et de conditions de travail entre travailleurs effectuant le même travail dans la même entreprise. Cette situation est le résultat d'échelles de salaires multiples et d'accords permettant l'embauche d'un pourcentage croissant de travailleurs à temps partiel ou temporaires sans aucune protection syndicale ou de travailleurs ayant un statut de deuxième classe dans les syndicats[11].

11. Depuis 1968 aux États-Unis, le pourcentage des travailleurs à temps partiel a augmenté de 14 à près de 20 pour cent au sein

c) Au lieu d'utiliser la force du mouvement ouvrier pour mener une lutte politique et sociale visant à forcer le gouvernement fédéral à financer les programmes sociaux répondant aux besoins de l'ensemble de la classe ouvrière en matière de santé et de retraite, la bureaucratie continue de favoriser toujours plus la négociation compagnie par compagnie de régimes d'assurance dont les travailleurs sont forcés de payer une part de plus en plus importante [12].

---

de la main-d'oeuvre. En 1994, le salaire médian des travailleurs à temps partiel était de 6,01 $ US contre 9,36 $ US pour les travailleurs à plein temps. L'augmentation du nombre de travailleurs soi-disant temporaires est encore plus significative. Au milieu des années 90, ceux-ci représentaient plus de 10 pour cent des nouveaux emplois, contre une moyenne de 4 pour cent durant les années 80 et de 2 pour cent au cours des années 70. En multipliant les emplois « temporaires », les familles dirigeantes visent à empêcher l'augmentation des salaires et à accélérer la production en créant une section grandissante de la classe ouvrière qui n'a pas de protection syndicale et qu'elles peuvent embaucher et renvoyer sans préavis.

12. Selon le département du Travail des États-Unis, la proportion des travailleurs à plein temps employés par les grandes et moyennes entreprises et qui sont couverts par des régimes d'assurance médicale parrainés par l'employeur est tombé de plus de 95 pour cent en 1983 à 80 pour cent dix ans plus tard. Au cours de la même période, la proportion de ces travailleurs payant une partie des coûts de ces régimes directement à même leurs salaires s'est élevé de 54 à 76 pour cent et la moyenne mensuelle de leurs contributions a plus que doublé. Le pourcentage des employés retraités couverts par l'assurance médicale d'un ancien employeur est tombé de 44 pour cent en 1988 à 33 pour cent en 1993. En 1996, quelque 42 millions de résidents aux États-Unis, soit 17 pour cent de la population, n'avaient aucune assurance médicale de quelque sorte. La proportion atteignait 48 pour cent chez les travailleurs ayant un emploi et des revenus inférieurs au seuil de pauvreté.

d) Les officiers continuent de subordonner les syndicats aux politiciens capitalistes, en général ceux du Parti démocrate.

(1) Quand le cadre de la politique bourgeoise a glissé vers la droite dans les années 80, la bureaucratie de l'AFL-CIO a continué d'appuyer « ses amis ».

(2) Malgré les attentions respectueuses des officiers syndicaux, le Sénat et la Chambre des représentants à majorité démocrate tiennent moins compte que jamais de la liste de souhaits de la bureaucratie en matière de lois sociales et de législation du travail.

(3) Même en termes bourgeois, le poids politique des syndicats n'a jamais été aussi faible depuis la naissance du CIO.

e) On peut voir le résultat de cette évolution dans le fait que les syndicats du CIO fonctionnent moins que jamais dans leur histoire comme des *syndicats industriels,* même dans un sens étroitement syndical.

(1) L'acceptation croissante d'échelles de salaires multiples, du travail contractuel sans protection syndicale et d'autres arrangements du même genre ramène les inégalités et les divisions caractéristiques des syndicats de métiers — ce qui renforce parmi une couche de travailleurs les attitudes sociales aristocratiques, antidémocratiques et réactionnaires qui leur sont associées.

(2) Au lieu de mener des campagnes pour organiser le nombre croissant de lieux de travail industriels qui ne sont pas syndiqués, les officiers ont effectué des fusions entre syndicats présents dans des secteurs complètement différents de la force de travail ou ont cherché à intégrer des couches étrangères à la classe ouvrière, comme

des professionnels ou des gardiens de sécurité, ce qui a sapé encore davantage le caractère industriel des syndicats [13].

(3) La différence de caractère entre les syndicats du CIO et ceux de l'AFL est plus mince aujourd'hui qu'elle n'a jamais été, non seulement depuis que les syndicats industriels ont été forgés dans la lutte à la fin des années 30, mais même depuis que le CIO et l'AFL ont fusionné au milieu des années 50 et que la bureaucratie a rapidement oublié ses promesses tapageuses d'organiser les non syndiqués.

(4) On peut voir où mène cette évolution dans la scission réussie de l'AIM que l'Association fraternelle

---

13. Par exemple, la bureaucratie des Travailleurs unis de l'automobile a affilié l'Union nationale des écrivains, qui se décrit elle-même comme le « syndicat des écrivains pigistes de tout genre, » de même que l'Organisation nationale des travailleurs des services juridiques, une organisation regroupant des avocats et d'autres employés travaillant pour des programmes de services juridiques subventionnés par le gouvernement fédéral aux États-Unis. La Fédération américaine des employés d'État, de comté et de municipalité (AFSCME) a syndiqué des gardiens de prison dans une unité appelée les Unités correctionnelles AFSCME. Celle-ci publie une brochure intitulée par euphémisme *Gérer une révolte dans une prison.* Le président d'AFSCME, Gerald McEntee, et le secrétaire-trésorier William Lucy ont ainsi préfacé ce manuel anti-ouvrier : « Afin d'assurer la sécurité de la communauté et de pouvoir nourrir, vêtir et loger leurs familles, les employés [de prison] travaillent avec des criminels dans un environnement volatile et souvent sans ressources adéquates. [...] Nous avons le plus grand espoir que ce manuel n'aura jamais à être mis à l'essai, mais notre expérience à Attica, Santa Fe, Lucasville, Southport, Camp Hill et ailleurs nous a appris à être toujours prêts. »

des mécaniciens d'avions (AMFA), une organisation pro-patronale, a effectuée chez les mécaniciens de la compagnie Trump Shuttle, à l'aéroport La Guardia de New York, et dans les opérations de maraudage et de piraterie qu'elle mène pour recruter les membres de l'AIM chez Northwest, United et d'autres compagnies aériennes. Les bureaucrates de l'AMFA poussent à leur conclusion « logique » les divisions parmi les travailleurs que les officiers syndicaux ont acceptées au cours de la dernière décennie en cherchant à convaincre les mécaniciens « qualifiés » qu'il vaut mieux ne pas faire partie d'un syndicat qui englobe aussi des travailleurs qui « ne sont que » des préposés au sol et à l'entretien des avions. Les officiers élus actuels de l'AIM sont incapables de répondre de manière convaincante et efficace aux arguments de l'AMFA[14].

3. Dans l'UMWA, la direction de Richard Trumka converge avec la bureaucratie de l'AFL-CIO et avec son cours tactique.

a) Aussi bien à l'est qu'à l'ouest du Mississippi, Trumka serre la vis aux rangs de l'UMWA afin de modifier des principes de lutte de classe traditionnels qui reflètent le recours à la force des syndicats pour défendre

---

14. En mars 1998, l'AMFA a remporté une opération de maraudage à la compagnie aérienne Alaska en obtenant le vote d'une majorité des mécaniciens et des préposés à l'entretien auparavant syndiqués par l'AIM. Les travailleurs de piste et les préposés au service à la clientèle demeurent dans l'AIM. L'AMFA a aussi des unités de mécaniciens reconnues par l'entreprise chez Northwest Airlink et United Express et poursuit ses opérations antisyndicales jusqu'à maintenant infructueuses aux compagnies aériennes Northwest et United.

les intérêts des mineurs contre les propriétaires des exploitations minières (par exemple le refus de travailler sans convention collective, le rejet de toutes représailles ou persécution, le droit inconditionnel de lire et de voter toutes les conventions collectives et la tenue de grèves nationales, et non pas sélectives, dans l'industrie du charbon).

b) L'intégration croissante de Trumka dans la haute bureaucratie de l'AFL-CIO reflète et accélère ce cours [15].

c) Bien que le cours des officiers affaiblit le syndicat, il n'a pas renversé les gains que l'UMWA a faits au cours des années 70 et 80 grâce à la lutte des Mineurs pour la démocratie et à la résistance des mineurs.

d) Le plus important, c'est que l'ampleur, la détermination et l'imagination manifestées par la lutte contre Pittston démontrent que les membres de l'UMWA possèdent une direction du rang qui peut être renouvelée et transformée par de nouvelles forces au cours de luttes explosives. Cette direction demeure suffisamment large, capable et expérimentée pour empêcher les patrons du charbon de généraliser la défaite subie contre la compagnie A. T. Massey. Elle demeure suffisamment forte pour pousser dans la direction opposée : celle qui consiste à utiliser la force de l'UMWA pour renforcer le syndicat contre l'offensive incessante et les attaques répétées des compagnies minières ; et, ce faisant, pour établir des

---

15. Richard Trumka a été président de l'UMWA de 1982 à 1995, quand il a été élu secrétaire-trésorier de l'AFL-CIO dans l'équipe dirigée par John Sweeney, l'ancien président de l'Union internationale des employés des services (UIES). L'UMWA s'est réaffilié à l'AFL-CIO en octobre 1989.

contacts au sein du mouvement ouvrier aux États-Unis et ailleurs dans le monde et avoir un impact sur lui.

C. Un nouvel espace que le mouvement ouvrier révolutionnaire peut saisir, maintenir et utiliser

1. Les luttes ouvrières qui ont commencé en 1989 avec les grèves contre Eastern et Pittston, qui ont engendré de nouvelles directions du rang et renforcé celles qui existaient déjà, créent de nouvelles responsabilités et opportunités que les communistes doivent s'organiser pour saisir et utiliser au maximum.

a) En participant à ces luttes, les travailleurs qui sont communistes combinent deux tâches.

(1) Nous agissons comme des syndicalistes efficaces qui font partie des combattants du rang et de sa direction émergente. Nous acquérons ainsi une plus grande expérience de combat et nous nous intégrons plus profondément à la résistance ouvrière.

(2) Nous parlons du socialisme avec les autres combattants, ce qui nous permet d'élargir le nombre des lecteurs réguliers et l'influence de la presse, des livres et des brochures communistes. Nous utilisons les campagnes électorales, les forums et les autres activités du parti pour rejoindre d'autre combattants.

b) Ces deux aspects du travail communiste dans les syndicats divergent durant les périodes de recul du mouvement ouvrier. Mais ils convergent de plus en plus lorsque les luttes ouvrières s'intensifient et que les opportunités d'effectuer un travail de masse s'accroissent.

(1) L'implication croissante des travailleurs communistes dans ces luttes en tant que composante des

cadres du rang — des cadres qui deviennent de plus en plus efficaces dans un rapport de force qui ne peut être changé à court terme — les éloigne davantage de la perspective de prendre des postes ou mandats syndicaux.

(a) Il devient plus évident que les postes syndicaux constituent un fardeau paralysant pour les militants, autant du point de vue du renforcement des syndicats que de la construction du mouvement communiste.

(b) En même temps, les officiers doivent plus que jamais incorporer des militants qui se radicalisent au sein des structures syndicales existantes afin d'en maintenir la crédibilité et la stabilité.

(2) À un certain point dans l'évolution et l'approfondissement des luttes ouvrières, l'effet cumulatif qu'aura l'utilisation croissante de la force syndicale par les membres du rang peut mener à un saut qualitatif qui commencera à faire éclater les structures actuelles du mouvement ouvrier (par exemple, la section locale 574 des Teamsters à la fin de 1934 à Minneapolis [16]).

---

16. Farrell Dobbs décrit la direction de lutte de classe de la section locale 574 des Teamsters et les grèves qui ont construit en 1934 un mouvement syndical industriel à Minneapolis dans le livre *Teamster Rebellion,* publié par les éditions Pathfinder en 1972. Farrell Dobbs a été un dirigeant central de ces luttes ainsi que des grèves et campagnes de syndicalisation qui en ont résulté au milieu et à la fin des années 30, conduisant à la transformation du syndicat des Teamsters en un mouvement social de lutte dans la plus grande partie du Midwest. Farrell Dobbs fait le récit de ces dernières batailles dans les livres *Teamster Power, Teamster Politics* et *Teamster Bureaucracy.* Il est par la suite devenu secrétaire national du Parti socialiste des travailleurs.

(*a*) Il n'y a aucune façon de prévoir comment un tel bouleversement se produira. Celui-ci résultera d'un ensemble de facteurs dans la lutte des classes qui pousseront un nombre croissant de combattants syndicaux à penser socialement et à agir politiquement : luttes ouvrières qui se multiplient et se chevauchent ; implication d'un pourcentage de plus en plus grand de travailleurs syndiqués et non syndiqués ; renforcement par des luttes se déroulant à l'extérieur des syndicats (luttes pour les droits des Noirs et les droits des femmes, batailles explosives des agriculteurs, opposition croissante à l'agression militaire U.S., etc.).

(*b*) C'est seulement dans un tel contexte que se présenteront les opportunités qui permettront aux communistes de faire partie d'une aile gauche de lutte de classe en formation au sein des syndicats. Tout mouvement vers l'action politique indépendante des syndicats coïncidera avec une expansion considérable non seulement des occasions de faire de la propagande socialiste, mais aussi de recruter des travailleurs au parti révolutionnaire prolétarien même.

(3) La capacité du mouvement communiste de profiter des opportunités qui se présenteront dans ce genre de batailles de classe à venir dépend avant tout de notre préparation politique et organisationnelle, qui commence dans les luttes qui se déroulent aujourd'hui.

2. La grève contre Eastern est la première bataille syndicale où des cadres du Parti socialiste des travailleurs ont

été des participants directs et où nous avons organisé une lutte commune avec les travailleurs-bolcheviks de notre mouvement mondial pour construire la solidarité internationale.

a) Notre participation aux batailles contre Eastern et Pittston n'a pas seulement offert une expérience de lutte de classe toute particulière aux camarades qui sont membres de l'AIM chez Eastern ou membres de l'UMWA dans les mines de charbon. Elle a impliqué tous les cadres de notre mouvement.

(1) Ce sont des forces hors de notre contrôle qui ont déterminé dans quelles industries et dans quels syndicats ces batailles ont éclaté, et de ce fait les fractions industrielles du parti qui ont été les plus directement impliquées. Ceci continuera d'être le cas à l'avenir.

(a) L'effet cumulatif des expériences et du travail des dix fractions nationales depuis qu'elles ont commencé à fonctionner dans le tournant a servi de préparatif indispensable pour ce que nous avons rencontré et accompli au cours de la dernière année [17].

(b) Depuis plus d'une décennie, nous avons lutté pour placer la résistance dans l'industrie du charbon, et nous-mêmes comme composante de cette résistance, au centre de la lutte pour

---

17. Dans la deuxième moitié des années 70, le Parti socialiste des travailleurs a effectué un tournant vers les syndicats industriels en s'organisant pour avoir une majorité écrasante de ses cadres dans des emplois où ils pourraient mener une activité politique parmi des travailleurs d'industrie syndiqués. Ce travail est structuré par le biais de fractions syndicales industrielles du parti. En 1990, le SWP avait des fractions dans dix syndicats industriels, dont celui des Mineurs unis d'Amérique.

conquérir le tournant. Cet effort a été décisif pour préparer le parti à participer à ces luttes syndicales.

(c) On trouve plusieurs des leçons que nous avons tirées de ces expériences dans les rapports et résolutions publiés dans *Le visage changeant de la politique aux États-Unis,* dans la résolution politique et le rapport syndical présentés par Joel Britton et qu'a adopté le congrès du parti en 1985, et dans d'autres rapports et articles publiés dans les bulletins du parti au cours de la dernière décennie [18].

(d) Au cours des batailles à venir, les cadres de chacune des fractions et le parti dans son ensemble vont acquérir une expérience de combat de classe de plus en plus grande. Les camarades au centre de ces luttes dirigeront le parti dans ces batailles. Et à travers ces expériences de direction politique communiste, le parti dirigera plus efficacement tout son travail de masse.

(2) Les membres de chaque branche et de chaque fraction industrielle ont organisé la solidarité avec les luttes de l'AIM et de l'UMWA dans leurs syndicats. Nous avons amené avec nous des camarades de travail, des amis et des partisans actifs

18. La résolution de 1985, « La perspective révolutionnaire et la continuité communiste aux États-Unis », est publiée dans le quatrième numéro de la revue *New International.* Deux des quatre sections de la résolution ont été publiées en français dans *Le visage changeant de la politique aux États-Unis,* Pathfinder, 1997. On trouvera le rapport syndical de Joel Britton dans *Background to "The Changing Face of U.S. Politics" and "U.S. Imperialism Has Lost the Cold War",* publié par Pathfinder en 1998.

du parti, des membres de l'Alliance des jeunes socialistes (YSA) et des travailleurs d'autres pays visiter les lignes de piquetage contre Eastern, le Camp de la solidarité, les piquets de grève contre Greyhound et les rassemblements d'appui aux grévistes de NYNEX, aux travailleurs d'hôpitaux de New York, aux travailleurs du vêtement de l'usine Domsey à Brooklyn et aux travailleurs du quotidien new-yorkais *Daily News.*

(3) Les luttes contre Eastern et Pittston ont toutes les deux démontré de façon décisive que nous ne rencontrons pas d'obstacle pour vendre des exemplaires et des abonnements du *Militant* et de *Perspectiva Mundial* ; pour vendre des livres et des brochures des éditions Pathfinder et des exemplaires de *New International* aux travailleurs en lutte ; ou pour intégrer au travail que nous effectuons en tant que composante du mouvement syndical l'ensemble des campagnes et des activités de front uni dans lesquelles le parti est impliqué. Ce fait a été confirmé à plusieurs reprises au cours de la dernière année, y compris par les exemples suivants :

(a) Les résultats obtenus par nos équipes de vente d'abonnement dans les bassins houillers, ainsi que la vente de notre presse, des livres et brochures des éditions Pathfinder et de la revue *New International* aux membres de l'AIM en grève contre Eastern et à d'autres syndiqués, au travail et ailleurs.

(b) Les réunions et rencontres que nous avons aidé à organiser entre des révolutionnaires cubains en tournée et des grévistes d'Eastern, des mineurs de charbon de l'UMWA,

des combattants de Watsonville et de nombreux autres syndiqués, travailleurs agricoles et agriculteurs [19].

(c) La participation de grévistes d'Eastern et de Pittston à des actions de solidarité contre l'apartheid.

(d) Et le nombre croissant de travailleurs qui, à travers leur propre expérience de lutte, en viennent à comprendre l'importance de combattre le coup monté contre Mark Curtis et de repousser

---

19. En avril et mai 1990, les éditions Pathfinder ont organisé une tournée aux États-Unis de l'économiste cubain Carlos Tablada, auteur du livre *Che Guevara : l'économie et la politique dans la transition au socialisme* qu'elles avaient publié en anglais en 1989. Pendant sa tournée, Tablada a pris la parole dans plus de 25 villes, lors de réunions publiques et dans des universités. Il a rencontré des dirigeants de la grève contre Eastern et plusieurs d'entre eux ont pris la parole dans des réunions à ses côtés. Carlos Tablada a aussi rencontré une vingtaine de travailleurs de conserverie membres des Teamsters à Watsonville, en Californie ; plus d'une quarantaine de travailleurs syndiqués du textile lors d'une réunion dans la cafétéria d'une usine de Laurence, au Massachusetts ; et les membres de plusieurs autres syndicats.

Quelques mois plus tôt, en octobre et novembre 1989, le peintre cubain Aldo Soler avait fait une tournée des États-Unis parrainée par le Projet de la fresque murale de Pathfinder. Il était venu aux États-Unis pour peindre les portraits de Fidel Castro et de Karl Marx sur la fresque de six étages de l'immeuble Pathfinder à New York, reproduite en première de couverture. En plus de faire des présentations dans des galeries d'art et des universités, Aldo Soler a aussi pris la parole au cours d'une réunion organisée par le Syndicat uni des travailleurs agricoles dans l'État de Washington, visité les lignes de piquetage des mineurs de charbon en grève dans le sud de la Virginie occidentale et rencontré des dirigeants du mouvement des agriculteurs en Iowa.

les activités perturbatrices de la Ligue des travailleurs dans le mouvement ouvrier[20].

b) En participant à ces luttes côte à côte avec d'autres combattants, nous avons rapproché du parti des couches plus larges de travailleurs qui en sont devenus les amis et qui nous respectent, sollicitent notre point de vue, s'abonnent au *Militant,* achètent des livres des éditions Pathfinder et participent à divers événements et réunions parrainés par le parti ou actions de protestation que nous construisons.

(1) Nous devons prêter une attention soigneuse au recrutement de nouveaux membres parmi ces combattants chaque fois qu'il est possible de le faire.

(2) Nous reconnaissons aussi qu'à cette étape de la lutte des classes, le rythme de recrutement au mouvement communiste présente des limites

20. En mars 1988, Mark Curtis, un socialiste et un membre des Travailleurs unis de l'alimentation et du commerce travaillant à l'abattoir de la compagnie Swift à Des Moines en Iowa, a été faussement accusé de viol et de cambriolage. Il a été arrêté et brutalement battu par la police de Des Moines à peine quelques heures après avoir quitté une réunion visant à défendre seize travailleurs mexicains et un travailleur salvadorien de l'abattoir Swift qui avaient été arrêtés par les services de l'Immigration au cours d'une descente à l'usine et étaient menacés d'expulsion du pays. Mark Curtis a été reconnu coupable et condamné à 25 ans de prison en septembre 1988. Il a obtenu une libération conditionnelle en juin 1996, soit sept ans et demi plus tard — beaucoup plus tard que la moyenne en Iowa pour les individus reconnus coupables d'accusations semblables. Voir *Pourquoi Mark Curtis est-il toujours en prison ? Le coup monté politique contre un syndiqué et un socialiste et la campagne pour le faire libérer,* une brochure de Naomi Craine publiée en 1995 par les éditions Pathfinder et qui décrit le coup monté contre Mark Curtis et la campagne internationale pour le faire libérer.

objectives. Aujourd'hui, le parti se fait plus d'amis et de partisans au sein des syndicats qu'il n'y recrute de membres. En période de radicalisation croissante du mouvement ouvrier, l'influence du parti dans les syndicats se traduira par le recrutement direct d'un nombre de plus en plus grand de travailleurs.

(3) Nous avons appris qu'un sérieux travail de formation doit être organisé en collaboration avec chaque nouveau membre afin de l'aider à acquérir une base et une compréhension solides des conquêtes historiques du mouvement ouvrier international.

(4) Nous avons aussi appris que, de la même manière que nos cadres dans les syndicats constituent une fraction de la classe ouvrière et de la direction du rang dans les syndicats, nous constituons en même temps une fraction de combattants ouvriers qui *ont besoin* de lire le *Militant* chaque semaine.

  (a) Le *Militant* offre les nouvelles et l'analyse sociales, politiques et internationales plus larges dont notre classe a besoin pour se voir comme une composante de la classe ouvrière internationale et avancer dans le sens de notre ligne de marche historique. C'est la seule façon de rester à jour sur ce qui arrive dans le mouvement ouvrier, une condition nécessaire pour effectuer un travail syndical efficace.

  (b) Si notre travail syndical ne permet pas d'accroître le nombre des travailleurs abonnés au *Militant* et à *Perspectiva Mundial* et d'augmenter la diffusion de *New International* et des livres et brochures des éditions Pathfinder, c'est qu'il ne s'agit pas d'un travail syndical communiste.

3. Comme les autres aspects du travail du parti, les expériences que nous avons traversées en participant aux luttes ouvrières qui ont commencé en 1989 ont été marquées non seulement par la période de batailles de classe accrues vers laquelle nous nous dirigeons, mais aussi par l'*existence semi-sectaire* d'où nous avons émergé depuis que le parti a amorcé son tournant vers les syndicats industriels il y a 12 ans. Ce fait est à l'origine des erreurs et des faiblesses de notre participation aux luttes contre Eastern et Pittston.

a) Sous couvert de nous jeter corps et âme dans les derniers développements de la lutte contre Eastern et sans être pleinement conscients de ce que nous faisions, nous avons commis deux erreurs sectaires gauchistes. Ces erreurs ont reflété une évaluation erronée voulant que notre poids dans une lutte syndicale peut aujourd'hui en déterminer l'issue. Il en est résulté des tensions et des distorsions dans les ressources et les énergies précieuses que nous déployions dans la lutte.

(1) Nous n'avons pas effectué le genre d'effort de propagande communiste confiant et national, construit autour de la vente d'abonnements au *Militant,* qu'il était à la fois possible et important de mener pour renforcer la riposte ouvrière.

(a) En fait, la vente d'un nombre accru d'abonnements au *Militant* aux membres en grève de l'AIM est un outil indispensable que les cadres d'une organisation communiste peuvent utiliser comme levier politique pour faire avancer la grève. Il ne s'agit pas d'une diversion qui nous empêche de faire tout ce que nous pouvons pour contribuer à sa victoire.

(b) Ce qui est encore plus important, c'est que le *Militant* offre chaque semaine l'axe qui peut conduire des militants ouvriers au communisme et permettre aux travailleurs communistes de conserver un esprit politique aiguisé en lisant, diffusant *et discutant* le journal avec d'autres combattants.

(2) Dans un certain nombre de branches, nous avons trop centralisé notre travail d'appui à la grève contre Eastern en substituant des structures ad hoc au renforcement et à l'amélioration du travail d'appui à la grève effectué par les fractions locales.

(a) Cette approche nous a empêché de déployer et de réorganiser les fractions locales comme étant les instances qui dirigent ce travail syndical (avec des comités exécutifs locaux responsables de diriger le travail de l'ensemble de la branche en appui à la grève).

(b) Cette erreur provenait en partie d'analogies incorrectes faites à partir des responsabilités nationales générales conférées au Comité directeur du travail dans la grève contre Eastern, qui avait la responsabilité de diriger le travail d'appui à la grève effectué par la fraction de nos membres dans l'AIM et par d'autres camarades spécifiquement affectés.

b) Nous avons fait deux erreurs dans la lutte contre Pittston.

(1) Premièrement, au cours des premiers mois, nous avons mis du temps pour reconnaître pleinement l'interconnexion du travail de solidarité avec les grèves contre Eastern et Pittston dans le mouvement ouvrier et pour agir en conséquence. Nous

avons eu tendance à voir l'orientation vers la lutte contre Pittston comme une diversion de notre travail de solidarité avec la grève contre Eastern. En réalité, la solidarité avec la grève contre Pittston représentait un effort complémentaire qui renforçait les deux luttes.

(2) Deuxièmement, quand Richard Trumka a annoncé au début de 1990 l'imminence d'un projet de règlement, nous avons correctement réagi comme des travailleurs combatifs, de l'intérieur de la lutte, en sachant que des combattants d'avant-garde avaient été congédiés, que de lourdes amendes n'avaient pas été levées et que des clauses centrales de la convention collective n'étaient toujours pas réglées. Mais quand il a été question d'un règlement — c'était à un point où nous arrivions finalement à organiser la visite du Camp de la solidarité par des grévistes d'Eastern et d'autres travailleurs — nous avons pris nos désirs pour la réalité en pensant que les membres pourraient rejeter l'accord et poursuivre la grève. Ceci a eu pour effet de nous amener à reconnaître avec lenteur le caractère et l'importance de la victoire que les rangs de l'UMWA avaient remportée.

c) Nous avons reconnues ces erreurs et avons pris des mesures pour les corriger. Mais il y a deux autres erreurs que le SWP *n'a pas faites* et que nous ne pouvions pas faire en tant que parti de travailleurs-bolcheviks.

(1) Nous n'avons pas fait l'erreur de rester à l'écart de ces batailles. Nous en avons reconnu l'importance internationale. Non seulement nous y sommes-nous engagés pleinement, mais nous y avons aussi impliqué notre mouvement nord-américain et international. Nous avons concentré notre

attention sur les enjeux de ces luttes, pas sur leurs limites. Nous n'avons posé aucune condition préalable pour y participer (par exemple, la démocratie syndicale ou l'arrêt de la production). Nous avons assumé des responsabilités importantes en le faisant et nous sommes devenus la source hebdomadaire internationale indispensable d'informations précises sur ces luttes.

(2) Nous n'avons pas fait l'erreur de nous orienter vers des individus au sein de la bureaucratie syndicale au lieu de garder les yeux sur les membres du rang en lutte qui *sont* le syndicat.

d) Il est particulièrement frappant de voir ce qu'un parti de travailleurs-bolcheviks a pu accomplir et apprendre en participant à ces luttes syndicales lorsqu'on se rappelle que :

(1) Seulement deux de nos dix fractions dans les syndicats industriels étaient directement impliquées.

(2) Pas un seul de nos membres dans l'UMWA n'était en grève contre Pittston.

(3) La moitié de nos branches sont situées dans des régions sans impact hebdomadaire direct de ces luttes.

(4) Et nous avons moins d'une douzaine de nos membres en grève contre Eastern dans l'AIM et encore moins de mineurs de l'UMWA qui travaillent à l'heure actuelle.

e) Ce que nous avons accompli et sommes en train d'accomplir montre le genre de travail communiste que seules peuvent accomplir des organisations qui ont conquis le tournant vers l'industrie ou sont en train de le conquérir.

(1) C'est une preuve pratique du levier que constitue pour nos fractions industrielles et leurs membres

le fait de faire partie d'un parti prolétarien révolutionnaire centralisé.

(2) C'est une preuve qu'à force de partager des responsabilités avec les travailleurs en lutte — en apprenant à nous connaître, en discutant entre nous et en apprenant à nous faire confiance les uns les autres — on augmente la confiance et l'ouverture à collaborer dans les luttes à venir.

(3) C'est une preuve qu'il est indispensable de fonctionner non seulement comme une organisation nationale, mais comme la composante d'un mouvement communiste mondial dont les éléments sont tous impliqués dans la vie de la classe ouvrière par le biais de fractions industrielles.

(4) C'est un exemple qui montre comment un parti ouvrier révolutionnaire se renforce, se renouvelle et se revitalise en participant à chaque progrès de notre classe. Et comment cela nous engage dans un cours capable de repolitiser notre mouvement après presque une décennie de conditions objectives conduisant à la dépolitisation.

f) Les cadres du SWP ont été transformés au cours de ces luttes.

(1) Plus que toute autre expérience depuis le tournant vers l'industrie, ce que nous avons accompli en participant à ces luttes place le parti dans une nouvelle position pour la première vague des batailles de classe plus importantes qui éclateront au cours de la prochaine décennie — des batailles dont nous ne pouvons prédire les contours précis et que nous n'allons pas initier.

(2) Mais peu importe où, quand et comment se produiront les prochaines luttes, nous nous tournerons vers elles plus rapidement, avec plus de confiance

et en étant mieux préparés, comme une fraction de l'avant-garde combattante de notre classe — de plus nombreux travailleurs-bolcheviks viendront de l'avant, prendront des initiatives et dirigeront leur parti plus avant dans l'action. Nous le ferons grâce à ce que nous avons conquis en participant aux luttes de 1989 et 1990 contre Eastern et Pittston [21].

21. La participation du SWP à ces batailles a été décisive pour préparer ses cadres à répondre au prochain grand développement auquel ils ont été confrontés et qui a commencé au moment où cette résolution a été adoptée, lors du congrès du parti en août 1990. C'est à ce moment que Washington a initié les préparatifs de guerre dans le golfe Arabo-persique qui ont culminé au début de 1991 dans le bombardement pendant six semaines de l'Irak et son invasion pendant 100 heures, où au moins 150 000 Irakiens ont été massacrés. On trouvera une évaluation des résultats de cette attaque et de la campagne ouvrière contre l'impérialisme et la guerre menée par les cadres du SWP et leurs copenseurs dans d'autres pays dans l'article de Jack Barnes « Les premières salves de la troisième guerre mondiale », publié dans le quatrième numéro de *Nouvelle Internationale.*

MARGARETHE SIEM/MILITANT

Un rassemblement du syndicat des Teamsters à Jersey City, dans l'État du New Jersey, pendant la grève contre la compagnie UPS en août 1997. Cette lutte s'est terminée par la première victoire syndicale en presque dix ans dans une lutte ouvrière nationale d'importance aux États-Unis. « La grève représente un progrès si elle a été menée de manière à encourager d'autres travailleurs et syndiqués à l'imiter. »

JOERG SARBACH/AP-WIDE WORLD PHOTOS

En 1996, des syndiqués à l'emploi de la compagnie Bremer Vulkan dans les villes ouest-allemande de Brême (ci-haut) et est-allemande de Stralsund ont occupé les chantiers navals pour en stopper la fermeture et prévenir leurs licenciements. « Les pas franchis pour réunir dans une union économique l'État impérialiste et l'État ouvrier allemands poussent la bourgeoisie allemande vers une collision plus directe avec la classe ouvrière de l'Est et de l'Ouest, tout en facilitant l'action unifiée de la classe ouvrière en Allemagne. »

Deuxième partie

L'IMPÉRIALISME U.S. A PERDU LA GUERRE FROIDE

A. Marquée par le cours Reagan-Thatcher, l'offensive des classes dominantes impérialistes au cours des années 80 s'est terminée par un échec

1. Au cours des années 80, l'offensive capitaliste dans les pays impérialistes a porté des coups importants au mouvement ouvrier, des coups qui ont eu un effet dévastateur sur de larges couches de travailleurs.

2. Cette offensive n'a cependant réussi à atteindre aucun des deux objectifs requis pour jeter les bases d'une nouvelle période d'expansion capitaliste soutenue et de stabilité sociale et politique accrue. Il s'agit de conditions essentielles pour renverser la probabilité croissante d'une crise économique et sociale mondiale.

   a) Les dirigeants capitalistes n'ont pas réussi à renverser la tendance à la baisse du taux de profit.

   b) Ils ont été incapables de briser la résistance de la classe ouvrière au point de pouvoir modifier de façon fondamentale le rapport de force entre le travail et le capital.

3. Les dirigeants impérialistes ont également échoué dans leur effort pour stabiliser une base petite-bourgeoise solide.

   a) Un grand nombre de professionnels et d'autres couches petites-bourgeoises ont prospéré pendant l'offensive antisyndicale des dirigeants capitalistes.

b) Mais à la fin des années 80 cependant, les hausses de taxes, l'augmentation des taux d'intérêt et des taux d'hypothèque et une instabilité économique croissante frappent dans les pays impérialistes de grandes sections de la classe moyenne [1]. C'est aussi vrai des travailleurs et des agriculteurs.

4. Le capitalisme agressif de « libre marché » à la Ronald Reagan et Margaret Thatcher a eu son heure de gloire pendant les années 80, mais sans permettre aux capitalistes d'atteindre leurs objectifs.

5. Les batailles décisives entre les classes possédantes impérialistes et les travailleurs ne sont pas derrière nous, mais toujours à venir.

B. Les contradictions économiques et sociales de l'impérialisme U.S. se sont aiguisées

1. Le plus grand danger économique pour l'impérialisme est la possibilité croissante d'un écroulement du système bancaire capitaliste international, qui entraînerait inévitablement une dépression et une crise sociale mondiales.

2. Pendant la courte période écoulée depuis l'adoption en août 1988 de la résolution politique du Parti socialiste

---

1. Une décennie plus tard, les taux d'intérêt aux États-Unis, au Royaume-Uni et dans la plupart des autres pays impérialistes ont chuté considérablement par rapport aux taux des années 80, qui dépassaient souvent 10 pour cent. Mais les conditions déflationnistes du capitalisme mondial qui se sont développées au cours des années 90 ont suscité une insécurité croissante parmi la petite bourgeoisie, alors que le revenu réel des ménages a décliné pour toutes les familles à l'exception des mieux nanties, que le taux de faillite des petites entreprises est resté à un niveau historiquement élevé et que le grand capital a réduit, « rationalisé », la taille de couches importantes du personnel intermédiaire et inférieur de surveillance et de gestion.

des travailleurs (SWP), « Ce que le krach de 1987 a annoncé », on a vu se détériorer les différents éléments de la crise capitaliste mondiale — des éléments capables, seuls ou combinés, de précipiter une telle crise du système bancaire international[2].

a) Le système de crédit immobilier a continué de s'affaiblir de manière accélérée aux États-Unis.

(1) Le plan bipartite de Washington pour sauver le réseau du crédit immobilier à un coût pouvant s'élever jusqu'à 500 milliards de dollars indique que les capitalistes ont décidé d'essayer de socialiser les pertes croissantes du système bancaire et d'endiguer une crise bancaire plus large[3].

(2) La crise aiguë des institutions de crédit immobilier n'est que la pointe visible des tensions que subissent les compagnies d'assurances, les grandes maisons de courtage en valeurs mobilières et en obligations et les agences semi-gouvernementales de prêt et d'hypothèque, et qui s'exercent sur la stabilité du prix des terrains et des valeurs immobilières. Les pressions les plus importantes sont celles que toutes ces agences exercent de façon croissante sur les banques commerciales.

b) La dette du tiers monde demeure massive, sans que les pays semi-coloniaux les plus forts (comme

---

2. On trouvera cette résolution dans le cinquième numéro de *Nouvelle Internationale.*

3. De la fin des années 80 à décembre 1995, le Trésor U.S. a dépensé près de 200 milliards de dollars afin de fermer des institutions de crédit immobilier et en rembourser les déposants. On estime que 200 milliards supplémentaires seront versés aux riches détenteurs des obligations de 30 ans émises par le gouvernement dans le but de financer ce sauvetage.

le Mexique, le Brésil et l'Argentine) aient la moindre possibilité de la payer.

(1) Au cours de la dernière année, les banques impérialistes les plus fortes se sont donnés quelques avantages mineurs face à leurs concurrents en réduisant une partie de l'énorme dette que leur doit le tiers monde. Mais les capitalistes sont toujours loin d'avoir trouvé une solution au problème des pays débiteurs ou d'avoir stabilisé à moyen terme la situation de ces derniers.

(2) En Argentine et plus récemment au Brésil, les politiques déflationnistes draconiennes imposées par les gouvernements capitalistes pour faire face à la crise de la dette sont en train de créer les pires conditions de dépression depuis les années 30.

(3) Environ le cinquième de la population mondiale souffre de maladies comme la tuberculose, la malaria et le sida, ainsi que des effets de la famine et de la malnutrition. Le pourcentage est nettement plus élevé dans les pays semi-coloniaux. Ces conditions sociales se sont aggravées pendant la dernière décennie, surtout en Afrique au sud du Sahara, mais aussi dans le reste du tiers monde où les exceptions sont rares [4].

---

4. D'après un rapport de la Banque mondiale rendu public en 1998, près d'un tiers de la population du tiers monde, de l'Europe de l'Est et de l'ancienne URSS vit dans la pauvreté. Ce pourcentage « augmente rapidement en Europe et en Asie centrale et continue d'augmenter en Amérique latine et en Afrique au sud du Sahara. » Ce n'est qu'en Asie de l'Est que la pauvreté a chuté, dit la Banque mondiale, mais « avec la crise financière en Asie de l'Est la pauvreté y baissera moins rapidement. » En fait, la crise financière asiatique menace de devenir une dépression économique aux conséquences dévastatrices. Par exemple, dans

(4) La possibilité que le non-paiement d'une dette mine l'ensemble du système financier mondial est plus élevée maintenant qu'à n'importe quel moment depuis l'explosion de la crise de la dette du tiers monde au début des années 80. Dans les pays criblés de dettes, on doit de plus en plus s'attendre à des soulèvements sociaux contre les conséquences dévastatrices des politiques d'austérité et contre le transfert des richesses vers les banques impérialistes[5].

---

l'année qui a suivi l'éruption de la crise au milieu de 1997, le pourcentage de la population de l'Indonésie (le quatrième plus grand pays au monde) vivant sous le seuil officiel de la pauvreté a bondi de 11,3 à 40 pour cent.

5. À la fin de 1996, selon les chiffres de la Banque mondiale, la dette extérieure du tiers monde s'élevait à quelque 2 250 milliards de dollars. Elle atteignait 1 300 milliards à la fin des années 80. La dette extérieure totale de l'Amérique latine s'est accrue de 155 pour cent de 1980 à la fin de 1996, passant à 657 milliards. Les banques impérialistes ont fait pression de manière accélérée au cours des années 90 sur les entreprises et gouvernements asiatiques pour que ces derniers contractent des emprunts à court terme, ce qui a précipité la « crise asiatique » qui a commencé au milieu de 1997. À la fin de 1997, la dette extérieure de la Corée du Sud s'élevait à plus de 150 milliards de dollars, celle de l'Indonésie à 140 milliards, celle de la Thaïlande à 95 milliards et celle des Philippines à 40 milliards.

« Les mauvaises créances du Japon [estimées à près de 1 000 milliards de dollars en juillet 1998] constituent peut-être la plus importante statistique dans la crise financière asiatique, » a admis Dave Sanger dans l'édition du 30 juillet 1998 du *New York Times*. « Depuis que la crise a éclaté, les banques japonaises ont été tellement assiégées qu'elles ont en pratique cessé de faire des prêts au Japon et ailleurs en Asie [...]. Ceci a contribué à une pénurie de crédit qui a empiré la récession — à certains endroits, la dépression — qui s'étend de la Corée du Sud à l'Indonésie. »

c) On voit s'essouffler l'émission massive d'obligations de pacotille alimentée par l'endettement, qui a marqué l'expansion du capitalisme aux États-Unis depuis la récession de 1981-1982.

(1) La dette corporative aux États-Unis représente aujourd'hui un pourcentage plus grand des profits des compagnies ou du produit national brut qu'à n'importe quelle période depuis la grande dépression des années 30.

(2) L'expansion financière spéculative atteint des limites qui se manifestent dans le ralentissement du marché des obligations à risque amorcé en 1989 ; dans le déclin du nombre et de la valeur monétaire des acquisitions par endettement ; et dans l'instabilité continue des marchés boursiers, obligataires et des matières premières [6].

(3) Les investissements de capitaux permettant une expansion de la capacité productive des usines et des équipements continuent de croupir, comme durant toutes les années 80 — leur niveau le

6. Au cours de la faible reprise économique qui a suivi la guerre du Golfe, la dette corporative aux États-Unis a chuté pendant plusieurs années, mais a recommencé à augmenter à la fin des années 90. Les transactions d'obligations de société à revenu et à risque élevés, les soi-disant obligations de pacotille, ont atteint le niveau record de près de 100 milliards de dollars dans la première moitié de 1998. C'est presque cinq fois la somme émise chaque année entre 1986 et 1989, quand Michael Milken, le pionnier des obligations de pacotille sur Wall Street, a été emprisonné pour avoir laissé à des clients bien nantis des piles d'obligations non honorées et sans valeur. Les annonces de fusions d'entreprises financées par endettement, qui ont aussi chuté au début des années 90, ont atteint un nouveau sommet de 973 milliards dans la première moitié de 1998 — soit plus que la somme totale record de toute l'année précédente.

plus bas depuis la fin de la deuxième guerre mondiale [7].

(4) Le capitalisme U.S. est plus vulnérable qu'il ne l'était au moment du krach boursier de 1987 au choc d'une récession, d'une flambée de l'inflation et des taux d'intérêt, ou d'une autre crise partielle — choc qui provoquerait l'écroulement du système bancaire.

d) En 1986, le capitalisme U.S. a connu un ralentissement économique prononcé dont les conséquences équivalaient à une récession.

(1) Une quantité suffisante de capital a été dévaluée pour :

(a) Jeter les bases d'une croissance économique renouvelée, quoique lente.

---

7. Cette tendance s'est poursuivie au cours des années 90 malgré les propos de la presse du grand capital au sujet d'un « essor des investissements. » L'inventaire total des usines et équipements industriels aux États-Unis s'est accru à un rythme annuel de 2 pour cent depuis 1980, comparativement à un taux annuel de 3,9 pour cent au cours des trois décennies précédentes. Les investissements ont aussi chuté par rapport au revenu national dans l'ensemble des pays impérialistes depuis 1980.

« On ne peut avoir beaucoup de doute sur l'option adoptée par les entreprises américaines dans les années 90 : la rationalisation l'a emporté sur la reconstruction, » a écrit en novembre 1996 Stephen Roach, l'économiste en chef de la maison de placement Morgan Stanley de Wall Street. « La rationalisation veut dire se débrouiller avec moins — améliorer le rendement en réduisant travail et capital. [...] Historiquement, les périodes de productivité accélérée ont été associées à une *augmentation* de l'emploi. » Roach rapporte que le matériel informatique a représenté 57 pour cent de l'accroissement des frais d'équipement entre 1994 et 1997. Mais la vaste majorité de ces dépenses sert à remplacer de l'équipement désuet, pas à accroître les capacités de production.

(*b*) Et reporter d'environ cinq années le prochain ralentissement de l'économie U.S.

(2) La prochaine récession aura lieu dans un contexte marqué par l'effet cumulatif d'une nouvelle série de conditions économiques déstabilisatrices : la crise bancaire s'aggrave ; la montagne de dettes atteint des proportions inégalées ; le marché des actions et des obligations demeure instable ; les petits agriculteurs redeviennent vulnérables ; et les investissements de capitaux continuent de stagner.

(3) Étant donné le poids de l'économie U.S. dans le monde et l'intégration croissante du capitalisme mondial, un tel ralentissement pourrait déclencher des récessions importantes dans d'autres pays impérialistes et avoir un effet encore plus dévastateur sur la majorité des pays semi-coloniaux. Il va aiguiser la concurrence et les conflits protectionnistes qui se multiplient déjà entre les principales puissances impérialistes [8].

3. Les éléments de la crise capitaliste mentionnés ci-dessus sont tous des manifestations de la tendance à la baisse du taux de profit.

---

8. L'économie capitaliste U.S. est entrée en récession de juillet 1990 à mars 1991. Les cinq premières années de l'expansion qui a suivi ont été marquées par la croissance la plus lente de toutes les reprises du cycle économique depuis la deuxième guerre mondiale. Le salaire médian réel des travailleurs a chuté durant chacune de ces cinq années. C'était la première fois dans l'histoire des États-Unis qu'une telle chose se produisait au cours d'une reprise économique. Ce n'est qu'en 1997 que les salaires réels ont amorcé une modeste croissance, tout en demeurant nettement en dessous de leur niveau de 1973, un quart de siècle plus tôt.

a) Cette dernière demeure la tendance dominante, malgré la capacité des employeurs au cours des années 80 de prolonger la semaine de travail moyenne pour la première fois en un demi-siècle.

b) La classe dirigeante devient moins encline à accorder des concessions économiques ou sociales à la classe ouvrière. Et chaque capitaliste est moins en mesure de penser à l'avenir, forcé qu'il est de générer le maximum de revenus à court terme dans l'espoir de survivre à ses compétiteurs et de les battre — même si cela se traduit par un plus grand endettement, par une réduction des dépenses en recherche et développement ou par la fusion d'entreprises pour des motifs strictement financiers, sans avantage productif ou commercial[9].

---

9. Entre 1992 et 1998, le pourcentage des profits par rapport au revenu national U.S. a augmenté tout en demeurant bien en dessous de la norme établie au cours de la période qui a suivi la deuxième guerre mondiale. Cette augmentation a largement été le résultat d'une prolongation de la semaine de travail et d'une réduction accrue des coûts de la part du patronat, pas d'une expansion de la capacité de production ou d'une augmentation rapide des recettes. « Les années 90 ont clairement été une période d'augmentation lente des ventes, » pouvait-on lire dans un article en première page de l'édition du 13 avril 1998 du *Wall Street Journal.* « [Cet] environnement de faibles ventes a déclenché des initiatives qui ont conduit à la forte performance bénéficiaire des années 90. Selon James Paulsen, le directeur des investissements au sein de l'unité placement-gestion de la société Norwest de Minneapolis, le cadre des années 90 est devenu un « capitaliste à l'esprit contradictoire » qui a sabré le nombre des employés, ajouté des ordinateurs, réduit les inventaires, cessé de construire des usines et éliminé le personnel de gestion intermédiaire. »

C. Déplacements dans les alignements impérialistes de l'après deuxième guerre mondiale et intensification de la concurrence capitaliste

1. Les changements dans l'alignement international des forces de classe établi à la fin de la deuxième guerre mondiale ont été et continuent d'être avant tout marqués par les modifications apportées au degré et au caractère de la prédominance économique, politique et militaire de Washington au sein du système impérialiste.

2. Les préparatifs pour l'organisation d'un quatrième Reich ont une fois de plus placé l'Allemagne au centre de la politique européenne et atlantique. Ils annoncent un changement fondamental dans les relations internationales entre les puissances impérialistes.

a) L'interaction accélérée des perspectives monétaires et économiques, des alignements politiques et de la lutte de classe dans la République fédérale d'Allemagne (RFA) impérialiste et dans l'État ouvrier, la République démocratique allemande (RDA), marque le plus grand changement dans les rapports et les conflits interimpérialistes en Europe et au sein de l'Alliance atlantique. Ce développement est aussi celui qui a le plus grand impact sur les crises économiques et politiques qui continuent de s'approfondir dans les États ouvriers de l'Europe de l'Est et centrale et sur leurs relations avec l'Union soviétique.

b) Ces changements reflètent en tout premier lieu le renforcement relatif du capital financier allemand au sein du système impérialiste [10].

---

10. Le mur de Berlin est tombé le 9 novembre 1989 face à une mobilisation populaire croissante contre le régime en République démocratique allemande. En août 1990, le parlement de l'Allemagne de l'Est a voté la réunification selon les termes de la constitution

(1) La force industrielle et commerciale du capital financier allemand est à l'origine du renforcement du mark et du poids croissant de la banque centrale allemande en Europe capitaliste et ailleurs [11].

---

de la RFA. Mais la réunification formelle qui a eu lieu le 3 octobre 1990 n'a pas enregistré un « renforcement relatif du capital financier allemand au sein du système impérialiste. » En fait, le plus grand changement dans la politique mondiale depuis que cette résolution a été écrite en 1990 a été l'affaiblissement relatif de la bourgeoisie allemande autant au plan économique que politique en Europe capitaliste, en particulier vis-à-vis de son rival impérialiste en France. La résolution souligne correctement les contradictions économiques et sociales aiguës que posait à l'impérialisme allemand la tentative d'avaler et d'absorber l'État ouvrier à l'Est. Mais elle n'a pas tiré la seule conclusion cohérente avec ces faits : l'anticipation des conséquences rapides et débilitantes qu'aurait pour les dirigeants capitalistes de l'Allemagne la tentative d'unifier deux États ayant des relations sociales antagoniques.

11. Depuis ce temps, Bonn a transféré environ 100 milliards par an en Allemagne orientale, en gros 5 pour cent du PIB annuel de l'Allemagne occidentale et 40 pour cent du PIB de l'ancienne RDA. La plupart de ces fonds ont été dépensés en allocations de chômage et autres paiements sociaux, pas en investissements de capitaux. Le gouvernement allemand a fermé une bonne part de l'industrie à l'Est, ce qui s'est traduit par un taux de chômage qui a atteint 20 pour cent au début de 1998 (et beaucoup plus si on ne tient pas compte des projets gouvernementaux d'emplois à bas salaire pour les chômeurs). Le chômage en Allemagne occidentale a atteint en 1997-1998 ses plus hauts niveaux depuis le début des années 30, un reflet des tensions s'exerçant sur le capital allemand et des pressions déflationnistes en Europe.

Le capital allemand est aussi beaucoup plus vulnérable que ses rivaux impérialistes aux effets économiques de la crise qui s'approfondit en Russie. Au milieu de 1998, le gouvernement et d'autres institutions en Russie devaient 30,5 milliards aux banques allemandes, plus de quatre fois les créances à recouvrer en

(2) Les dirigeants capitalistes de la RFA sont inexorablement poussés à harmoniser leur poids militaire et politique international avec cette position économique renforcée par rapport à l'impérialisme U.S. et à leurs rivaux capitalistes européens.

c) L'accélération des mesures conduisant à l'union économique et monétaire de la RFA avec la RDA mine davantage les perspectives 1) d'intégration et d'homogénéisation des pays membres de la Communauté économique européenne (CÉE) à l'approche de 1992 ; et 2) de freinage des luttes syndicales et ouvrières en Allemagne de Ouest, le pivot de l'Europe capitaliste [12].

(1) La prédominance économique, politique et militaire encore plus grande de l'impérialisme allemand vis-à-vis de ses rivaux européens, aussi bien à l'intérieur qu'à l'extérieur de la CÉE, va nettement exacerber les déséquilibres, conflits et contradictions qui gênent le passage harmonieux vers une Europe capitaliste intégrée.

Russie par les banques U.S. Environ 14 pour cent des capitaux des banques allemandes sont menacés par les prêts à la Russie.

12. Le déclin de Bonn vis-à-vis de Paris et de Londres depuis 1990 a ruiné les rêves du capital allemand de s'appuyer sur la force du mark pour dominer une devise européenne forte d'ici la fin de la décennie, tout en marquant plus fortement de l'empreinte allemande les affaires étrangères et militaires de l'Europe. L'« euro » a commencé à être utilisé le 1er janvier 1999 pour exprimer la valeur des actions, obligations et transactions bancaires dans 11 pays européens. Il s'agit d'une devise plus faible et plus instable que le mark, qui s'est lui-même affaibli depuis 1990. Les billets de l'« euro » doivent remplacer en 2002 les marks, francs français et autres devises nationales en circulation. Les dirigeants du Royaume-Uni, du Danemark et de la Suède ont choisi pour le moment de conserver leurs unités monétaires nationales.

(2) Les dirigeants de la RFA cherchent également à recréer la situation d'avant la deuxième guerre mondiale, lorsque le capital financier allemand dominait l'Europe centrale. Ils essaient de renforcer leur position en Europe capitaliste en établissant aussi des rapports économiques privilégiés avec les gouvernements des États ouvriers européens.

(3) Les pas franchis pour réunir dans une union économique l'État impérialiste et l'État ouvrier allemands poussent la bourgeoisie allemande vers une collision plus directe avec la classe ouvrière de l'Est et de l'Ouest, tout en facilitant l'action unifiée de la classe ouvrière en Allemagne.

d) Les dirigeants capitalistes de la Grande-Bretagne peuvent de moins en moins compter sur leur « relation spéciale » avec Washington pour faire contrepoids à la prédominance croissante de l'Allemagne en Europe et au déclin continu de l'impérialisme britannique.

(1) La livre sterling a souffert du bluff pratiqué pendant presque 10 ans par Margaret Thatcher, qui a prétendu que les bases du capitalisme britannique étaient plus fortes qu'elles ne le sont en réalité. La livre va maintenant inévitablement suivre l'évolution du mark allemand plutôt que du dollar U.S.

(2) Les taux d'intérêt et d'inflation les plus élevés de l'Europe capitaliste et la résistance croissante aux attaques des employeurs et du gouvernement, en particulier face à un système de taxation régressif et onéreux, continuent à éroder la force du capitalisme britannique et l'appui au thatchérisme.

(3) Loin de démontrer que l'impérialisme britannique demeure une puissance mondiale, la guerre des Malouines de 1982 a prouvé le contraire. Londres n'aurait pas pu mener sa guerre contre l'Argentine, encore moins la gagner, sans un appui décisif au niveau de la logistique et du renseignement de la part de Washington, qui avait décidé de mettre ses ressources militaires, aériennes et navales à la disposition de Londres pendant la durée du conflit[13].

3. La concurrence interimpérialiste continue de s'aiguiser, tant au niveau du commerce que de l'exportation des capitaux, ce qui accroît les pressions protectionnistes, de même que les tensions et conflits politiques internationaux qui leur sont liés.

a) La Communauté européenne cherche à abolir avant la fin de 1992 toutes les barrières limitant en son sein le mouvement du commerce, du travail et du capital, et à opposer un front commun à ses autres rivaux impérialistes. En réponse, les États-Unis et le Canada ont pris des mesures pour créer un bloc du même genre[14]. Les classes possédantes de l'Australie

---

13. L'affaiblissement relatif de l'impérialisme allemand depuis 1990 et le remplacement prochain du mark par l'euro ont poussé les dirigeants du Royaume-Uni à insister avec une vigueur renouvelée sur leur relation spéciale avec Washington dans le but de renforcer leur position vis-à-vis de leurs puissances rivales sur le continent européen. En particulier, le gouvernement conservateur de John Major a agi comme le plus solide allié militaire et politique de Washington durant la guerre du Golfe de 1990-1991. Et le gouvernement travailliste d'Anthony Blair a été le partisan le plus fiable de la Maison-Blanche durant ses nouvelles manoeuvres de guerre contre l'Irak à la fin de 1997 et au début de 1998.

14. Le 1er janvier 1994, les dirigeants impérialistes U.S. et canadiens, ainsi que la bourgeoisie mexicaine, ont lancé l'Accord

et de la Nouvelle-Zélande ont elles aussi formé leur propre « zone de libre-échange ».

(1) Ce protectionnisme croissant ferme des marchés aux pays semi-coloniaux, ce qui empire leur dévastation économique.

(2) Sous la pression d'une crise économique prononcée, il provoquera aussi par contrecoup des divisions explosives au sein des blocs commerciaux impérialistes eux-mêmes.

b) L'escalade des attaques menées par les dirigeants U.S. contre leurs rivaux impérialistes japonais illustre de manière éclatante la montée des rivalités interimpérialistes et des guerres commerciales qui en résultent.

(1) L'assaut protectionniste de Washington s'effectue dans le contexte de l'effondrement en 1990 du marché boursier exagérément gonflé du Japon, de la chute de la valeur du yen par rapport au mark et au dollar, de l'instabilité des prix extrêmement élevés des valeurs immobilières et de l'impact du prix élevé des aliments et des autres produits de première nécessité sur les inégalités de classe extrêmes qui caractérisent la distribution des revenus. Le capitalisme japonais est aujourd'hui plus vulnérable aux crises

---

de libre-échange nord-américain (ALÉNA). Celui-ci avait été précédé par un pacte commercial signé en janvier 1988 entre Washington et Ottawa. On trouvera une évaluation de l'ALÉNA, en particulier de son rôle dans l'intensification de la surexploitation des paysans et des travailleurs du Mexique semi-colonial, dans « La marche de l'impérialisme vers le fascisme et la guerre » de Jack Barnes, *Nouvelle Internationale* nº 5, p. 366-370.

économiques partielles et aux fluctuations économiques mondiales que pendant les années 80 [15].

(2) En même temps, le capital financier japonais continue d'acheter des usines en Asie de l'Est et dans le Sud-Est asiatique à un rythme qui s'accélère rapidement et d'offrir une concurrence accrue à l'impérialisme U.S. dans la lutte pour dominer les marchés de la région de l'Asie-Pacifique.

(3) Les attaques protectionnistes effectuées contre le capital japonais par ses rivaux impérialistes ont une dimension raciste et anti-asiatique qu'utilisent les dirigeants U.S. Ces derniers reçoivent l'aide à ce niveau de la bureaucratie syndicale en particulier, mais aussi des misleaders bourgeois et petits-bourgeois au sein des nationalités opprimées.

(4) L'impérialisme japonais continue de développer ses forces armées (il a le plus grand budget militaire de tous les pays impérialistes après Washington). En même temps, il ne dispose d'aucun arsenal nucléaire et n'a aucune perspective d'en acquérir un à court terme. Il demeure donc

---

15. Le capitalisme japonais a connu une crise déflationniste durant les années 90. La bourse de Tokyo s'est effondrée, passant de 40 000 points à la fin de 1989 à moins de 14 000 points en août et septembre 1998. En 1989, le prix total en dollars des actions inscrites sur les marchés boursiers japonais représentait 45 pour cent du prix total de toutes les actions inscrites sur les marchés boursiers du monde. Au milieu de 1998, ce chiffre était tombé à environ 10 pour cent. Au milieu de 1997, la valeur de la propriété foncière à Tokyo représentait environ le cinquième de ce qu'elle était au début de la décennie. Le chômage est à son niveau le plus élevé depuis la deuxième guerre mondiale.

subordonné à la puissance stratégique aérienne et navale des États-Unis dans le Pacifique [16].

c) L'instabilité économique et sociale et les perspectives d'intensification de la lutte des classes s'accroissent à travers le monde impérialiste.

(1) En Europe capitaliste, avec le ralentissement de la croissance économique, le chômage s'est maintenu depuis la récession à ses niveaux les plus élevés depuis la fin de la deuxième guerre mondiale [17].

(2) La viabilité du « modèle suédois » comme une « alternative au capitalisme » est de plus en plus remise en question tandis que la crise économique et les conflits de classe deviennent plus visibles dans ce pays impérialiste.

(a) La croissance économique a stagné en Suède, le taux d'inflation demeure élevé et de larges couches de la population ressentent le niveau de taxation comme un fardeau de plus en plus onéreux.

(b) Ces facteurs stimulent dans la classe ouvrière une résistance accrue aux exigences du gouvernement capitaliste et du patronat, malgré le taux de chômage relativement bas et le salaire social relativement élevé de la Suède [18].

---

16. En 1996, les sept pays ayant le plus grand budget militaire étaient les États-Unis (265 milliards), la Russie (48 milliards), le Japon (45 milliards), la France (38 milliards), le Royaume-Uni (33 milliards), l'Allemagne (32 milliards) et la Chine (32 milliards).

17. En avril 1998, le taux de chômage pour l'Union européenne dépassait les 10 pour cent, un niveau en dessous duquel il n'est pas descendu depuis les premiers mois de 1993.

18. Le chômage en Suède a bondi de 3 pour cent au début des années 90 à 14 pour cent au début de 1994. Les gouvernements

(c) Avec une Communauté européenne dont ils ne font pas partie et qui est de plus en plus dominée par le capital financier allemand, les dirigeants suédois feront face à une concurrence capitaliste considérablement accrue.

(3) Malgré les coups qu'ils ont porté contre les droits nationaux des Québécois au début des années 80, les dirigeants du Canada n'ont été capables de renverser de manière significative aucun des gains importants réalisés par le Québec depuis la deuxième guerre mondiale.

(a) Depuis la fin de 1986, leurs initiatives se sont heurtées à plusieurs actions importantes en défense des droits linguistiques des francophones.

(b) La nouvelle montée de l'appui à l'indépendance du Québec y annonce une nouvelle étape dans la lutte pour l'autodétermination nationale.

(c) Cette lutte sera de plus en plus liée à celles des travailleurs à travers le Canada pour défendre leurs intérêts de classe contre la crise économique et sociale capitaliste qui s'approfondit [19].

---

social-démocrate et conservateur se sont tous les deux attaqués aux allocations de chômage, aux pensions de retraite et aux autres gains sociaux de la classe ouvrière. La polarisation de classe s'est aussi accrue en Suède, avec la montée des attaques de droite contre les droits et libertés civiles des immigrants.

19. En 1995, des dizaines de milliers de travailleurs et de jeunes Québécois ont participé à des rassemblements et sont descendus dans les rues pour appeler à voter « oui » dans un référendum sur la souveraineté du Québec. Un des slogans les plus populaires était : « On veut un pays », une expression de la montée de l'appui à l'indépendance. Le « oui » a reçu plus de 49 pour

(4) La Nouvelle-Zélande est le seul pays impérialiste à n'être jamais sorti de la récession mondiale de 1982.

(a) Devant une stagnation économique profonde et persistante qui s'est poursuivie durant les années 80, les capitalistes néo-zélandais ont intensifié leur offensive antisyndicale, qui s'est traduite dans la deuxième moitié de la décennie par une déroute du mouvement ouvrier.

(b) Les conséquences économiques et sociales pour la classe ouvrière ont été particulièrement dévastatrices pour la population maorie et les immigrés des îles du Pacifique.

(c) Des dizaines de milliers de travailleurs de la Nouvelle-Zélande ont dû émigrer vers l'Australie depuis dix ans à la recherche d'un emploi et d'un salaire qui leur permette de vivre décemment [20].

---

cent des votes exprimés, soit 60 pour cent des votes exprimés par la nationalité québécoise opprimée. Dans un référendum semblable 15 ans plus tôt, le « oui » avait recueilli 42 pour cent des votes, dont 46 pour cent parmi les Québécois.

20. La reprise dans le cycle économique néo-zélandais commencée en 1992 (et qui a commencé à ralentir en 1998) n'a pas renversé l'assaut contre la classe ouvrière. Les dirigeants capitalistes néo-zélandais se sont attaqués au droit de négociation collective et à d'autres droits syndicaux. Ils ont sabré dans les allocations de chômage et dans les dépenses pour la santé et l'éducation. Ils ont abaissé les salaires et augmenté les heures de travail. Le taux de chômage avait été presque nul selon le gouvernement pendant la plus grande partie des années 70. Il atteignait 11 pour cent à la fin de 1991 et est resté au-dessus de 6 pour cent au cours de la reprise. Une étude

(5) Au cours des deux dernières décennies, des dizaines de millions de travailleurs et de paysans des pays opprimés de l'Afrique, de l'Asie, du Pacifique, des Antilles et de l'Amérique centrale et du Sud ont émigré vers les pays impérialistes. Cette vague historique est la plus importante depuis l'immigration massive qui a précédé la première guerre mondiale aux États-Unis, principalement en provenance de l'Europe.

(a) Ce processus va continuer, alors que les lois du capital créent des réserves de travailleurs que les patrons peuvent surexploiter en leur imposant des salaires de misère, de longues heures de travail et des conditions de travail et des cadences insupportables.

(b) De manière systématique, les travailleurs immigrés subissent des attaques racistes et chauvines et sont l'objet de discrimination linguistique de la part des dirigeants capitalistes. Ces derniers cherchent à en faire une source de main-d'oeuvre à bon marché mise au ban de la société sous prétexte qu'il s'agit d'« étrangers », d'« invités » ou d'« illégaux ». Ils encouragent ainsi et maintiennent des divisions parmi les travailleurs.

(c) Sous l'impact de ces nouvelles vagues d'immigration, la classe ouvrière dans les pays

---

rendue publique en avril 1996 a révélé qu'un cinquième de la population de la Nouvelle-Zélande vivait sous le seuil officiel de pauvreté pour une famille de trois personnes et que la fréquence de la pauvreté était deux fois et demie plus élevée chez les Maoris et trois fois et demie plus élevée chez les immigrés des îles du Pacifique.

impérialistes est plus multinationale que jamais auparavant. Les traditions ouvrières « nationales » ont de moins en moins de signification et la classe ouvrière dans les pays impérialistes est de plus en plus directement liée aux luttes et aux expériences des travailleurs et des agriculteurs d'ailleurs, alors que des gens venus de tous les coins du monde travaillent et luttent côte à côte.

(d) Ce changement dans la composition et dans l'ampleur des connaissances du mouvement ouvrier renforce ce dernier dans les pays impérialistes. Avec le temps, les travailleurs immigrés voient leur confiance augmenter et ils deviennent plus revendicatifs. Les patrons tendent à sous-estimer leur potentiel de lutte (on en a un bon exemple avec le poids croissant des travailleurs immigrés de langue espagnole, d'origine asiatique et autres dans l'industrie de l'abattage et du conditionnement des viandes aux États-Unis). Avec l'approfondissement de la lutte des classes, ce processus se traduira dans l'émergence d'une direction prolétarienne plus forte.

4. La crise économique et sociale croissante du capitalisme au cours des années 90 va exercer des pressions de plus en plus fortes sur les droits démocratiques et l'espace politique des travailleurs.

a) Des régimes démocratiques bourgeois existent aujourd'hui dans tous les grands pays impérialistes. Mais le développement d'une crise sociale de plus en plus aiguë engendrera inévitablement dans ces pays des tendances très fortes vers l'établissement de régimes politiques bonapartistes, semblables à ceux qui ont marqué la plus grande partie de l'Europe capitaliste pendant les années 20 et 30 [21].

b) Les classes dirigeantes impérialistes se serviront de tous les moyens, aussi bien légaux qu'extralégaux, que leur offrira le rapport de force entre les classes pour défendre leurs droits de propriété et leurs privilèges de classe face à la montée de la résistance ouvrière.

(1) Elles utiliseront de plus en plus la police et les tribunaux contre le mouvement ouvrier, les militants agricoles, les combattants contre la discrimination raciste et ceux qui participent aux luttes sociales progressistes. Les dirigeants capitalistes tenteront de manière répétée de réduire l'espace politique ouvert aux opprimés et aux exploités pour s'organiser et résister (en recourant par exemple de façon accrue à la censure, aux coups montés et à la peine capitale ; et en s'attaquant aux garanties reconnues par le droit criminel ainsi qu'aux droits des prisonniers).

(2) En même temps, la polarisation de classe croissante va donner naissance sous diverses formes à des groupes de droite, racistes et antisyndicaux. Ces groupes tenteront d'utiliser la violence de manière plus ouverte contre les syndiqués, les combattants du rang et les militants politiques, y compris contre ceux d'entre eux qui sont des cadres d'organisations communistes.

---

21. Voir « La marche de l'impérialisme vers le fascisme et la guerre » de Jack Barnes dans *Nouvelle Internationale* n° 5, de même que *Le désordre mondial du capitalisme : la politique ouvrière au vingt et unième siècle* de Jack Barnes, à paraître chez Pathfinder en 1999.

(3) Avec la montée des tendances bonapartistes, la bureaucratie syndicale va collaborer avec les patrons dans un effort pour lier encore plus étroitement les syndicats à l'État capitaliste et en faire des instruments servant à surveiller et contrôler la classe ouvrière.

c) Il n'y aura pas de transcroissance directe des conditions actuelles au bonapartisme. Mais dans les pays impérialistes, les pressions économiques et sociales croissantes conduisent déjà à une polarisation de classe accrue, dont une des expressions est la résistance croissante des nationalités opprimées à la discrimination et à la violence racistes et chauvines.

D. L'impérialisme U.S. a perdu la guerre froide

1. On a utilisé le terme « guerre froide » pour décrire le cours militaire stratégique imposé à l'impérialisme U.S. et ses alliés par les contraintes découlant de l'équilibre international entre les forces de classe à l'issue de la deuxième guerre mondiale. Ces contraintes ont empêché Washington d'utiliser dans un avenir prévisible sa force militaire massive pour atteindre son objectif stratégique : le renversement des États ouvriers en Union soviétique et en Europe de l'Est et le rétablissement du capitalisme.

a) Pendant la période qui a immédiatement suivi la deuxième guerre mondiale, le refus des soldats U.S. de retourner en guerre a empêché Washington de poursuivre cet objectif, cette fois contre des alliés d'hier : l'Union soviétique et les travailleurs et paysans de la Chine. Confrontés au mouvement populaire « Rapatriez-nous » organisé par les soldats eux-mêmes, les dirigeants impérialistes ont été politiquement forcés de tenir leurs promesses et de démobiliser le gros de leurs forces armées[22].

b) L'assaut impérialiste organisé par les États-Unis contre la Corée en 1950, qui a mis à l'essai l'approche militaire dite de la « porte arrière » contre l'Union soviétique, n'a pas atteint son objectif de renverser la République populaire démocratique de Corée. La guerre s'est en effet terminée sur un match nul au trente-huitième parallèle.

(1) L'agression contre la Corée a eu pour effet d'accélérer le renversement de la propriété capitaliste et la consolidation d'un État ouvrier dans la Chine voisine. Des milliers de volontaires ouvriers et paysans chinois ont traversé le fleuve Yalou pour lutter avec le peuple coréen dans le but de repousser les forces d'invasion impérialistes.

(2) Les impérialistes ont conclu qu'ils ne pouvaient recourir aux armes nucléaires dans le conflit coréen à cause du trop grand prix politique à payer en Asie s'ils le faisaient une seconde fois dans la région. Les difficultés rencontrées pour soutenir une guerre terrestre impopulaire en Asie contre un État ouvrier ont présagé la défaite des États-Unis au Viêt-nam deux décennies plus tard.

(3) La guerre a laissé la Corée divisée et lui a nié son unification nationale après plus d'un demi-siècle d'occupation par Tokyo et Washington. Il s'agit là de la division nationale non résolue la plus importante et la plus explosive imposée par les vainqueurs de la deuxième guerre mondiale.

---

22. Voir « 1945: When U.S. Troops Said 'No!' » de Mary-Alice Waters dans *New International* nº 7.

c) À la fin des années 50, le développement des armes nucléaires et de la technologie spatiale par l'Union soviétique a convaincu les impérialistes que les risques de destruction massive, non seulement de l'Europe capitaliste mais aussi des États-Unis, étaient trop importants pour envisager un assaut direct contre les États ouvriers soviétique et de l'Europe de l'Est. Depuis la fin des années 60, l'Union soviétique a maintenu une parité étroite avec les États-Unis dans le domaine de l'armement nucléaire et des systèmes balistiques (parité non pas en terme d'égalité numérique des ogives et des missiles, mais de la capacité de chacun des deux gouvernements d'infliger des dommages dévastateurs à l'autre — la destruction mutuelle assurée ou MAD [« fou »] dans le jargon du Pentagone[23]).

2. Ces réalités ont forcé Washington durant la guerre froide à n'utiliser son énorme puissance militaire que pour tenter de contenir toute extension du renversement révolutionnaire de la domination impérialiste et des

---

23. John F. Kennedy a prétendu avec démagogie durant sa campagne présidentielle de 1960 contre Richard Nixon qu'un soi-disant « écart balistique » donnait un avantage militaire à l'URSS contre Washington. C'est le contraire qui était vrai. En 1962, le gouvernement U.S. avait environ 5 000 ogives nucléaires et 500 missiles intercontinentaux, alors que l'Union soviétique n'avait que 300 ogives nucléaires, sinon moins, et seulement quelques dizaines de missiles. Le gouvernement soviétique a déclaré qu'il avait atteint en 1971 la parité avec Washington quant au nombre de lance-missiles, mais Moscou a continué à avoir beaucoup moins d'ogives. Aujourd'hui, Washington possède plus de 7 100 ogives nucléaires prêtes à être lancées de missiles balistiques intercontinentaux, de sous-marins lance-missiles et de bombardiers. La Russie a quelque 6 200 ogives.

relations de propriété capitalistes. Son effort stratégique visant à affaiblir les États ouvriers soviétique et d'Europe de l'Est s'est transformé en pression sur les castes bureaucratiques pour qu'elles contiennent et répriment la classe ouvrière et l'isolent des luttes menées par les travailleurs et les paysans dans le reste du monde, avec la dépolitisation et la démobilisation qu'une telle séparation ne peut qu'engendrer.

a) Pour l'impérialisme, il s'agissait d'un interlude inévitable, en préparation du jour où les politiques staliniennes qui démoralisaient la classe ouvrière auraient suffisamment affaibli les États ouvriers pour lui permettre de les détruire dans un assaut impérialiste direct.

b) Mais on a plutôt vu culminer en 1989 et 1990 une crise accélérée et irréversible des partis staliniens et des castes parasitaires petites-bourgeoises sur lesquelles ils s'appuient — partis et castes dont les politiques contre-révolutionnaires ont affaibli les États ouvriers dégénérés ou déformés pendant des décennies.

(1) Les États ouvriers et leurs assises dans la propriété prolétarienne se sont avérés beaucoup plus forts que les castes.

(2) Bien que brutalisée et dépolitisée, la classe ouvrière dans les États ouvriers a démontré sa capacité de résister, même dans les limites d'une conscience syndicale bourgeoise, aux conséquences sociales et économiques du parasitisme et du bureaucratisme grandissants des castes gouvernantes.

(a) À partir du soulèvement des travailleurs polonais en 1980, cette résistance a précipité les crises qui ravagent aujourd'hui les régimes staliniens en Europe centrale et de l'Est ainsi qu'en Union soviétique.

(*b*) Les travailleurs dans ces pays résisteront avec encore plus d'acharnement aux conséquences qu'aura tout mouvement vers la restauration du capitalisme.

(3) Ces événements confirment la validité du pronostic avancé par les communistes dans les années 30 et brièvement résumé par Léon Trotsky : « En tant que force politique consciente, la bureaucratie a trahi la révolution. Mais la révolution victorieuse, fort heureusement, n'est pas seulement un programme, un drapeau, un ensemble d'institutions politiques, c'est aussi un système de rapports sociaux. Il ne suffit pas de la trahir, il faut encore la renverser. Ses dirigeants ont trahi la révolution d'octobre, mais ne l'ont pas encore renversée [24]. »

3. Avec les traîtres — qui ont été le plus grand obstacle au renforcement des États ouvriers — en train de s'effondrer ou sur la défensive et avec la perspective d'un assaut militaire contre l'Union soviétique et l'Europe de l'Est moins réalisable que jamais auparavant, l'impérialisme n'en continue pas moins de faire face à la même bataille historique, mais d'une position affaiblie. Plutôt que de mener une « guerre froide » contre les régimes petits-bourgeois de la caste bureaucratique, *l'impérialisme va devoir directement confronter et essayer de vaincre la classe ouvrière s'il veut renverser les États ouvriers et rétablir le capitalisme en Europe centrale et de l'Est, ainsi qu'en Union soviétique.*

a) Combiné à la crise croissante du régime stalinien en Union soviétique, l'affaiblissement économique et politique relatif et continu de l'impérialisme U.S.

24. Léon Trotsky, *La révolution trahie,* Paris, éditions de Minuit, 1963, p. 168.

diminue l'impact direct des relations bilatérales entre les deux pays sur la politique mondiale ainsi que leur capacité de contenir les luttes.

(1) Étant donné l'impasse stratégique nucléaire entre les gouvernements U.S. et soviétique, une guerre nucléaire entre les États-Unis et l'Union soviétique est très peu probable. Mais les portions du globe couvertes par le « parapluie nucléaire » U.S. et soviétique vont continuer à se rétrécir. Moins de conflits ou de luttes politiques que jamais auparavant posent la perspective directe d'une épreuve de force nucléaire entre les gouvernements U.S. et soviétique.

(2) L'effritement dans ces conditions de l'alliance militaire du pacte de Varsovie accélère considérablement la désintégration de l'alliance militaire réactionnaire de l'OTAN, qui subissait déjà des tensions croissantes sous l'impact de la concurrence interimpérialiste accrue et des alignements changeants entre les classes capitalistes nationales rivales.

b) Cet écroulement d'un rapport de force mondial marqué par l'équilibre sans issue de deux blocs militaires nucléaires se traduira par une plus grande instabilité politique dans les pays impérialistes, les États ouvriers et le reste du monde.

(1) La désintégration des régimes staliniens ouvre un plus grand espace politique aux classes ouvrières des États ouvriers en Europe centrale et de l'Est ainsi qu'en Union soviétique pour s'organiser et lutter lorsqu'elles vont résister aux conséquences dévastatrices qu'auront le recours croissant aux méthodes capitalistes et l'usurpation des conquêtes des États ouvriers.

(2) Les luttes menées par les travailleurs en Europe capitaliste et dans les États ouvriers de l'Europe centrale et de l'Est vont s'affecter et s'influencer mutuellement plus que jamais depuis plus de 40 ans. Le mur relativement impénétrable qui a empêché par le passé ces interconnexions de se faire est en train de s'effondrer avec la désintégration des alliances de l'OTAN et du pacte de Varsovie et avec la marche accélérée vers l'unification de l'Allemagne[25].

(3) De plus, à la longue, on verra moins ces luttes comme distinctes, avec d'un côté celle des

---

25. Les dirigeants U.S. ont commencé à reconstruire l'OTAN au cours des années 90 sur les cadavres des peuples de Yougoslavie, en agissant simultanément pour resserrer l'encerclement militaire par Washington des États ouvriers en Russie et dans les autres anciennes républiques soviétiques et pour renforcer la prédominance des États-Unis sur les puissances capitalistes qui leur sont rivales au sein de l'alliance Atlantique.

Au début des années 90, le gouvernement U.S. a saboté chacune des initiatives de Paris, Bonn et Londres pour agir comme le maître du jeu dans l'État ouvrier yougoslave ravagé par la guerre. Chacune de ces puissances espérait se doter d'un levier militaire et économique contre Washington et contre les deux autres. Au moment où se sont multipliés les échecs pour la force d'occupation européenne opérant sous le drapeau de l'ONU et où se sont effondrés les efforts diplomatiques, Washington a imposé avec succès que l'OTAN, que dirigent les États-Unis, effectue des frappes aériennes et des bombardements terrestres et navals contre les forces serbes. De février 1994 à septembre 1995, les forces de l'OTAN ont effectué plus de 3000 de ces attaques. À la fin de 1995, à la suite de ces bombardements soutenus, les dirigeants U.S. ont convoqué les représentants des forces serbes, croates et bosniaques à la base Wright-Patterson, à Dayton en Ohio. Les pourparlers qui s'y sont tenus ont autorisé Washington à diriger une armée d'occupation en Bosnie de quelque 60000 soldats de l'OTAN, dont 20000 des États-Unis. Cette force d'occupation

travailleurs de l'Europe de l'Ouest contre l'exploitation capitaliste et de l'autre celle des travailleurs de l'Europe de l'Est contre une caste bureaucratique consolidée. On les verra plutôt de plus en plus comme le combat associé des travailleurs de toute l'Europe et du monde contre le système d'exploitation et d'oppression déshumanisant et destructeur des classes dirigeantes impérialistes et de leurs réflexions par le biais de diverses courroies de transmission, dont :

(a) Les officiers syndicaux et les misleaders petits-bourgeois sociaux-démocrates, staliniens et autres en Europe capitaliste.

(b) Et les régimes, partis politiques, officiers syndicaux et autres institutions petites-bourgeoises dont les effectifs se composent avant tout de couches sociales de la classe moyenne provenant des castes en désintégration dans les États ouvriers déformés et dégénérés.

c) Un coup historique a aussi été porté à la capacité de Washington d'utiliser son arsenal nucléaire comme d'un levier pour faire pression sur ses plus puissants rivaux impérialistes et atténuer les conséquences politiques de son déclin économique relatif.

---

devait initialement quitter la Bosnie à la fin de 1996. En août 1998, elle s'y trouvait toujours sans date de départ établie.

Lors du même sommet de l'OTAN de janvier 1994 où l'administration U.S. a fait approuver des frappes aériennes en Yougoslavie, le président William Clinton a mis de l'avant la proposition d'étendre l'OTAN vers l'est, plus près des frontières de l'État ouvrier russe. La réunion au sommet de l'OTAN de juillet 1997 a décidé que l'admission de la « première vague » des nouveaux États membres — la Pologne, la République tchèque et la Hongrie — se ferait au printemps de 1999.

(1) Le déclin du pacte de Varsovie réduit considérablement l'importance du parapluie nucléaire U.S., ce qui donne à Washington moins de poids que jamais face aux classes dirigeantes impérialistes qui lui font concurrence, en particulier le capital financier allemand.

(2) Mais les dirigeants U.S. vont continuer d'utiliser leur prédominance militaire globale, aussi bien conventionnelle que nucléaire, afin d'exercer à l'intérieur du système impérialiste une force politique plus importante que ne le leur permettrait autrement leur puissance économique.

(3) Quelles que soient les nouvelles opportunités d'investissement ou de commerce qui se développeront entre les puissances impérialistes et les gouvernements des États ouvriers, celles-ci demeureront beaucoup trop restreintes pour renverser les effets de la montée de la concurrence interimpérialiste et de la tendance à la baisse du taux de profit.

4. Les « rencontres au sommet » entre Washington et Moscou ont moins d'impact sur le cours de la politique mondiale que jamais depuis que les conférences de Yalta et de Potsdam ont essayé d'établir des « sphères d'influence » stables à la fin de la deuxième guerre mondiale.

a) Washington est moins capable que jamais de parler, de négocier et d'agir comme le dirigeant incontesté d'une alliance impérialiste mondiale. Et Moscou n'est plus capable de parler au nom du pacte de Varsovie ou même au nom d'un nombre croissant de parties de l'« Union » des républiques socialistes soviétiques[26].

26. L'Union soviétique a été formellement dissoute en décembre 1991, à la suite d'un coup d'État raté visant à renverser le président soviétique Mikhaïl Gorbatchev. Ce dernier a démissionné

b) Les rencontres au sommet sont ainsi de plus en plus réduites à des négociations portant sur :

(1) La réduction des armes et des troupes déployées à l'étranger, que les dirigeants U.S. et la caste soviétique ont tous les deux besoin d'effectuer pour leurs propres raisons politiques et économiques intérieures.

(2) Et la « limitation » des armes nucléaires, que Washington et Moscou vont tous les deux continuer à utiliser pour couvrir dans leurs relations publiques la modernisation et la miniaturisation continues de leurs arsenaux nucléaires stratégiques.

c) La caste petite-bourgeoise en URSS a moins à offrir à l'impérialisme. Elle est moins que jamais capable de remplir ses engagements dans le cadre d'ententes de « coexistence pacifique ».

(1) Elle continue de chercher à établir une relation stable avec l'impérialisme, mais ce but demeure illusoire. Aussi longtemps qu'existent les assises

---

comme secrétaire général du Parti communiste tout de suite après le coup et a organisé la dissolution de son Comité central. Il a par la suite démissionné comme président de l'Union soviétique moins d'une heure avant sa dissolution, le 25 décembre. Boris Eltsine a succédé à Gorbatchev comme chef de l'État. Le personnel du gouvernement russe (et de ceux des autres anciennes républiques de l'URSS) provient largement de l'ancien régime. Mais Moscou ne cherche plus à justifier sa légitimité en prétendant représenter la continuité de la révolution d'octobre 1917 dirigée par les bolcheviks. Les castes sociales cristallisées des régimes staliniens — tenues ensemble par l'intérêt matériel de perpétuer leur propre consommation privilégiée du surplus social — ont éclaté en une multitude de fragments cherchant chacun à maximiser son propre bien-être.

de la propriété des États ouvriers, aucune stabilité à long terme n'est possible entre l'impérialisme U.S. et l'Union soviétique. Il n'y aura pas non plus de répit dans les luttes de classe qui continueront de déchirer les deux pays.

(2) Le gouvernement soviétique va continuer d'établir sa politique étrangère par rapport à Cuba et aux différents mouvements de libération nationale sur une base d'opportunisme diplomatique et de besoins économiques, pas d'internationalisme de principe. Il va continuer d'essayer de forcer les mouvements révolutionnaires à accepter ses tractations diplomatiques avec l'impérialisme.

(3) La caste stalinienne n'a cependant aucun intérêt d'État, aussi bien diplomatique qu'économique, à réduire massivement son commerce avec Cuba ou à rompre ses liens avec des organisations de libération nationale comme le Congrès national africain (ANC) [27].

---

27. En janvier 1990, le gouvernement soviétique a annoncé des plans pour commencer à faire commerce avec Cuba (et les autres États ouvriers) en devises fortes et aux prix du marché mondial. Depuis le début des années 60, l'URSS avait acheté le sucre, les agrumes et d'autres produits d'exportation cubains à des prix supérieurs à ceux du marché mondial et avait vendu à Cuba du pétrole, des biens industriels, ainsi que du blé et d'autres produits agricoles à des prix inférieurs à ceux du marché mondial. L'accord économique de cinq ans conclu par Cuba avec l'Union soviétique est venu à échéance à la fin de 1990 et les prix préférentiels établis depuis longtemps ont été progressivement abolis au cours de l'année suivante. Même après l'effondrement de l'Union soviétique à la fin de 1991, le commerce s'est poursuivi entre Cuba et le nouveau régime. Mais le changement brusque et défavorable des conditions d'échange a empêché le gouvernement cubain d'importer du pétrole et

d) Il ne faut pas confondre le fait qu'une guerre nucléaire entre les États-Unis et l'Union soviétique est moins probable que jamais avec une réduction du danger de voir utiliser les armes nucléaires.

(1) Plus il y aura de gouvernements possédant un arsenal nucléaire (Israël, l'Inde et le Pakistan se sont ajoutés à la liste pendant les deux dernières décennies et d'autres pays sont sur le point de le faire), plus les conflits de classe, d'États ou de nations s'intensifieront de par le monde, plus grand sera le danger de voir un de ces régimes capitalistes recourir aux armes nucléaires dans des conditions d'extrême pression.

(2) De plus, même si les puissances nucléaires impérialistes ont démontré depuis Hiroshima et Nagasaki qu'elles n'étaient pas prêtes politiquement à utiliser les armes nucléaires (elles ont refusé de le faire en Corée, au Viêt-nam et contre Cuba), elles continuent de fomenter des « guerres d'intermédiaires » où leurs alliés peuvent finir par être poussés à déclencher une attaque nucléaire.

---

d'autres produits à des niveaux le moindrement comparables à ceux des années précédentes.

Comme environ 85 pour cent du commerce de Cuba s'effectuait avec l'Union soviétique et les États ouvriers d'Europe de l'Est, cette rupture des arrangements commerciaux — combinée aux effets de la déflation capitaliste internationale grandissante et de l'intensification de l'embargo commercial U.S. — a précipité les conditions économiques difficiles des années 90 que les Cubains appellent la « période spéciale ». En 1996, grâce aux efforts des travailleurs cubains, le déclin de la production industrielle et agricole a cessé et, bien que toujours sévères, les pénuries de nourriture et d'autres biens de première nécessité ont commencé à s'atténuer.

(3) Seules des révolutions socialistes dans les pays impérialistes peuvent mettre un terme définitif au danger d'une conflagration nucléaire mondiale.

(4) À un stade avancé de la révolution socialiste mondiale, à un moment où les exploiteurs sont acculés au pied du mur, il est possible que la classe dirigeante impérialiste U.S. finisse par frapper avec ses armes nucléaires.

(a) La seule façon de prévenir cette éventualité cependant, c'est de construire un mouvement ouvrier révolutionnaire assez puissant pour renverser les dirigeants capitalistes U.S. et les désarmer.

(b) Ceci requiert un cours visant à construire un parti communiste prolétarien faisant partie d'un mouvement communiste mondial.

(5) La dynamique mise en mouvement par les événements de 1989-1990 ouvre la perspective d'une nouvelle vague de mouvements de protestation dans une série de pays à travers l'Europe, qui lutteront pour que cessent la production ou le déploiement des armes nucléaires. Cette possibilité est particulièrement grande en Allemagne. De telles luttes restreignent la capacité politique des impérialistes d'utiliser le chantage nucléaire dans leurs marchandages en politique étrangère et ouvrent un plus grand espace à la lutte et à la politique de classe, tant en Europe que dans le monde entier.

e) La probabilité réduite d'un conflit militaire entre les États-Unis et l'Union soviétique dans un futur immédiat n'est pas synonyme de paix dans le monde semi-colonial.

(1) Washington est de moins en moins capable d'utiliser la guerre froide et la « menace soviétique » pour justifier de manière convaincante les agressions militaires U.S.

(2) Mais l'impérialisme va utiliser d'autres prétextes — « trafic de la drogue », « terrorisme » et même provocations de sang froid — pour continuer à sonder jusqu'où il peut utiliser sa puissance militaire massive afin d'écraser les luttes des travailleurs et des paysans et les mouvements de libération nationale.

(3) Il n'y aura aucune « détente » nulle part dans le monde avec les masses laborieuses qui luttent pour la libération nationale et le socialisme. Il n'y aura pas de soulagement pour les millions d'enfants que les impérialistes font mourir de faim ni pour les millions de paysans et d'ouvriers qu'ils exploitent et oppriment à mort. Il n'y aura pas de répit dans la destruction écologique massive provoquée par le fonctionnement de leur loi de la valeur.

E. La place changeante de la puissance militaire des États-Unis

1. Sa puissance militaire, tant tactique que stratégique, demeure le plus important outil de la diplomatie et de la politique extérieure de l'impérialisme U.S.

a) Washington est le seul gouvernement impérialiste pour qui ceci s'avère vrai aujourd'hui. Ce fait continue à lui donner une prédominance au sein du système impérialiste mondial plus grande que ce que la seule force économique et politique relative du capital U.S. lui accorderait autrement.

b) Dans les années 80, Washington a fait appel à sa puissance militaire pour armer et financer des régimes bourgeois « intermédiaires » dans le but de maintenir l'ordre dans le monde (il l'a fait avec Israël, son associé impérialiste subalterne, le Pakistan, le Salvador et d'autres régimes).

c) Malgré des pressions économiques et politiques croissantes, il a maintenu un énorme réseau mondial de bases militaires (de l'Islande à l'Allemagne en Europe, ainsi qu'à Hawaii, aux Philippines, au Panama, à Porto Rico, au Japon, en Corée du Sud, etc.) et une présence navale stratégique sur toutes les mers du monde.

d) Il a armé des mouvements de droite contre les régimes auxquels il s'oppose dans les pays semi-coloniaux (les *contras* au Nicaragua, l'alliance de Pol Pot au Cambodge, l'UNITA en Angola, les forces afghanes de droite).

e) Il a mené des assauts aériens brutaux contre la Libye en 1986 et s'est servi de son armada contre l'Iran pendant la guerre de 1980-1988 entre l'Iran et l'Irak [28].

f) Il a utilisé des chasseurs à réaction F-4 à partir de la base aérienne Clark dans les Philippines pour protéger le gouvernement de Corazón Aquino contre une

---

28. Le 15 avril 1986, une force de frappe aérienne U.S. a bombardé les villes libyennes de Tripoli et de Benghazi, tuant ou blessant des dizaines de personnes. Plusieurs bombardiers ont visé les appartements du dirigeant libyen Muammar al-Khadafi, tuant sa fille et blessant d'autres membres de sa famille. Le gouvernement Thatcher a aidé l'administration Reagan en autorisant 18 bombardiers à décoller de bases situées au Royaume-Uni.

En septembre 1980, le gouvernement irakien a lancé ce qui est devenu une guerre de huit ans contre l'Iran, dans l'espoir de limiter l'impact de la révolution iranienne de 1979 sur les travailleurs et les paysans de la région et de s'emparer de gisements de pétrole et d'installations portuaires. Des centaines de milliers

tentative de coup d'État effectuée en décembre 1989 par des opposants au sein des forces armées [29].

g) Il a fourni une aide décisive à Londres au niveau de la logistique, de l'approvisionnement et du renseignement dans la guerre menée par ce dernier pour empêcher l'Argentine de rétablir sa souveraineté sur les îles Malouines, qui demeurent une colonie de la couronne britannique.

h) Il a fourni des hélicoptères de combat et des pilotes U.S. au Pérou, où ils ont été utilisés au nom de

---

de soldats et de civils ont perdu la vie des deux côtés du conflit. Drapés du mince voile de la neutralité, Washington, Londres et Paris ont fourni du matériel militaire à l'Irak durant la guerre dans le but d'affaiblir et si possible détruire la révolution en Iran. Le gouvernement U.S. a déployé en 1987 une armada de plus de 25 navires de guerre dans le golfe Arabo-persique. En septembre 1987, les forces U.S. ont ouvert le feu sur le navire iranien Iran Ajr, tuant 7 marins. En juillet 1988, l'équipage d'un navire U.S. dans le golfe Arabo-persique a abattu un avion de ligne iranien, tuant les 290 passagers et membres d'équipage à bord.

En janvier 1995, l'ancien haut fonctionnaire au Conseil de la sécurité nationale de la Maison-Blanche Howard Teicher a reconnu dans une déclaration écrite et assermentée que « le président Reagan avait décidé que les États-Unis ne pouvaient se permettre de laisser l'Irak perdre la guerre au profit de l'Iran » et que « le directeur de la CIA [William] Casey avait personnellement dirigé l'effort visant à garantir que l'Irak dispose d'assez d'armes, de munitions et de véhicules militaires pour ne pas perdre la guerre Iran-Irak. »

29. Confronté à un large mouvement populaire d'opposition au maintien de bases militaires U.S. sur le territoire des Philippines, le sénat de ce pays a rejeté en 1991 un pacte négocié entre Washington et le gouvernement Aquino, qui prolongeait de dix ans la location de la base aérienne Clark et de la base navale de la baie de Subic. Le gouvernement U.S. s'est retiré de la base Clark en novembre 1991 et de celle de la baie de Subic en novembre 1992.

la « guerre contre la drogue » contre des forces de guérilla antigouvernementales. Il a aussi annoncé la conclusion d'un accord avec le gouvernement péruvien pour établir un camp d'entraînement contre-insurrectionnel dirigé par les bérets verts. Cette base coûtera 35 millions de dollars et sera équipée de 20 avions d'attaque à réaction.

i) Il a effectué des invasions militaires U.S. directes de la Grenade en 1983 et du Panama en 1989.

j) Même s'il a considérablement réduit ses manoeuvres de guerre nucléaire contre les pays du pacte de Varsovie, Washington continue d'organiser des manoeuvres stratégiques aériennes et navales d'envergure contre Cuba, dont il occupe toujours le territoire national à Guantánamo, et contre la République populaire démocratique de Corée.

2. Depuis sa défaite au Viêt-nam au milieu des années 70, Washington a refusé pour des raisons politiques d'essayer de soutenir une guerre prolongée impliquant une quantité considérable de soldats U.S.

a) La décision du gouvernement U.S. d'envahir Grenade et le Panama s'appuyait sur une évaluation que les forces U.S. y rencontreraient peu de résistance, ce qui leur donnerait la victoire en quelques jours, pas quelques mois, et limiterait ainsi leurs pertes.

(1) Dans les deux cas, la victoire a été livrée à l'impérialisme U.S. sur un plateau d'argent. Le prix politique a été si minime pour les dirigeants U.S. que leur agression n'a jamais suscité d'actions de protestation importantes ou soutenues même aux États-Unis, en Amérique latine ou dans les Caraïbes.

(2) À Grenade, le coup d'État contre-révolutionnaire effectué par la faction stalinienne dirigée par

Bernard Coard et qui a culminé dans l'assassinat de Maurice Bishop et d'autres révolutionnaires a détruit le gouvernement révolutionnaire des travailleurs et des paysans et sapé la base de la résistance populaire à l'agression U.S.

(3) Au Panama, la capitulation du général Manuel Noriega a empêché toute résistance soutenue à l'invasion U.S. Son geste a reflété la corruption et le caractère politique du régime militaire bourgeois.

(4) Tant à Grenade qu'au Panama, ce sont les décisions tactiques froidement prises par Washington dans le but de minimiser les pertes U.S. qui expliquent le nombre important de morts et de blessés parmi la population civile [30].

b) La « guerre de faible intensité » n'est pas une nouvelle « stratégie » militaire U.S. efficace reflétant un renforcement de l'impérialisme U.S.

(1) Au contraire, c'est la description de ce dont Washington doit se contenter quand il n'est pas assez fort politiquement pour recourir à la « guerre de forte intensité », c'est-à-dire à l'utilisation directe de sa puissance militaire. C'est une manifestation des limites politiques imposées à l'utilisation par Washington de sa puissance militaire, qui reflète l'affaiblissement relatif de l'impérialisme U.S.

(2) Face à une montée aujourd'hui des pressions conduisant à une multiplication des luttes ouvrières et paysannes et à des explosions anti-impérialistes dans

---

30. Voir « Le deuxième assassinat de Maurice Bishop » de Steve Clark dans le troisième numéro de *Nouvelle Internationale* et *Panama: The Truth About the U.S. Invasion* de Cindy Jaquith, Don Rojas, Nils Castro et Fidel Castro, éditions Pathfinder, 1990.

le monde colonial et semi-colonial, Washington conclura à un certain point qu'il n'a plus d'autres choix pour mener une guerre que d'y engager des forces d'infanterie U.S. massives (il a pris un risque calculé qui allait dans ce sens au Panama).

(3) À la suite d'un tel déploiement de forces U.S., une crise sociale va s'ouvrir et s'approfondir — et s'ouvrir rapidement en comparaison à la guerre du Viêt-nam. L'opposition à une telle guerre au sol soutenue à l'étranger va se développer plus vite et de façon plus explosive, avec une implication ouvrière et syndicale immédiate.

3. Au Nicaragua, l'armée sandiniste dirigée par le FSLN a remporté une victoire militaire contre les *contras* dans la deuxième moitié de 1987. Elle y a défait la « guerre de faible intensité » des États-Unis.

a) La direction sandiniste dominante s'est toutefois montrée incapable de s'appuyer sur cette victoire pour présenter aux combattants aguerris parmi les travailleurs et les paysans une perspective communiste capable de faire avancer la révolution.

(1) Les dirigeants du FSLN n'ont pas consolidé chaque victoire militaire remportée par les travailleurs et les paysans en approfondissant un cours visant à étendre la réforme agraire, renforcer le contrôle ouvrier dans les usines et faire avancer et élargir la lutte ouvrière sur la côte atlantique et dans l'ensemble du Nicaragua. Au contraire, ils ont approfondi la collaboration de classe, se sont orientés vers les capitalistes et propriétaires fonciers « patriotiques » et ont subordonné les intérêts des producteurs exploités au maintien de cette alliance.

(2) Les dirigeants du FSLN ont rejeté un cours conduisant à la construction d'un parti communiste de

masse basé sur les travailleurs, les paysans et les soldats d'avant-garde. Ce faisant, ils ont dissipé les énergies et les ressources de la force qui était capable au Nicaragua de faire avancer la révolution vers l'établissement d'un État ouvrier reposant sur une alliance solide des travailleurs et des paysans [31].

b) La capacité des masses laborieuses du Nicaragua de combattre et d'empêcher la destruction de la révolution n'a jamais été mise à l'épreuve. Celles-ci n'ont été ni organisées, ni mobilisées, ni dirigées pour le faire à un moment de la révolution où cela aurait pu faire une différence décisive.

(1) Le gouvernement des travailleurs et des agriculteurs s'était décomposé avant que la défaite du FSLN dans l'élection parlementaire du 25 février 1990 et que l'établissement d'un régime de coalition bourgeois ne codifient le recul de la révolution.

(2) La direction dominante du FSLN joue un rôle irremplaçable dans les efforts initiaux visant à consolider le nouveau gouvernement, entre autre en assumant la responsabilité de déployer et de diriger les forces armées [32].

(3) D'importantes conquêtes de la révolution n'ont toutefois pas encore été perdues. La défense de plusieurs gains concrets se fera dans la lutte. Des

31. Voir « La montée et la chute de la révolution nicaraguayenne », en anglais dans le neuvième numéro de *New International* et en espagnol dans le troisième numéro de *Nueva Internacional.*

32. Le commandant sandiniste Humberto Ortega est demeuré le chef d'état-major de l'armée nicaraguayenne jusqu'en février 1995.

confrontations à venir émergera une nouvelle direction des travailleurs et des paysans, qui cherchera les tactiques capables de faire avancer leurs intérêts de classe.

4. En Afghanistan, plus d'une décennie d'aide U.S. massive aux forces contre-révolutionnaires n'a pas réussi à renverser le gouvernement.

a) Au lieu d'affaiblir la défense du gouvernement contre les armées de droite appuyées par les États-Unis, le retrait des troupes soviétiques en 1989 a sapé la capacité de ces forces réactionnaires de se gagner des appuis plus larges en faisant appel à l'« unité nationale » contre les envahisseurs soviétiques.

b) Aujourd'hui, le renversement du gouvernement afghan est moins — pas plus — probable que durant la période de l'occupation soviétique [33].

5. En Afrique australe, la « guerre de faible intensité » que les États-Unis ont menée en aidant les forces contre-révolutionnaires de l'UNITA a échoué, après près de 15 ans d'efforts pour renverser le gouvernement de l'Angola.

---

33. Le nouveau gouvernement afghan porté au pouvoir au cours d'un soulèvement révolutionnaire en avril 1978 a réalisé quelques mesures populaires en réponse aux pressions des masses. Mais les méthodes administratives brutales et les querelles intestines meurtrières du Parti démocratique populaire d'Afghanistan (PDPA) ont culminé en décembre 1978 dans une intervention militaire soviétique visant à appuyer une des factions en conflit. À la suite de l'attaque de Moscou contre la souveraineté de l'Afghanistan, des forces de droite armées et entraînées par Washington se sont développées rapidement. Le moral des troupes soviétiques, qui livraient une guerre impopulaire en URSS, s'est désintégré et le gouvernement soviétique a dû retirer ses dernières forces en février 1989. Une coalition de forces de droite a renversé en avril 1992 le régime discrédité laissé en place par Moscou après son départ.

Ce dernier a, à sa demande, reçu l'aide de volontaires des Forces armées révolutionnaires de Cuba.

a) À Cuito Cuanavale, les forces combinées des soldats angolais, des volontaires cubains et des combattants de la SWAPO (Organisation du peuple du Sud-Ouest africain) de Namibie ont infligé une défaite décisive à Washington qui tentait de s'appuyer sur les ressources militaires d'une puissance impérialiste secondaire, ici l'Afrique du Sud, pour surmonter son incapacité d'utiliser ses forces armées. Combinée à la résistance croissante du peuple sud-africain, cette victoire a renversé le rapport de force à travers l'Afrique australe [34].

---

34. La bataille de Cuito Cuanavale a eu lieu au début de 1988. Des forces cubaines ont d'abord été dépêchées en Angola en 1975 à la demande du nouveau gouvernement établi lors de l'indépendance du pays afin d'aider ce dernier à repousser une invasion sud-africaine. Le régime d'apartheid, qui agissait en collusion avec les forces angolaises de droite de l'UNITA armées par la CIA, a été repoussé en 1975-1976. Il a cependant effectué des invasions répétées au cours des 13 années suivantes. Au cours de cette période, plus de 300 000 volontaires cubains ont combattu en Angola ; 2 000 d'entre eux y ont perdu la vie.

À la suite de la victoire de Cuito Cuanavale, le régime suprématiste blanc d'Afrique du Sud s'est vu forcé de retirer ses forces de l'Angola et d'entreprendre des négociations avec les gouvernements cubain et angolais. Ces négociations ont conduit Pretoria à accorder son indépendance à la Namibie au début de 1990. La SWAPO a remporté une majorité décisive au cours des élections visant à établir le nouveau gouvernement de la Namibie indépendante. Les derniers soldats cubains ont quitté l'Angola en mai 1991. Cette même année, Nelson Mandela, le dirigeant du Congrès national africain, a déclaré que le rôle joué par Cuba dans la défaite de l'armée d'apartheid a marqué « un jalon dans l'histoire de la lutte pour la libération du continent et de notre pays du fléau de l'apartheid. » Ce discours de Nelson Mandela a

(1) Un terme a été mis à plus d'une décennie d'agression sud-africaine contre l'Angola. La position militaire et politique des contre-révolutionnaires de l'UNITA a été davantage affaiblie.

(2) La voie a été ouverte pour que la Namibie obtienne son indépendance de la domination coloniale sud-africaine.

(3) Les conséquences de ces changements en Afrique du Sud même sont la cause de la décision prise en février 1990 par le régime de Frederick W. de Klerk de légaliser le Congrès national africain, de libérer de prison Nelson Mandela et d'autres dirigeants de longue date de l'ANC, et d'autoriser le retour au pays de plusieurs dirigeants exilés du mouvement anti-apartheid.

b) Une nouvelle étape de la lutte pour une Afrique du Sud démocratique et non raciale est maintenant ouverte. La vision, le ton et la direction politiques donnés par Nelson Mandela dans ses discours publics depuis sa libération ont joué un rôle décisif dans les progrès historiques accomplis jusqu'à maintenant.

(1) Le peuple travailleur est en train de se gagner un plus grand espace pour agir politiquement. La vraie politique, celle qui implique des dizaines de millions d'exploités et d'opprimés, a commencé.

(a) Les plus grandes manifestations de l'histoire du système d'apartheid se sont généralisées à

été publié en anglais dans le livre *How Far We Slaves Have Come! South Africa and Cuba in Today's World* de Nelson Mandela et Fidel Castro, Pathfinder, 1991, aussi publié en espagnol sous le titre *¡Que lejos hemos llegado los esclavos!* On en trouvera la traduction en français dans l'édition du 11 août 1991 de *Granma International,* publié à Cuba.

toute l'Afrique du Sud — non seulement dans les villes et banlieues noires les plus populeuses, mais aussi avec la plus grande intensité jamais vue dans les « homelands » et « bantoustans » ruraux (les lieux de résidence « légale » de la majorité des Noirs sud-africains).

(b) Des grèves et d'autres actions ouvrières éclatent à l'extérieur des structures et directions syndicales existantes.

(2) Sous la direction de Nelson Mandela, l'ANC reste fidèle aux perspectives de la Charte de la liberté et met l'accent sur l'élection d'une assemblée constituante au suffrage universel. Il a cherché dans les premiers mois de 1990 à utiliser et à élargir l'espace qui est en train d'être conquis en Afrique du Sud pour approfondir la mobilisation révolutionnaire des masses dans le but de briser le système d'apartheid.

(a) L'ANC a entrepris la lutte pour gagner la direction d'une alliance politique qui parle pour la vaste majorité des Sud-Africains, pas seulement dans son intérêt. Il a mis de l'avant sans compromis son programme pour construire le mouvement sur une base non raciale. En même temps, l'ANC cherche en le faisant à se renforcer et à se restructurer d'une manière qui corresponde à ses tâches historiques.

(b) En tant que composante de la lutte pour surmonter les divisions créées par l'État d'apartheid, l'ANC a cherché d'une manière nouvelle à mobiliser les dépossédés dans les « homelands » afin de détruire le système des bantoustans. Cette perspective a ouvert la possibilité d'incorporer, d'une manière plus grande que

jamais auparavant, les exploités ruraux dans la lutte révolutionnaire et dans l'ANC, confrontant ainsi une des plus grandes faiblesses dont le régime d'apartheid avait tiré profit depuis des années.

(c) L'ANC a pris des initiatives pour mettre fin à la violence fratricide dans le Natal et pour unifier les opprimés dans la lutte contre l'apartheid. Il a mis le mouvement collaborateur Inkatha du chef Mangosuthu Buthelezi sur la défensive au niveau politique. Il s'est dissocié en même temps de ceux qui voudraient se servir de la bannière de l'ANC pour justifier la violence factionnelle et la substituer au travail nécessaire pour gagner une majorité politiquement convaincue.

(d) L'ANC a demandé aux gouvernements du monde de continuer à appliquer fermement les sanctions contre le régime d'apartheid, ce qui a permis de maintenir l'isolement de Pretoria comme hors-la-loi international.

(e) L'ANC a utilisé la montée de la lutte pour forcer le régime de de Klerk à entamer des négociations et il a rassemblé une délégation représentative (plus large que l'ANC actuel) pour participer à ces discussions. L'ANC cherche à se servir des négociations pour exiger un plus grand espace politique (libération de tous les prisonniers politiques et fin de l'état d'urgence), de façon à se donner le temps et l'opportunité d'organiser les forces et la direction requises pour faire avancer la lutte pour une république démocratique unitaire et non raciale.

(3) Les travailleurs, les agriculteurs et les personnes progressistes à travers le monde sont convaincus que le système d'apartheid est un crime contre l'humanité. Cette conscience est devenue une force matérielle dans la politique mondiale.

(a) La nouvelle étape de la lutte en Afrique du Sud exacerbe les divisions parmi et entre les classes dirigeantes impérialistes sur la réponse à donner au régime d'apartheid. Cette situation crée de nouvelles opportunités pour mobiliser l'opinion mondiale dans des actions d'appui à la lutte démocratique révolutionnaire dirigée par l'ANC.

(b) La chute du régime d'apartheid serait une victoire dont l'écho ranimerait politiquement le mouvement ouvrier dans la plus grande partie du monde, y compris dans les pays impérialistes [35].

6. L'impérialisme est incapable de stabiliser la situation au Moyen-Orient. La guerre civile continue de faire rage au Liban et les deux années et demie d'intifada menées par les Palestiniens dans la bande de Gaza et en Cisjordanie ont confirmé encore une fois le caractère inévitable d'une lutte persistante pour une Palestine démocratique et laïque.

---

35. Face aux mobilisations et aux grèves de masse dirigées par l'ANC, le régime d'apartheid a dû se résoudre à négocier et il a finalement accepté la tenue des premières élections au suffrage universel, qui ont eu lieu en avril 1994. L'ANC y a remporté une majorité décisive et Nelson Mandela a été élu président. Voir « La révolution à venir en Afrique du Sud » de Jack Barnes dans le deuxième numéro de *Nouvelle Internationale,* ainsi que *Nelson Mandela Speaks: Forging a Democratic, Nonracial South Africa,* un recueil de discours et d'entrevues du dirigeant de l'ANC publié par Pathfinder en 1993.

a) La force de la lutte des Palestiniens devant la répression et l'expansionnisme d'Israël a fondamentalement changé l'opinion publique mondiale.

(1) Aujourd'hui, une grande majorité de la population mondiale, y compris dans les pays impérialistes, appuie la reconnaissance de l'Organisation de la libération de la Palestine et le droit du peuple palestinien à un État indépendant.

(2) En même temps, les gouvernements impérialistes et un nombre croissant de régimes dans les États ouvriers déformés s'efforcent d'assurer le maintien d'un État colonial israélien dans une variante ou l'autre des frontières antérieures à 1967[36].

---

36. À la suite du soulèvement palestinien de 1987-1992 (intifada) en Cisjordanie et dans la bande de Gaza occupées par Israël, l'OLP a signé une série d'ententes avec Tel Aviv à la fin de 1993 et dans la première moitié de 1994. Les « accords d'Oslo » ont établi une administration palestinienne autonome limitée dans certaines régions de la Cisjordanie et de la bande de Gaza. De son côté, le gouvernement israélien a conservé sa complète souveraineté, le contrôle de toutes les frontières et un droit de veto sur des questions concernant l'utilisation de la terre et de l'eau. Des élections ont eu lieu en janvier 1996 à la présidence et à l'assemblée législative de l'Autorité palestinienne. Cette dernière fonctionne comme l'administration municipale d'environ les deux tiers de Gaza et du tiers de la Cisjordanie. Yasser Arafat en a été élu le président. Les travailleurs et les jeunes palestiniens ont opposé une résistance continue à l'expropriation de leur patrie par l'État d'Israël, ce qui a compris des rébellions contre l'établissement de colonies de peuplement dans les territoires occupés et des mouvements de protestation contre la répression de l'armée et de la police. Les négociations entre le gouvernement israélien et l'OLP ont été rompues au début de 1997, quand Tel Aviv a commencé à construire une nouvelle colonie de peuplement dans Jérusalem-Est occupée.

b) La dépendance du capitalisme israélien envers la main-d'oeuvre palestinienne renforce la base ouvrière et agricole du mouvement pour l'autodétermination nationale. La crise capitaliste mondiale qui s'approfondit va alimenter un nombre grandissant de luttes menées par les travailleurs et les agriculteurs palestiniens et juifs contre la classe exploiteuse israélienne. Ceci va aider à briser les divisions qui les séparent et permettre le développement d'une direction révolutionnaire démocratique ouvrière de la lutte.

7. Un axe de conflit La Havane-Washington sera au centre de la politique mondiale dans les années 90. C'est la manifestation la plus directe du conflit international opposant l'impérialisme à la dictature du prolétariat.

a) L'avant-garde communiste à Cuba est déterminée non seulement à défendre la révolution, mais à maintenir son cours internationaliste d'appui à la lutte mondiale pour la libération nationale et le socialisme.

b) L'impérialisme U.S. va continuer à chercher des façons de maintenir et d'intensifier sa pression sur Cuba révolutionnaire. Mais aucune victoire militaire de l'impérialisme U.S. n'est cependant possible à Cuba à cause du cours politique révolutionnaire de la direction, qui mobilise une population armée.

(1) La défense de la révolution cubaine s'est renforcée depuis 1980 avec le lancement des milices territoriales, avec la mise en place d'une stratégie de défense militaire basée sur la « guerre de tout le peuple », avec des manifestations anti-impérialistes massives et répétées (en commençant avec les « marches du peuple combattant » de 1980), avec la victoire remportée en Afrique

contre les forces du régime d'apartheid et de l'UNITA soutenues par les États-Unis, et avec le lancement et l'approfondissement du processus de rectification[37].

(2) À Cuba, il n'y aura pas de trahison de la révolution comme à Grenade ; pas de lâcheté dans la structure de commandement gouvernementale et militaire comme au Panama ; pas de subordination des travailleurs et des paysans à une alliance avec les capitalistes et les propriétaires fonciers, ni de confiance dans le parlementarisme bourgeois comme au Nicaragua ; pas d'utilisation des forces armées et du ministère de l'Intérieur contre le peuple, au contraire de ce qui s'est produit en Europe de l'Est et se produit aujourd'hui en Union soviétique.

(3) Les États-Unis ne pourraient « conquérir » Cuba qu'en l'envahissant et en y livrant une guerre

---

37. De 1986 au début de 1989, le processus de rectification a marqué à Cuba la remise en question de l'utilisation croissante du système de gestion et de planification économique appliqué sous une forme ou une autre en Union soviétique et en Europe de l'Est. Des politiques copiées de ces pays étaient devenues de plus en plus dominantes à Cuba au cours des années 70 et au début des années 80. À son apogée, la rectification a pris le caractère d'un mouvement social grandissant dirigé par les travailleurs les plus conscients et les plus disciplinés de Cuba. Voir la section sur « Le Parti communiste de Cuba » au début de la quatrième partie de cette résolution, ainsi que « Le processus de rectification à Cuba : deux discours de Fidel Castro » dans *Nouvelle Internationale* n° 3 ; le recueil d'articles sur « Che Guevara, Cuba et la voie vers le socialisme », en anglais dans le huitième numéro de la revue *New International* et en espagnol dans le deuxième numéro de *Nueva Internacional* ; et *Che Guevara et la lutte pour le socialisme aujourd'hui* de Mary-Alice Waters, Pathfinder, 1992.

prolongée, à un coût presque inconcevable en termes de vies humaines et de ressources matérielles. Ce ne pourrait être qu'une victoire à la Pyrrhus pour Washington.

c) « Guerre de faible intensité » : voilà une description précise de ce que l'impérialisme U.S. a fait contre Cuba depuis 31 ans à cause de l'incapacité politique de Washington d'utiliser directement sa force militaire contre la révolution cubaine. C'est l'échec de l'invasion et des tentatives d'infiltration organisées par les États-Unis en 1961-1962 qui a tranché la question, pas la supposée protection de Cuba par le parapluie nucléaire de l'Union soviétique, qui n'a jamais été réelle.

d) Pour maintenir sa pression incessante contre Cuba, Washington a fait appel à un embargo économique, à l'occupation de la base navale de Guantánamo, à des provocations constantes, à des tentatives d'assassinat, à des incitations à la terreur contre-révolutionnaire et à une campagne pour isoler Cuba des Amériques et du monde.

e) L'échec de la « guerre de faible intensité » menée par Washington contre Cuba découle avant tout de la qualité de la direction communiste, de sa capacité de mobiliser et de diriger les travailleurs et les agriculteurs dans la défense de leurs intérêts, de son intégrité et de sa confiance en soi, et de son aptitude à reconnaître et à corriger ses erreurs.

(1) Le progrès et l'approfondissement continus du processus de rectification seront décisifs à cet égard.

(2) Les difficultés qu'a Washington à organiser des attaques efficaces contre la direction communiste à Cuba ont été récemment démontrées par :

(a) Le courage politique et physique de l'équipage désarmé du navire marchand *Hermann,*

un petit groupe de Cubains choisi au hasard par l'impérialisme U.S. comme cible d'une attaque armée[38].

(b) Et le fiasco de T.V. Martí, que Cuba n'a pas seulement entravé au niveau technologique mais, ce qui est plus important, contre qui elle a gagné la bataille de l'opinion publique mondiale, même aux États-Unis.

(3) L'axe de l'offensive politique de Washington va continuer de tourner autour de sa campagne de propagande sur les « droits de l'homme » contre le gouvernement de Cuba.

F. L'impérialisme entre affaibli dans les années 90

1. Malgré les coups portés à la classe ouvrière et aux agriculteurs dans les pays impérialistes au cours des années 80 et les défaites infligées aux travailleurs et aux paysans

---

38. Le 31 janvier 1990, quelques semaines à peine après l'invasion du Panama, la garde côtière des États-Unis a bombardé le navire marchand cubain *Hermann*. En provenance du Panama et transportant du chrome vers le Mexique, le navire naviguait dans les eaux internationales du golfe du Mexique au moment de l'attaque. Il s'est fait ordonner de stopper et de laisser des agents U.S. monter à bord pour y effectuer une fouille, sous prétexte de chercher de la drogue. Quand l'équipage a carrément refusé et poursuivi son cours, les forces U.S. ont ouvert le feu, tirant près de 500 coups en une heure et 45 minutes. Les membres de l'équipage n'avaient aucune arme à feu mais se sont rassemblés sur le pont avec des machettes, des tournevis, des couteaux de cuisine et des haches pour défendre le navire si la garde côtière mettait à exécution sa menace de monter à bord. Les forces U.S. ont mis fin à l'attaque quand le *Hermann* a atteint les eaux mexicaines plus tard le matin. Une foule de 100 000 personnes s'est rassemblée devant la section des intérêts U.S. à La Havane plus tard la même journée pour accueillir l'équipage en héros.

dans le monde semi-colonial (aux Malouines, à Grenade, au Burkina Faso[39], au Panama et au Nicaragua, ce qui a en retour affaibli la position des rebelles salvadoriens), c'est l'impérialisme lui-même qui a pris les plus grands coups.

a) Les classes dirigeantes impérialistes ont été incapables de renverser la tendance à la baisse du taux de profit ou d'écraser la capacité de la classe ouvrière et du mouvement ouvrier de résister aux attaques des capitalistes contre leurs droits, leur niveau de vie et leurs conditions de travail.

b) L'impérialisme U.S. a perdu la guerre froide. Il n'a pas réussi à établir les conditions requises pour instaurer des relations de propriété capitaliste stables dans aucun des États ouvriers. Et il fait maintenant face à un acteur nouveau et plus confiant dans la lutte de classe internationale : les classes ouvrières d'Europe de l'Est, d'Europe centrale et d'Union soviétique.

c) Les pays opprimés de l'Afrique, des Amériques et de l'Asie sont en proie à une crise économique et sociale insoluble et qui empire. Celle-ci crée les conditions qui vont pousser de plus en plus de travailleurs et de paysans à entreprendre des luttes révolutionnaires. Cuba et la lutte en Afrique du Sud sont des phares projetant une perspective de progrès qui n'a pas et ne peut pas être éteinte.

---

39. En octobre 1987, le gouvernement révolutionnaire populaire du Burkina Faso, un pays de l'Afrique de l'Ouest, a été renversé dans un coup d'État militaire. Thomas Sankara, le dirigeant central du gouvernement révolutionnaire établi quatre ans plus tôt en 1983, a été tué. Voir *Oser inventer l'avenir* de Thomas Sankara, un recueil de discours et entrevues publié en 1991 par Pathfinder.

d) La capacité de Washington de faire avancer les intérêts impérialistes à l'aide d'ententes conclues lors de rencontres au sommet avec le gouvernement soviétique est à son plus bas niveau. Au même moment, le gouvernement U.S. continue à faire face à de grands obstacles politiques au pays et à l'étranger, qui limitent sa capacité d'utiliser son énorme puissance militaire dans une guerre prolongée.

2. L'intensification de la concurrence interimpérialiste et l'approfondissement de l'instabilité et de la vulnérabilité du système capitaliste international convergent avec la perspective d'une dépression et d'une crise sociale mondiales dans les années 90.

SERGEI KARPUKHIN/AP-WIDE WORLD PHOTOS

Des mineurs de charbon russes quittent le travail pendant la grève de 1996 pour obtenir le paiement de mois de salaire. « Il est impossible de restaurer le capitalisme sans vaincre la classe ouvrière dans des batailles contre-révolutionnaires sanglantes. »

Troisième partie

LE CAPITALISME MONDIAL A SUBI UNE DÉFAITE HISTORIQUE EN EUROPE DE L'EST ET EN UNION SOVIÉTIQUE

A. La construction du socialisme est une tâche politique révolutionnaire de la classe ouvrière

1. Il s'agit de l'organisation consciente de la production et de la distribution des biens et des services de façon à faire avancer la transformation des travailleurs en êtres humains nouveaux, en hommes et en femmes socialistes, à mesure que ces derniers s'organisent pour transformer leurs relations sociales et leurs conditions de travail et de vie.

2. À cette nouvelle étape de sa ligne de marche historique, alors qu'elle s'efforce de surmonter la pénurie en augmentant progressivement la productivité du travail, la classe ouvrière est confrontée aux tâches suivantes. Elle doit :

a) Réduire la portée des normes bourgeoises de distribution, qui sont héritées du mode de production capitaliste et qui se maintiennent au début de la transition historique vers le socialisme, en prenant dès le départ des mesures visant à réduire progressivement les inégalités économiques et sociales.

b) Dans l'activité productive, déplacer l'équilibre du travail salarié, hérité des rapports sociaux capitalistes et maintenu au début de la période de transition, vers le travail volontaire librement fourni dans l'intérêt social commun. Ce dernier deviendra progressivement le fondement du travail sous le socialisme.

c) Élever le niveau d'éducation et de qualification des travailleurs ; augmenter la proportion des tâches administratives de production et de distribution qui sont prises en charge par la classe ouvrière au lieu d'être réservées à une couche spécialisée de personnel administratif (des tâches comme l'organisation du processus de travail et la discipline, le contrôle de la qualité, la comptabilité financière, les inventaires et le contrôle des stocks, etc.) ; réduire la division sociale du travail en s'assurant que de plus en plus de tâches scientifiques, distinctes de la production tout en lui étant nécessaires, sont effectuées par les travailleurs eux-mêmes ; et réduire les écarts de salaire.

d) Renforcer l'alliance entre les travailleurs et les paysans et réduire la différentiation sociale entre la ville et la campagne en encourageant le travail coopératif volontaire croissant des travailleurs ruraux et urbains pour produire et transformer la nourriture et les fibres et prévenir la destruction de l'environnement.

e) Réduire progressivement les inégalités sociales profondes héritées du capitalisme et qui ont leurs racines dans l'oppression des femmes, la discrimination raciste et l'oppression nationale. Ceci comprend l'application de mesures immédiates pour mettre un terme à toute forme de discrimination officielle et de fait dans l'emploi, l'éducation, le logement et les autres domaines de la vie sociale et politique.

f) Accroître le contrôle politique conscient et organisé des travailleurs sur la planification et la gestion sociales et économiques en reconnaissant que le recours aux mécanismes et aux lois aveugles renforce le fétichisme de la marchandise et l'idéologie bourgeoise, ce qui fait régresser plutôt qu'avancer la marche vers le socialisme.

g) Faire de l'internationalisme prolétarien le guide le plus fondamental pour déterminer l'activité politique et les priorités ; et guider l'État ouvrier comme une composante d'une fédération d'États soviétiques en formation, dont l'expansion est nécessaire non seulement pour atteindre le socialisme mais aussi pour contrer la bureaucratisation et la corruption au sein de tout État ouvrier isolé [1].

3. L'internationalisme prolétarien est essentiel pour permettre aux ouvriers et aux agriculteurs de consolider les assises d'un État ouvrier et d'avancer sur cette base vers le socialisme.

a) Le socialisme ne peut se construire que comme une composante de la lutte pour assurer de nouvelles victoires révolutionnaires à travers le monde et une composante de la lutte pour élargir la révolution socialiste en faisant reculer le système impérialiste mondial d'exploitation et de domination.

b) La perspective alternative du « socialisme dans un seul pays » mise de l'avant par la faction stalinienne en URSS est réactionnaire. C'est une variante du socialisme « national » qui a été et reste au coeur de toute politique de collaboration de classe.

c) Un cours internationaliste prolétarien exige une solidarité active avec toutes les luttes contre l'oppression nationale, la domination impérialiste et l'exploitation

---

1. Les soviets (le mot russe pour « conseil ») étaient des organismes de délégués élus par les soldats, les paysans et les travailleurs d'usine et d'autres lieux de travail au début du soulèvement révolutionnaire en Russie, en février 1917. Les soviets sont devenus l'institution d'État fondamentale du gouvernement des travailleurs et des paysans porté au pouvoir sous la direction des bolcheviks à la suite de l'insurrection victorieuse d'octobre 1917.

capitaliste, ainsi que des efforts actifs pour aider les révolutionnaires à travers le monde à devenir des communistes au cours de leurs combats.

4. Pour avancer vers le socialisme, il faut une direction communiste organisée de la classe ouvrière.

a) Construire le socialisme est une tâche plus difficile, qui requiert une plus grande conscience politique et une plus grande discipline prolétarienne que la prise révolutionnaire du pouvoir des mains de la bourgeoisie.

b) Le parti communiste et sa direction doivent renouveler et approfondir leur composition ouvrière en prenant des mesures conscientes pour prolétariser le parti. Ils doivent continuellement incorporer des couches plus larges et des générations nouvelles de travailleurs et de paysans d'avant-garde et adopter des mesures spéciales pour incorporer les nationalités opprimées, les femmes et les combattants ayant une expérience dans les missions internationalistes. L'ensemble des membres du parti doit s'impliquer à diriger le travail social volontaire.

5. La propriété nationalisée dans un État ouvrier, établie en expropriant la bourgeoisie, n'a aucun penchant *automatique* vers le socialisme.

a) L'expropriation de la propriété capitaliste dans l'industrie, le système bancaire et le commerce de gros, le monopole d'État du commerce extérieur et la planification de l'économie sont des conditions nécessaires, mais insuffisantes, pour permettre aux travailleurs de construire le socialisme.

(1) Ces conquêtes révolutionnaires des ouvriers et des agriculteurs brisent la domination sur la production et sur l'échange de la forme de la loi de la valeur qui devient prépondérante sous le capitalisme : l'établissement des prix de production

par la concurrence entre grands capitaux, ce qui détermine un taux de profit industriel moyen.

(a) Les prix de production régissent la répartition sociale du travail, des matières premières et des biens de production.

(b) Ils assurent la reproduction des relations sociales bourgeoises et de la distribution bourgeoise du revenu.

(2) Sous le capitalisme, la richesse apparaît comme l'accumulation de marchandises, indépendamment de leur origine et de la contribution qu'elles peuvent faire aux besoins et aux intérêts de la grande majorité de l'humanité, les travailleurs et les agriculteurs. Leur valeur se réalise dans l'échange et sur le marché.

(3) La propriété privée des moyens de production et d'échange rend impossible pour les travailleurs de planifier consciemment les priorités économiques et sociales.

b) La construction du socialisme n'est pas une tâche d'ingénierie consistant à administrer la propriété d'État et le plan, sans égard à l'engagement des administrateurs et à leur appui au socialisme.

(1) La conquête de la propriété d'État est nécessaire pour que les travailleurs puissent prendre en main l'appareil de production de la société, commencer sur cette base à réorganiser et transformer le travail social et se transformer eux-mêmes en le faisant. Mais la conquête de la propriété d'État ne garantit pas pour autant ce progrès.

(2) Tout progrès vers le socialisme dépend du cours politique communiste de la classe ouvrière et de ses alliés non exploiteurs. C'est le cours que défendent Fidel Castro et Che Guevara, que Karl Marx

et Friedrich Engels ont expliqué les premiers, que le Parti bolchevique a poursuivi sous la direction de V. I. Lénine dans les premières années de la première république soviétique et des quatre premiers congrès de l'Internationale communiste et qu'a continué l'opposition communiste dirigée par Léon Trotsky.

c) Un État ouvrier est une société en transition, pas une forme de socialisme.

(1) L'établissement d'un État ouvrier initie la *transition* du capitalisme au socialisme comme une composante de la lutte *mondiale* contre l'exploitation et l'oppression impérialistes et capitalistes.

(2) Un État ouvrier peut progresser vers le socialisme ou régresser jusqu'à créer les bases sociales d'une contre-révolution capitaliste. La capacité d'avancer vers le socialisme dépend de la direction communiste du mouvement ouvrier, de la politisation croissante d'une avant-garde de plus en plus ouvrière à la tête de cette transition et des progrès de la révolution mondiale.

(3) Pendant la période de transition dans un État ouvrier, la lutte des classes devient plus limitée. Mais elle se poursuit tant que la loi de la valeur continue d'opérer et tant que le marché mondial continue d'exister. Conséquemment, les préjugés anti-ouvriers continuent de se reproduire sous toutes sortes de formes et de manifestations et doivent être consciemment combattus.

d) Toute autre manière d'aborder la construction du socialisme favorise le développement de couches sociales petites-bourgeoises surabondantes et privilégiées, ainsi que leur consolidation relativement rapide en caste parasitaire contre-révolutionnaire.

6. Les fondations de l'État ouvrier — de la dictature du prolétariat — sont la propriété d'État, le monopole du commerce extérieur et la planification économique, établis par l'expropriation de la bourgeoisie. Sur cette base, la classe ouvrière peut organiser un développement économique et social plus rapide et créer de nouveaux rapports sociaux de production.

a) Pour progresser vers le socialisme en s'appuyant sur ces conquêtes après la révolution d'octobre 1917, il fallait :
   - (1) Consolider et étendre l'alliance entre les travailleurs et les paysans.
   - (2) Et construire et prolétariser un parti communiste de masse.

b) Ces deux conquêtes ont été détruites par la victoire de la contre-révolution politique menée contre la classe ouvrière à la fin des années 20 et au début des années 30 par la caste sociale petite-bourgeoise organisée par l'appareil stalinien.

c) Mais la propriété d'État qui sert d'assise à la dictature du prolétariat a survécu, empêchant du même coup :
   - (1) L'évolution pacifique de l'État ouvrier soviétique vers le capitalisme ou son absorption par le capital financier dans le système impérialiste mondial.
   - (2) Et la coexistence pacifique entre l'impérialisme et l'État ouvrier, malgré le cours de collaboration de classe poursuivi par la caste bureaucratique.

7. L'énorme bureaucratie qui devient à la longue une caste petite-bourgeoise capable de se reproduire peut maintenir sa position sociale et ses privilèges non pas parce qu'elle est une nécessité historique — elle n'est pas une nouvelle classe — mais parce qu'elle peut s'appuyer sur le gigantesque appareil de répression du régime bonapartiste, et avant tout sur sa police secrète.

a) L'appareil administratif spécialisé — à partir duquel se développe la bureaucratie — tire son origine et sa nécessité sociale du manque d'expérience de la classe ouvrière soviétique dans la gestion de l'économie et dans l'administration de l'État.

b) La composante policière répressive de cet appareil tire ses origines de la pénurie (considérablement exacerbée par la famine et les destructions engendrées par des années de guerre civile et d'agression impérialiste) à laquelle s'est trouvée confrontée la révolution bolchevique victorieuse et de la lutte qui s'en est suivie pour les produits de première nécessité [2].

(1) Tout comme l'ordre a été maintenu dans les queues qui se formaient pour obtenir des biens de consommation, la distribution a été administrée pour que la bureaucratie ne manque jamais de rien. L'appareil policier qui en est résulté s'est développé comme le pilier fondamental du régime bureaucratique.

(a) L'appareil a obtenu une opportunité additionnelle de justifier son pillage en assumant le rôle de défenseur de la « nation » face à la pression hostile des dirigeants impérialistes.

---

2. Au milieu de 1918, les propriétaires fonciers et les capitalistes de l'ancien empire tsariste ont initié une guerre civile contre la république ouvrière et paysanne dirigée par les bolcheviks. Les gouvernements de 14 pays — dont les dirigeants impérialistes du Royaume-Uni, de la France, du Japon et des États-Unis — ont dépêché des forces d'invasion pour les aider à chasser les travailleurs et les paysans du pouvoir. À la fin de 1920, l'Armée rouge avait vaincu la contre-révolution et ses alliés internationaux. Mais la guerre a eu des conséquences terribles. Des millions de travailleurs et de paysans — plusieurs des combattants d'avant-garde — ont été tués ou sont morts de faim ou de maladie. La production industrielle et agricole a été ruinée.

(b) En organisant la « distribution » et la « défense » par le biais de la police et du corps des officiers, le régime stalinien a acquis un caractère bonapartiste. Autrement dit, l'appareil est apparu comme étant au-dessus d'une société atomisée et divisée entre, d'un côté, les masses laborieuses (qui ont intérêt au maintien de la propriété d'État) et, de l'autre, la caste petite-bourgeoise en crise formée d'administrateurs, de fonctionnaires et de professionnels ayant un point de vue et des perspectives bourgeoises. Il s'est ainsi constitué comme le garant de la consommation parasitaire, des avantages relatifs et des privilèges de la caste bureaucratique.

(c) Le régime bonapartiste doit aussi servir d'arbitre entre les différentes ailes sans cesse en conflit de la caste instable et qui se décompose.

(2) Le régime bonapartiste préserve le pouvoir et les privilèges de la caste par des méthodes policières, qu'elle peut pousser jusqu'au meurtre de masse systématique lorsque nécessaire. Pour les travailleurs et leurs alliés, ces méthodes ont rabaissé l'exercice de leurs droits démocratiques et l'utilisation de l'espace politique à des niveaux inférieurs à ceux que les travailleurs et les agriculteurs ont conquis par la lutte dans plusieurs États bourgeois.

(3) Cette évolution de la caste bureaucratique entre en conflit de manière de plus en plus aiguë avec toute possibilité pour les producteurs de jouer un rôle de direction indispensable au développement d'une économie planifiée.

c) La *seule* forme de domination possible pour la caste bureaucratique, c'est le régime bonapartiste.

8. La caste a un caractère social petit-bourgeois et des attitudes et aspirations bourgeoises.

a) Il ne s'agit pas d'une section privilégiée de la classe ouvrière (bien qu'elle absorbe une couche de la classe ouvrière), mais une strate sociale ayant des intérêts étrangers à ceux des travailleurs et des paysans.

b) Cette caste petite-bourgeoise — dont ne font pas partie les petits propriétaires n'exploitant pas de travail — sert de courroie de transmission aux pressions impérialistes et aux valeurs bourgeoises au sein des États ouvriers : mépris des travailleurs ; racisme, chauvinisme national et antisémitisme ; conceptions réactionnaires sur les femmes et la famille ; crainte de l'expérimentation scientifique sans entrave et du débat international ; au mieux philistinisme, au pire terrorisme bureaucratique face à l'art et à la création artistique ; anti-internationalisme ; et même anticommunisme.

c) La croissance d'une telle couche petite-bourgeoise approfondit les divisions de classe et la différenciation sociale au sein des États ouvriers.

(1) La caste petite-bourgeoise est une couche sociale massive (elle compte plusieurs dizaines de millions de membres en Union soviétique) qui consomme une grande proportion du revenu national.

(2) Les membres de cette caste ne sont pas des capitalistes. Autrement dit, ils ne sont pas des propriétaires accumulant de l'argent en tant que capital.

(3) Bien que la caste ne puisse pas léguer de biens, son noyau tend à comprendre une couche héréditaire, la nomenklatura, qui transmet ses prérogatives et son niveau de vie privilégié à ses enfants.

(4) Les conditions sociales les plus fondamentales des travailleurs et des paysans divergent de plus

en plus de celles de la caste privilégiée. C'est le cas par exemple en ce qui concerne :

(a) L'alimentation, le logement, le transport, les services médicaux, la garde des enfants, l'alphabétisation, l'accès à l'enseignement supérieur et les loisirs.

(b) Les taux de mortalité infantile et maternelle ainsi que l'espérance de vie.

(c) L'accès différencié et discriminatoire à des méthodes de contraception sûres, efficaces et non brutales qui protègent le droit des femmes à la vie privée en matière de sexualité (par exemple, les avortements multiples comme seule méthode disponible de contrôle des naissances pour des millions de travailleuses en URSS ; et la subordination du droit des femmes de choisir aux « politiques démographiques » changeantes de la caste, comme en Roumanie).

(d) Et l'exposition différenciée aux effets de la dévastation écologique.

(5) Au sein de l'Union des républiques socialistes soviétiques, la plus extrême différenciation économique et sociale est celle qui oppose les républiques européennes, en particulier la Russie, et les républiques peuplées par diverses nationalités opprimées, en particulier celles d'Asie centrale (Kazakhstan, Ouzbékistan et Tadjikistan) et de Transcaucasie (Azerbaïdjan, Arménie et Géorgie).

B. La lutte pour l'autodétermination nationale : la seule voie conduisant à un monde sans frontière

1. En portant au pouvoir et en consolidant un régime ouvrier et paysan, la révolution socialiste amorce le début

de la fin de l'histoire séculaire de l'oppression, des divisions et des rivalités nationales.

a) La lutte contre l'oppression nationale est toujours étroitement liée à une réforme agraire radicale visant à libérer les travailleurs ruraux :

(1) Soit de formes d'exploitation pré-capitalistes, en expropriant les classes de grands propriétaires fonciers et en abolissant toute les formes de rente féodale ou semi-féodale, y compris les tâches de travail obligatoire.

(2) Soit de l'exploitation capitaliste par le biais du système de rente et d'hypothèque en nationalisant la terre, en garantissant aux paysans le droit de cultiver le sol et en leur procurant des moyens adéquats pour le faire (crédit à faible taux d'intérêt, semences, engrais, outils, ainsi que production et mécanismes de mise en marché à caractère coopératif).

b) On ne peut avancer vers le socialisme qu'en garantissant leur droit à l'autodétermination nationale à toutes les nations et nationalités opprimées et qu'en forgeant une fédération volontaire de républiques des travailleurs et des agriculteurs.

(1) La révolution socialiste fait retentir « l'heure des nations » pour les nations et nationalités opprimées.

(2) C'est le cours qui a été poursuivi par la direction bolchevique sous les conseils de Lénine après la révolution d'octobre 1917.

(a) La victoire d'octobre en Russie a stimulé des soulèvements révolutionnaires à travers le vieil empire tsariste. La direction communiste a commencé à construire une fédération volontaire des différentes républiques organisées sur

la base du pouvoir des soviets — aussi bien là où la dictature du prolétariat avait été établie (comme en Russie et en Ukraine) que là où elle ne pouvait pas l'être encore mais où des gouvernements révolutionnaires ouvriers et paysans avaient été portés au pouvoir (comme dans la plupart des républiques d'Asie centrale et de Transcaucasie).

(b) Lénine a insisté sur l'*Union* des républiques socialistes soviétiques. Il ne parlait pas d'une nouvelle nationalité « soviétique » dont le patriotisme servirait à masquer le maintien et l'expansion du chauvinisme grand-russe et du nationalisme bourgeois ; ni d'un nouvel « État-nation socialiste » supprimant les minorités nationales ; ni d'une fédération se limitant à l'égalité formelle. Il parlait au contraire d'une fédération utilisant des mesures d'action affirmative pour développer l'économie et la culture des nations opprimées, afin de réduire les écarts historiques au niveau des conditions économiques et sociales entre celles-ci et l'ancienne nation russe oppressive.

(c) Comme dans le cas des autres droits démocratiques, l'autodétermination nationale est subordonnée à la défense de l'État ouvrier contre l'assaut de la contre-révolution et l'agression de l'impérialisme. La négation des droits nationaux ne renforce cependant pas, mais affaiblit la défense de l'État ouvrier. Pendant la guerre civile, la politique de la république soviétique sur l'autodétermination nationale et sa réforme agraire révolutionnaire ont été déterminantes pour mobiliser la paysannerie

et les victimes de l'oppression nationale tsariste derrière la lutte des travailleurs contre les forces militaires combinées de l'impérialisme et des capitalistes et grands propriétaires nationaux.

(d) La défense de l'État ouvrier lui-même est subordonnée aux initiatives prises par la direction révolutionnaire de l'État pour faire avancer la lutte internationale pour la libération nationale et le socialisme (par exemple, le transfert des meilleurs équipements et soldats cubains en Angola pour gagner la bataille de Cuito Cuanavale, les préparatifs d'aide au FMLN, Panama).

(3) L'Internationale communiste a adopté le cours des bolcheviks sur le droit à l'autodétermination comme fondement de la politique communiste sur la question nationale [3].

2. Le cours politique de la caste bureaucratique naissante et dirigée par Staline a commencé à renverser au début des années 20 la politique des bolcheviks sur

---

3. Voir *Workers of the World and Oppressed Peoples, Unite! Proceedings of the Second Congress, 1920,* t. 1. Ce livre fait partie de la série des éditions Pathfinder sur l'Internationale communiste à l'époque de Lénine et regroupe l'ensemble des délibérations du deuxième congrès de l'Internationale communiste en 1920 sur la question nationale et coloniale. On trouvera en français le rapport qu'y a présenté Lénine sur la question nationale et coloniale dans Lénine, *Oeuvres,* Moscou, éditions du Progrès, 1976, t. 31, p. 247-253, ainsi que les « Thèses et additions sur les questions nationale et coloniale » adoptées par le congrès dans *Manifestes, thèses et résolutions des quatre premiers congrès mondiaux de l'Internationale communiste, 1919-1923,* Paris, Librairie du Travail, 1934, réédité en fac-similé, Maspéro, 1975, p. 57-60.

l'autodétermination et la fédération volontaire. En 1922, Lénine a lancé une bataille politique contre cette contre-révolution, mais les politiques réactionnaires de Staline l'ont emporté après la mort de Lénine [4].

a) Le cours de Staline s'est intensifié et s'est institutionnalisé avec la consolidation de la contre-révolution menée par la caste au début des années 30. L'« Union des républiques socialistes soviétiques » est redevenue, en fait, la prison des nations héritée du tsarisme et de l'impérialisme.

(1) L'URSS a cessé d'être une fédération volontaire et est devenu un super-État « soviétique ».

(2) La résurgence et la prédominance du nationalisme grand-russe au sein de cet État « soviétique » y ont oblitéré l'internationalisme prolétarien.

b) Au lendemain de la seconde guerre mondiale, les régimes imposés aux États ouvriers nouvellement établis en Europe centrale et de l'Est ont servi d'intermédiaires pour l'oppression nationale de ces pays par la caste en Union soviétique. L'invasion de la Hongrie en 1956 et celle de la Tchécoslovaquie en 1968 par l'Union soviétique ont été une violation grossière de la souveraineté nationale de ces deux pays et ont affaibli tous les États ouvriers impliqués.

c) L'invasion de l'Afghanistan par les troupes soviétiques à la fin de 1979 a violé la souveraineté nationale de ce pays et y a fait reculer la lutte menée contre la contre-révolution soutenue par l'impérialisme.

---

4. Voir *Lenin's Final Fight, Speeches and Writings, 1922–1923,* Pathfinder, 1995. Le même recueil des discours et écrits de la dernière année de la vie de Lénine a été publié en espagnol par Pathfinder en 1997 sous le titre *La última lucha de Lenin, Discursos y escritos, 1922–1923.*

d) Loin de mettre un terme à l'oppression nationale et de réduire les divisions nationales, les politiques de Moscou — de Staline à Gorbatchev — ont renforcé l'oppression et exacerbé ces divisions. Chaque nouvelle année de répression meurtrière des aspirations nationales a rendu plus explosifs les soulèvements inévitables pour l'autodétermination et l'indépendance.

e) Une fois l'Union soviétique transformée par le stalinisme en l'opposé d'une fédération volontaire des républiques ouvrières et paysannes, son éclatement et sa désintégration de l'intérieur étaient inévitables. Ce processus est devenu une condition préalable à tout nouveau progrès dans la lutte mondiale pour la libération nationale et le socialisme [5].

f) L'oppression par la bureaucratie soviétique des États ouvriers d'Europe centrale et de l'Est, y compris par l'utilisation de la répression policière et de la force militaire, a commencé à voler en éclat en 1989. Il s'agit ici aussi d'une condition préalable pour toute nouvelle avancée de la révolution mondiale.

3. Les communistes et les autres révolutionnaires appuient sans condition le droit à l'autodétermination nationale.

a) Indépendamment de leurs directions initiales, les luttes de masse pour les droits nationaux menées dans les républiques opprimées de l'URSS ne sont pas le

---

5. À la fin de 1990, les anciennes républiques soviétiques avaient toutes déclaré leur souveraineté, mais Moscou n'a reconnu ces déclarations qu'au lendemain du coup d'État avorté d'août 1991. En décembre 1991, toutes ces républiques avaient déclaré leur indépendance. Après la dissolution de l'Union soviétique, 12 des 15 anciennes républiques — les exceptions étant l'Estonie, la Lettonie et la Lituanie — ont formé la Communauté des États indépendants, une confédération régionale peu centralisée et faible.

reflet d'une contre-révolution inspirée par l'impérialisme, mais plutôt des aspirations et des intérêts des travailleurs et des agriculteurs.

b) Étant donné que la continuité communiste en Union soviétique et dans les États ouvriers européens a été brisée, les luttes nationales qui s'y développent ne commenceront pas avec une direction révolutionnaire prolétarienne. Elles se déroulent aujourd'hui avec une direction petite-bourgeoise.

c) Seules la lutte pour le droit à l'autodétermination nationale et sa conquête peuvent ouvrir l'espace pour que se développe une direction communiste des masses travailleuses dans les nations opprimées, pour que reprenne la marche vers l'union volontaire des républiques soviétiques et pour que se forgent des liens avec les luttes anticapitalistes et anti-impérialistes dans le reste du monde.

4. Dans le mouvement révolutionnaire contemporain, le Congrès national africain a suivi un cours révolutionnaire sur la question nationale.

a) L'objectif de l'ANC, qui est présenté dans la Charte de la liberté et que Nelson Mandela défend publiquement avec une grande vision historique, ne vise pas à remplacer l'apartheid par la domination d'une nouvelle majorité nationale (l'ANC n'est pas d'accord par exemple avec l'objectif d'une « domination de la majorité noire »). L'ANC lutte plutôt pour l'établissement d'une république sud-africaine démocratique et non raciale par le biais de la libération nationale, de l'autodétermination et de la formation d'une nation sud-africaine.

b) Ce cours de l'ANC pointe dans une direction qui n'est pas seulement opposée à celle du stalinisme, mais aussi aux limites du nationalisme petit-bourgeois, qui est lui-même le produit d'une réaction aux misleaderships staliniens, ouvriéristes et libéraux du mouvement contre l'apartheid et du mouvement ouvrier. La politique démocratique révolutionnaire de l'ANC se différencie carrément non seulement de l'orientation nationaliste et collaborationniste du mouvement Inkhata de Mangosuthu Buthelezi, mais aussi des perspectives nationalistes petites-bourgeoises étroites du Congrès panafricain (PAC) et de groupes comme l'Organisation du peuple d'Azanie (AZAPO).

5. En dépit du cours initial réactionnaire et désastreux suivi par la direction du Front sandiniste de libération nationale sur la côte atlantique du Nicaragua, le processus d'autonomie initié en décembre 1984 a constitué un pas important dans la lutte contre le racisme et l'oppression nationale des peuples indigènes et des Noirs de ce pays.

a) Une nation nicaraguayenne a commencé à se forger pour la première fois, sur une base volontaire et dans le respect des droits nationaux, ce qui rendait possible de construire une alliance ouvrière et paysanne qui s'étende réellement de la côte pacifique à la côte atlantique.

b) Le potentiel qu'avait le processus d'autonomie de faire progresser et de renforcer la révolution a été dissipé quand la direction du FSLN a commencé à appliquer des politiques économiques et sociales qui ont miné les assises du gouvernement ouvrier et paysan sur la côte atlantique et dans le reste du Nicaragua[6].

---

6. On trouvera une évaluation plus poussée du processus d'autonomie au Nicaragua dans les chapitres « Defend Revolutionary Nicaragua: the Eroding Foundations of the Workers and Farmers Government » dans le neuvième numéro de *New International,* aussi publié en espagnol sous le titre « Defendamos a Nicaragua

6. « Travailleurs et peuples opprimés du monde entier, unissez-vous ! » Ce mot d'ordre lancé par Lénine a résumé la politique communiste internationale d'appui inconditionnel aux luttes de libération nationale contre l'oppression impérialiste.

a) Les régimes staliniens en Union soviétique, en Europe de l'Est et en Chine ont fait l'opposé de cette politique de solidarité internationale et d'assistance matérielle aux luttes de libération nationale en subordonnant ces dernières aux intérêts diplomatiques nationaux des castes et à leur quête incessante de relations stables avec l'impérialisme.

b) Contrairement aux classes dirigeantes impérialistes, les castes n'exploitent pas directement les pays du tiers monde en y exportant des capitaux. Mais elles sont complices de l'exploitation impérialiste par les avantages qu'elles retirent du commerce inégal effectué aux prix du marché mondial.

c) Le Parti communiste de Cuba est la première direction communiste de masse à la tête d'un État ouvrier depuis les bolcheviks à appliquer une approche internationaliste prolétarienne de la lutte pour la libération nationale contre l'oppression et l'exploitation impérialistes.

(1) Poursuivant un cours qui a été le plus clairement expliqué par Che Guevara au nom du gouvernement révolutionnaire dans un discours prononcé en février 1965 à Alger à l'occasion du deuxième Séminaire de solidarité afro-asiatique, les communistes cubains soutiennent que les États ouvriers les plus développés au niveau industriel doivent

---

revolucionaria: la erosión de los cimientos del gobierno obrero y campesino » dans le troisième numéro de *Nueva Internacional.*

consciemment viser à combler le fossé au niveau des conditions économiques et sociales qui les sépare des États ouvriers, des gouvernements ouvriers et paysans et des régimes du tiers monde issus de luttes révolutionnaires populaires[7].

(a) Ils exigent que le commerce avec ces gouvernements *ne* repose *pas* sur les prix de production reflétés dans le marché mondial. Ces prix incorporent et perpétuent le transfert exploiteur de temps de travail des nations opprimées vers les pays impérialistes. Le commerce devrait plutôt prendre en compte les niveaux très différents de productivité du travail qui existent entre ces pays afin de favoriser un développement visant à établir des relations plus équitables.

(b) Ils proposent que les États ouvriers les plus avancés au niveau économique apportent une aide directe visant à stimuler l'industrialisation et le développement économique et social des pays qui font face à l'héritage du pillage impérialiste.

(2) Le gouvernement et le Parti communiste de Cuba ont appliqué cette politique en luttant pour que le bloc commercial que constitue le Conseil

---

7. Ce discours de Che Guevara a été présenté aux représentants de 63 gouvernements africains et asiatiques et de 19 organisations de libération nationale. Voir *Che Guevara and the Cuban Revolution: Writings and Speeches of Ernesto Che Guevara,* Pathfinder, 1987, pour une traduction en anglais. L'original en espagnol a été publié dans Ernesto Che Guevara, *Escritos y discursos,* La Habana, Editorial de Ciencias Sociales, 1985, t. 9. Une traduction en français a été reproduite dans Ernesto Che Guevara, *Écrits d'un révolutionnaire,* Paris, La Brèche, 1987.

d'assistance économique mutuelle (CAÉM ou COMECON) pratique des politiques préférentielles de commerce et de prix avec la Mongolie, le Viêt-nam et Cuba[8].

(a) Le gouvernement et le parti cubains ont soutenu que le CAÉM devait appliquer la même approche vis-à-vis de Grenade, du Nicaragua, de l'Angola et des autres gouvernements établis lors de révolutions populaires victorieuses ou sous le feu de l'impérialisme.

(b) Dans la mesure de ses propres ressources limitées, Cuba elle-même dépêche des volontaires internationalistes dans ces pays et leur procure une aide généreuse pour faciliter leur développement social et économique.

(c) Lorsqu'ils défendent ces politiques, les communistes à Cuba le font en appelant à une action unie pour exiger que l'impérialisme annule la dette du tiers monde ; en appelant à la mise en place d'un nouvel ordre économique mondial qui établisse des rapports d'échange et de troc évitant le transfert du fruit du travail des pays opprimés vers ceux qui sont économiquement

8. Le CAÉM a été fondé en 1949 à l'initiative de Moscou dans le but explicite de coordonner les politiques de commerce et d'investissement de l'Union soviétique et des États ouvriers d'Europe de l'Est. La Mongolie, Cuba et le Viêt-nam ont respectivement adhéré au conseil en 1962, 1972 et 1978. La Yougoslavie n'en a pas été membre, mais a participé à certaines de ses instances. L'Albanie s'en est retirée en 1961. La Corée du Nord et la Chine n'en ont jamais été membres ni partenaires. Le CAÉM a annoncé en janvier 1990 qu'il commencerait à fonctionner sur la base des prix du marché mondial, payables en devises fortes. Il s'est officiellement dissout 18 mois plus tard, en juin 1991.

avancés ; et en appelant à une plus grande justice économique et sociale dans les pays du tiers monde eux-mêmes.

C. Les rationalisations idéologiques staliniennes

1. La caste est incapable de justifier ouvertement ses énormes privilèges face aux inégalités sociales croissantes, ni le pouvoir politique qu'elle a usurpé à la classe ouvrière, ni la répression qu'elle pratique contre cette dernière. Depuis l'époque de Staline, la caste a donc dû avancer des rationalisations idéologiques pour justifier sa domination, sa répression et ses privilèges.

   a) Ces rationalisations ne constituent pas la théorie, ni même l'idéologie d'une classe dominante historique, mais les mystifications et les prétextes pragmatiques et souvent changeants du cours anti-ouvrier de la caste.

   b) Ces rationalisations constituent un nouveau révisionnisme, que les communistes ont appelé dans les années 30 la « deuxième vague du menchevisme [9] ».

---

9. Affiliés à l'Internationale socialiste, les mencheviks étaient un parti prônant et pratiquant la collaboration de classe en Russie et qui a rompu avec le programme marxiste et les principes organisationnels révolutionnaires des bolcheviks au début du vingtième siècle. Pendant la première guerre mondiale, les mencheviks se sont opposés au cours des bolcheviks visant à utiliser la crise provoquée par la guerre pour faire progresser le renversement révolutionnaire du régime tsariste. Quelques mencheviks influents ont ouvertement appuyé les politiques de guerre du gouvernement des capitalistes et des propriétaires fonciers et appelé à la victoire de l'armée russe et de ses alliés impérialistes. Les mencheviks se sont activement opposés à la révolution d'octobre 1917 dirigée par les bolcheviks et ont participé à l'attaque de la contre-révolution contre la république ouvrière et paysanne au cours de la guerre civile de 1918-1920.

2. Dans un effort pour justifier l'étouffement de la démocratie soviétique, la caste en Union soviétique a conservé le terme « soviets » tout en vidant ces organes de leur contenu révolutionnaire et de classe. Elle a transformé les soviets d'organes du pouvoir politique de la classe ouvrière et de ses alliés en instruments servant à consolider le pouvoir et les privilèges de la caste bureaucratique.

a) C'était là un objectif central de la constitution soviétique de 1936 et de tous les amendements qui y ont été apportés par la suite. Celle-ci a proclamé que le socialisme avait déjà été établi et qu'il n'y avait donc plus ni classes, ni divisions de classe, ni lutte de classe en URSS.

b) C'est le contraire qui est vrai. La bourgeoisie a été expropriée, mais la différenciation sociale et le conflit entre les classes demeurent :

(1) Le développement de la nomenklatura héréditaire au sein de l'État et de l'appareil du parti.

(2) La croissance de couches de professionnels et d'intellectuels petits-bourgeois privilégiés.

(3) Les différences énormes entre la ville et la campagne, ainsi qu'entre la Russie et les autres républiques.

(4) L'existence de nations et de nationalités oppressives et opprimées.

(5) Les inégalités sociales et économiques entre les sexes, perpétuées par des politiques qui maintiennent sans nécessité les responsabilités et les tâches domestiques des femmes.

(6) Et l'existence partout de couches de travailleurs et de paysans — les uns mieux et les autres moins bien nantis.

c) Sous prétexte qu'une société sans classe existe, la constitution soviétique donne à la démocratie soviétique la forme d'une démocratie parlementaire bourgeoise « de tout le peuple », vide et frauduleuse.

(1) Ce voile a servi à masquer le resserrement du pouvoir bonapartiste de la caste.

(2) Depuis la fin des années 20, la caste a gouverné en se servant de la police secrète et de l'appareil du Parti communiste dégénéré. Lorsque nécessaire, elle a utilisé la terreur et la répression sanglante à une échelle de masse inconnue jusqu'alors dans l'histoire de l'humanité.

(3) À cause de l'affaiblissement du régime stalinien depuis des décennies, Mikhaïl Gorbatchev met en oeuvre de nouvelles méthodes visant à asseoir le pouvoir bonapartiste sur de nouvelles fondations. Celles-ci comprennent :

(a) L'établissement de son poste de président de l'Union soviétique, doté des pouvoirs exécutifs les plus importants jamais codifiés et institutionnalisés dans la loi.

(b) Le déclassement de l'appareil du parti et du poste de « secrétaire général » du parti.

(c) Et le remplacement de nombreux pouvoirs du politburo du parti par ceux du cabinet du président, trié sur le volet [10].

3. Les staliniens prétendent à tort que le « système de parti unique » et l'interdiction des tendances et des factions politiques sont des principes organisationnels léninistes.

---

10. Gorbatchev a été élu secrétaire général du Parti communiste en 1985. En 1988, il a fait apporter des changements à la constitution soviétique qui ont renforcé le poste de président, auparavant une fonction d'État en grande partie décorative et occupée par des individus moins connus. Gorbatchev a été élu président en 1989 tout en conservant son poste de secrétaire général du parti.

a) Cette affirmation ne correspond pas à l'histoire des cinq premières années de la république soviétique sous la direction des bolcheviks. Il s'agit d'une rationalisation apparue après la victoire de la faction stalinienne.

(1) Elle justifie l'interdiction *permanente* des factions et des tendances en s'appuyant sur une décision prise par le dixième congrès du Parti communiste soviétique en 1920. Mais les bolcheviks ont explicitement interdit les factions à ce moment-là comme une mesure temporaire face aux conditions extrêmes qui prévalaient à la fin de la guerre civile, quand l'alliance ouvrière et paysanne et la direction du Parti communiste de la classe ouvrière étaient alors toutes les deux menacées et qu'une insurrection ouverte était en train d'éclater dans plusieurs parties de la république soviétique.

(a) Cette décision avait pour but de stopper le factionnalisme qui déchirait le parti sous l'impact de ces pressions.

(b) À l'époque de Lénine, l'interdiction temporaire des factions n'a jamais empêché ou arrêté la discussion orale ou écrite, non plus que les débats organisés au sein de la direction et parmi les membres du Parti communiste soviétique.

(2) En 1921, les bolcheviks étaient le seul parti dans les soviets des députés des travailleurs, des paysans et des soldats qui ne s'était pas rallié à la contre-révolution ouverte et qui n'avait pas été interdit pour cette raison. Mais ni Lénine, ni le Parti communiste soviétique, ni le Comintern lorsqu'il était dirigé par Lénine n'ont jamais présenté le « système de parti unique » comme un principe de pouvoir prolétarien.

b) Les staliniens dénaturent les principes du centralisme révolutionnaire en effectuant de manière cynique des « généralisations » frauduleuses à partir de l'histoire de la république soviétique sous Lénine.

(1) Ils interdisent tout courant de pensée organisé dans le parti et rejettent tout appel à la discussion et à la clarification sous prétexte qu'il s'agit de « factionnalisme », d'une « source de discorde » ou d'une « aide à l'ennemi de classe ».

(2) Ils caractérisent tout parti autre que le PC soviétique de contre-révolutionnaire par définition et consacrent le monopole politique du Parti communiste stalinisé dans la constitution de l'État.

(3) Ils prétendent que les classes ont été éliminées, que le socialisme a été instauré et que la lutte des classes a pris fin, sauf par le biais de la subversion impérialiste. En conséquence :

(a) Les opposants communistes et révolutionnaires au régime sont qualifiés de « destructeurs trotskistes », de « membres de la cinquième colonne », d'« agents impérialistes » — ou des trois à la fois. Ils sont persécutés, emprisonnés et assassinés.

(b) Toutes les luttes des travailleurs contre les résultats intolérables du régime sont considérées comme des expressions de la contre-révolution impérialiste.

(c) « Calomnier l'État socialiste » devient un crime dans le code pénal [11].

---

11. « Calomnier l'État ou le système social soviétique » était illégal en vertu de l'article 190-1 du code criminel.

(*d*) La censure et la falsification de l'histoire sont institutionnalisées dans tous les aspects de la vie sociale, politique et culturelle.

(*e*) Et les travailleurs et les paysans sont chassés de la politique, puisque tous leurs efforts pour prendre des initiatives, discuter de la voie à suivre ou corriger des erreurs se heurtent à l'hostilité et la répression de l'appareil. La classe ouvrière finit par devenir plus dépolitisée et socialement atomisée qu'elle ne l'était même sous le tsarisme.

(4) Contrairement aux rationalisations de la caste, ses politiques n'aident pas la défense des États ouvriers contre l'impérialisme.

(*a*) Elles détruisent la solidarité de classe et la confiance politique des travailleurs en eux-mêmes en provoquant la peur et en affaiblissant ainsi la défense des conquêtes de la révolution d'octobre.

(*b*) Leur seule fonction est de maintenir les appareils de l'État et du parti comme des instruments servant les intérêts de la caste.

4. Pour justifier « scientifiquement » l'accroissement des inégalités sociales, les staliniens présentent les normes bourgeoises de distribution du revenu comme des « normes socialistes de distribution » qu'il faut maintenir.

a) Ils prétendent avoir établi une « société sans classe » tout en déclarant du même souffle que le recours à la loi de la valeur non seulement persiste, mais en fait se *développe* sous le socialisme.

b) Cette « découverte » a été codifiée dans la brochure de Staline de 1952, *Les problèmes économiques du socialisme en URSS,* et a servi depuis de base aux manuels économiques staliniens et aux « théories de la transition au socialisme ».

c) Dans la lutte qu'il a menée avec Fidel Castro pendant les premières années de la révolution cubaine pour appliquer un cours communiste, Che Guevara a polémiqué contre cette distorsion du marxisme, cette tentative de faire de la construction du socialisme une tâche d'administrateurs s'appuyant sur des lois et des mécanismes aveugles, alors qu'il s'agit d'une tâche politique et révolutionnaire de la classe ouvrière qui s'appuie sur l'élévation de son niveau de conscience et d'activité politique [12].

5. Cet ensemble de justifications idéologiques, changeantes et pragmatiques, des pratiques d'une caste sociale privilégiée est l'expression de l'effet cumulatif de décennies de corruption du communisme et du marxisme faite au nom du communisme et du marxisme.

a) L'idéologie stalinienne désoriente et méséduque les combattants révolutionnaires.

(1) La caste a utilisé son pouvoir d'État, ses énormes ressources et son appareil répressif pour ériger

12. Voir les articles de Che Guevara publiés dans la deuxième section du recueil des éditions Pathfinder, *Che Guevara and the Cuban Revolution,* de même que ses deux articles « Sur la conception de la valeur » et « La signification de la planification économique », publiés en anglais dans le huitième numéro de *New International* et en espagnol dans le deuxième numéro de *Nueva Internacional.* Voir aussi « La politique de l'économie : Che Guevara et la continuité marxiste » de Jack Barnes et Steve Clark, ainsi que les autres articles publiés dans les mêmes numéros de ces deux revues. Voir enfin la deuxième édition en français du livre *Che Guevara : l'économie et la politique dans la transition au socialisme* de Carlos Tablada, Pathfinder, 1999. On trouvera une traduction en français des deux articles de Che Guevara dans Ernesto Che Guevara, *Écrits d'un révolutionnaire,* Paris, La Brèche, 1987.

des falsifications de l'histoire et de la théorie en canon de l'« orthodoxie marxiste-léniniste ».

(2) Elle a monopolisé la production et la distribution des livres, des manuels et des journaux et l'établissement d'écoles de cadres, d'instituts de recherche, etc. Ces institutions ont été la principale source de « formation marxiste » non seulement en Union soviétique, en Europe de l'Est, en Chine et dans les partis appuyant Moscou à travers le monde, mais aussi à Cuba, à Grenade et au sein de nombreuses organisations de libération nationale dans le monde colonial et semi-colonial.

b) La présentation de la réalité sociale sous la domination bureaucratique comme étant le « socialisme réellement existant » est une expression de la corruption qui règne dans les partis staliniens et parmi les autres « amis de l'Union soviétique », qui sont attirés par le pouvoir — et par les privilèges et avantages qui lui sont associés — et non par les principes du communisme et de l'internationalisme.

c) En conséquence, des millions de travailleurs dans les États ouvriers et dans le reste du monde en sont venus à identifier le communisme non pas à la généralisation de la marche historique des travailleurs vers leur libération, mais aux justifications idéologiques des privilèges et des politiques haïes d'une caste oppressive. Tout est transformé en son contraire.

(1) L'« internationalisme prolétarien » a été transformé en ce qui sert le mieux les intérêts de caste du gouvernement soviétique, y compris l'invasion d'autres États ouvriers, au lieu d'être la lutte mondiale pour la libération nationale et le socialisme, qui comprend la défense des États ouvriers.

(2) La caste a transformé le « travail volontaire », de travail librement consenti pour développer les besoins sociaux collectifs, en heures supplémentaires obligatoires non payées qui servent à remplir encore plus l'auge dans laquelle elle se gave.

(3) Le « centralisme révolutionnaire » a été converti, d'une arme utilisée par les cadres confiants, critiques, formés et disciplinés de partis prolétariens, en monolithisme bureaucratique pour obtenir la soumission au cours contre-révolutionnaire de la bureaucratie de partis petits-bourgeois.

(4) La caste a transformé Marx, Engels et Lénine en icônes. Elle leur a érigé des statues, des bustes et des décorations (et même une momie dans le cas de Lénine) dans le but de légitimer, glorifier et mystifier le pouvoir qu'elle a usurpé. On les « lit » dans des manuels. On ne les étudie jamais dans leur totalité, sans « interprétation ». Les travailleurs en viennent à rendre les fondateurs et les géants du marxisme en partie responsables de l'oppression qui les écrase.

(a) Le communisme a subi un coup lorsque la caste a érigé ces idoles, pas quand les travailleurs les ont détruites en tant que symboles détestés de la tyrannie en Europe centrale et de l'Est.

(b) Les travailleurs et les agriculteurs des États ouvriers ne trouveront pas le chemin qui les mènera à Marx, Engels et Lénine dans les manuels staliniens ou dans les interprétations « critiques » de l'histoire faites par Gorbatchev et ses partisans. Ils y arriveront dans la lutte révolutionnaire chez eux et ailleurs dans le monde. C'est dans la lutte qu'une

direction communiste émerge et qu'elle est mise à l'épreuve des combats de classe.

d) Quand Gorbatchev et d'autres dirigeants de « partis communistes » prennent leurs distances de Marx, d'Engels, de Lénine et du communisme, quand ils rejettent ouvertement la lutte des classes comme moteur du développement historique et la dictature du prolétariat comme sa fin nécessaire, il s'agit d'un développement positif pour la révolution mondiale.

(1) Ce développement permet aux combattants d'avant-garde et aux révolutionnaires de renverser les obstacles et les mystifications créés par des décennies de désorientation et de trouver une façon de renouer avec la continuité du communisme.

(2) Il permet d'ouvrir un espace pour la discussion et le débat et de commencer à se libérer de décennies de mensonge, de confusion et de falsification.

6. Les rationalisations idéologiques cachent la réalité de la machine à tuer de la caste bureaucratique dans le monde.

a) Parmi les cibles du banditisme et du gangstérisme staliniens, il y a eu les millions d'ouvriers et de paysans et les centaines de milliers de révolutionnaires assassinés en Union soviétique. Il y a eu de petits noyaux de communistes comme le SWP et d'autres ailleurs, qui ont continué à lutter ensemble pour faire progresser les intérêts de la classe ouvrière internationale (plusieurs d'entre eux ont été assassinés, dont Léon Trotsky). Il y a eu les nombreux travailleurs et paysans révolutionnaires assassinés pendant la guerre civile espagnole à cause de leur opposition à la trahison de cette révolution par Moscou et ses partisans. Et il y en a eu beaucoup d'autres encore.

b) Ces méthodes criminelles ont encore cours (par exemple, le massacre de millions de personnes par Pol Pot au Cambodge, l'assassinat de Maurice Bishop et d'autres révolutionnaires à Grenade par la faction de Bernard Coard, le meurtre de la commandante Ana María par les partisans de Salvador Cayetano Carpio dans le FMLN au Salvador et les méthodes de la direction du Sentier lumineux au Pérou).

c) Le mouvement stalinien est moins capable aujourd'hui d'utiliser impunément de telles méthodes.

(1) Ce qui a changé, c'est le rapport de force entre les classes, qui rend impossible d'utiliser de telles méthodes à une échelle comparable à celle des années 30 et 40.

(2) Ce qui n'a pas changé, c'est la nature du stalinisme et de ses adeptes. S'ils sont acculés au mur, ils utiliseront ces méthodes autant qu'il leur sera possible de le faire impunément [13].

---

13. Après la chute du régime de Gorbatchev en Union soviétique à la fin de 1991, le mouvement stalinien déjà affaibli s'est désintégré en tant que force dans la politique mondiale. Avec le dépérissement, les scissions et parfois l'effondrement total des partis staliniens, on a vu se désagréger le mortier de la collaboration de classe et des fronts populaires qui avait cimenté la « gauche » — ce qui inclut sociaux-démocrates, libéraux et radicaux petits-bourgeois de diverses couleurs. Il devient plus difficile aujourd'hui pour les courants petits-bourgeois d'ériger des obstacles factionnels visant à empêcher les révolutionnaires de travailler ensemble ou de participer dans des coalitions d'action ou des fronts unis plus larges. Ainsi se termine une période de plusieurs décennies pendant laquelle la grande majorité des travailleurs et des jeunes révolutionnaires attirés par les idées communistes ont fini par être gagnés à une *contrefaçon* du communisme qui les a détruits en tant que révolutionnaires.

D. La planification et la gestion bureaucratiques de la caste dans les États ouvriers dégénèrent inévitablement vers un système pire que le capitalisme

1. Dans un État ouvrier déformé et dégénéré, le taux de croissance de la productivité du travail atteint un plateau et ralentit vers la stagnation économique et une crise inévitable, malgré une urbanisation et une industrialisation initiales relativement rapides — plus l'économie est rurale au point de départ, plus cette période peut être longue.

a) Il s'agit d'une loi du développement de ces États, démontrée à la fois par l'expérience de l'Union soviétique et de l'Europe de l'Est[14].

b) Non seulement ces régimes n'atteindront jamais la productivité du travail et le niveau de vie des pays capitalistes les plus avancés au niveau industriel, mais ils vont continuer à perdre de plus en plus de terrain.

2. Même sous la domination stalinienne, ces États ouvriers ont pu assurer pendant plusieurs décennies l'industrialisation et l'urbanisation de pays relativement arriérés au niveau économique.

a) Cette croissance a été en grande partie accomplie en utilisant la propriété nationalisée, la planification centralisée et le monopole du commerce extérieur issus de l'expropriation de la bourgeoisie pour accomplir en une période de temps plus courte ce que la bourgeoisie a historiquement réalisé par

---

14. Par exemple, le taux de croissance économique annuel moyen en Union soviétique a atteint un sommet d'environ 6 pour cent dans les années 50 et a ralenti de manière continue jusqu'à atteindre un point de déclin absolu en 1989, juste avant que le régime stalinien ne s'effondre.

le biais de ce que Marx a appelé l'« accumulation primitive » du capital :

(1) En transférant une force de travail excédentaire de la campagne vers la ville pour y travailler dans les manufactures et la construction.

(2) En maintenant le niveau de vie de la paysannerie le plus bas possible et en freinant la modernisation de l'agriculture de manière à financer l'industrialisation (en Allemagne et en Tchécoslovaquie, la caste a pu s'appuyer sur une infrastructure industrielle déjà développée, héritée du capitalisme).

(3) En construisant une infrastructure de base dans les secteurs de l'électricité, des transports et des communications.

(4) Et en ouvrant de nouvelles terres à l'agriculture, à l'extraction minière et à l'exploitation forestière.

b) Le recours à de telles méthodes a permis à ces régimes de favoriser une croissance relativement rapide de la production industrielle.

(1) Sans cycle économique capitaliste (l'expropriation de la bourgeoisie a supprimé la domination des prix de production établis par la concurrence entre capitaux industriels), l'Union soviétique a continué à élargir sa production industrielle tout au long de la grande dépression des années 30.

(2) Ce fait a donné naissance à une autre justification du cours poursuivi par la bureaucratie soviétique : « Staline a industrialisé un pays arriéré et en a fait la deuxième puissance industrielle du monde. Sans ce cours et malgré ses excès regrettables, l'Union soviétique n'aurait pas pu survivre

à l'agression de l'impérialisme allemand pendant la seconde guerre mondiale. »

c) Mais même pendant cette période de croissance considérable, les méthodes bureaucratiques de gestion et de planification ont freiné le développement. Elles ont détruit l'initiative ouvrière au lieu de l'encourager. Elles ont empêché le développement d'attitudes communistes vis-à-vis du travail.

(1) De plus, cette période a été marquée par la collectivisation forcée brutale de la paysannerie, qui a empêché irrémédiablement de moderniser l'agriculture. La collectivisation forcée a détruit l'alliance ouvrière et paysanne, qui ne peut reposer que sur la participation croissante — et nécessairement volontaire — des travailleurs et des paysans exploités aux prises de décision économiques et politiques.

(2) Sans approfondir la conscience communiste, sans accroître la gestion et le contrôle ouvriers et sans renforcer l'alliance ouvrière et paysanne, il est impossible de réorganiser le travail, de moderniser la production dans l'industrie et l'agriculture et de produire des biens de qualité au cours de la transition du capitalisme au socialisme.

(3) Mais c'est ce que rejette avec horreur la couche des administrateurs et des technocrates au sein de la caste parce que cela menace le monopole du pouvoir et la division sociale du travail sur lesquels reposent leurs privilèges.

d) Les limites étroites de la planification bureaucratique étaient déjà évidentes à la fin des années 30 avec le ralentissement de la croissance en URSS. Mais la victoire de l'Union soviétique contre l'agression impérialiste pendant la deuxième guerre mondiale et le caractère des tâches économiques plus primitives posées par la reconstruction d'après-guerre ont donné un nouveau sursis au régime. Le début de la crise des régimes staliniens a été de nouveau annoncé sous Nikita Khrouchtchev au début des années 60 et s'est aggravé par à-coups de plus en plus rapprochés depuis ce temps. Cette crise est irréversible.

(1) Bien qu'elles aient conduit à des améliorations temporaires dans certains secteurs, les « réformes de marché » et les réorganisations de l'agriculture réalisées sous Khrouchtchev et pendant les premières années de la période de Léonid Brejnev non seulement n'ont pas renversé le déclin général, elles ont fini par accélérer la crise, avec des conséquences catastrophiques pour les conditions de vie de la population laborieuse.

(2) Les politiques initiées dans le cadre de la perestroïka de Gorbatchev ont empiré les conditions économiques et sociales et vont dans l'ensemble continuer à le faire.

(a) La perestroïka n'est pas un plan ou un programme. C'est la réponse pragmatique d'une section de la caste à la crise de la domination bureaucratique.

(b) Ce qui frappe, ce n'est pas le caractère radical de la perestroïka. Ce sont les limites imposées au gouvernement par la réponse des travailleurs. Après trois ans, le régime n'a encore mis en oeuvre aucune des mesures centrales proposées par les « planificateurs de la perestroïka[15] ».

---

15. Depuis les premières années de la révolution russe, les travailleurs avaient payé des prix modiques pour le loyer, le pain et

(3) Les « réformes de marché » et les plans semblables mis en oeuvre dans les États ouvriers d'Europe centrale et de l'Est ont le même caractère pragmatique et se heurtent aux même valeurs sociales et aux mêmes attentes profondes parmi la classe ouvrière et les masses travailleuses.

(4) Une crise semblable est également inévitable en Chine et au Viêt-nam, mais celle-ci y est cependant moins aiguë aujourd'hui malgré les niveaux de développement économique et de vie beaucoup plus bas qui prévalent dans ces pays. À cause du poids de l'agriculture et de la grandeur de la population rurale de ces pays, les méthodes qui ont initialement stimulé l'urbanisation et l'industrialisation

---

d'autres produits de première nécessité et s'étaient vus garantir un emploi. Il s'agissait là de gains que les régimes staliniens successifs n'ont pas cherché à fondamentalement renverser, dans l'espoir de prévenir toute remise en question de leur autorité. En juin 1987, Gorbatchev a lancé son appel à la perestroïka, qui signifie « reconstruction » en russe. « Une réforme radicale de la structure des prix constitue la plus importante composante de la révision économique, » a-t-il dit. Mais en 1990, confronté à la perspective d'une agitation ouvrière, aux premières grèves depuis des années par les mineurs et par d'autres travailleurs ainsi qu'à des protestations de rue importantes, Gorbatchev a refusé d'aller de l'avant avec des hausses de prix et des licenciements dans les entreprises d'État qui avaient déjà été annoncés. « Vos cris d'alarme nous ont atteints, » a-t-il déclaré à des travailleurs lors d'une visite d'usine en avril 1990. En avril 1991, quand le régime a finalement annoncé un plan pour augmenter le prix des aliments et d'autres produits de base, Gorbatchev a en même temps déployé des patrouilles conjointes de l'armée et de la police dans plus de 400 villes et a appelé à interdire les grèves et les manifestations. Les augmentations de prix ont finalement été mises à exécution par le président russe Boris Eltsine en janvier 1992, après la démission de Gorbatchev.

des autres États ouvriers déformés et dégénérés n'y ont pas encore été épuisées.

3. Le stalinisme n'est pas une forme déformée et très mauvaise de socialisme ou de communisme. Il en est la négation contre-révolutionnaire. La crise qui s'approfondit dans les États ouvriers soviétique et d'Europe de l'Est montre le danger :

a) De confondre stalinisme et communisme.

b) D'attribuer les gains de la dictature du prolétariat à ceux qui l'ont trahie.

c) Ou de confondre les fondements économiques irremplaçables des États ouvriers avec ce qui est en fait le résultat inévitable de dizaines d'années de sabotage par les couches parasitaires en expansion et leurs régimes bonapartistes.

E. Des régimes de crise permanente dans les États ouvriers déformés

1. À la fin des années 30, l'évolution de l'État ouvrier soviétique dominé par la caste et celle de la politique stalinienne en Union soviétique et dans le monde avaient :

a) Rendu inévitable le déclenchement de la deuxième boucherie impérialiste mondiale en organisant une série de défaites désastreuses pour les travailleurs et les agriculteurs. On peut mentionner en particulier :

(1) Le cours factionnel et brutal poursuivi en Allemagne sous la direction de Staline par le Comintern et le Parti communiste vis-à-vis des membres du Parti social-démocrate — un cours qui, sous le prétexte gauchiste de combattre le « social-fascisme », a en réalité pavé la voie au triomphe du fascisme en 1933 en empêchant toute possibilité de voir un front uni ouvrier organiser la résistance armée.

(2) La promotion et l'appui donnés par le Comintern au gouvernement de collaboration de classe du Front populaire en France (1936-1938), qui a démobilisé la vague d'occupations d'usine et de luttes ouvrières de cette époque et qui a préparé le terrain pour le bonapartisme capitaliste et la défaite écrasante du mouvement ouvrier.

(3) La division des forces ouvrières révolutionnaires et l'assassinat de travailleurs et de jeunes antifascistes pendant la guerre civile en Espagne, ce qui a ouvert la voie à la prise du pouvoir par Franco au début de 1939.

(4) Et le pacte Hitler-Staline d'août 1939, à la suite duquel Moscou a organisé le massacre de communistes et de travailleurs révolutionnaires polonais et allemands. Ce geste a politiquement désorienté les travailleurs d'avant-garde qui faisaient toujours confiance à l'Union soviétique et a ainsi ouvert la voie à l'invasion de l'URSS par l'impérialisme allemand en juin 1941.

b) Remis en question la survie des conquêtes de la révolution d'octobre à cause :

(1) Des conséquences désastreuses de la collectivisation forcée.

(2) Du renversement de la politique léniniste sur la question nationale.

(3) De la terreur d'État croissante contre les travailleurs et les paysans (dont l'assassinat direct de millions d'entre eux).

(4) Des purges sanglantes, y compris du haut commandement militaire soviétique, effectuées à la veille de l'invasion de l'Union soviétique par l'impérialisme allemand.

c) Dispersé, démoralisé, corrompu et assassiné une section suffisamment grande de l'avant-garde ouvrière à travers le monde pour empêcher le développement de partis révolutionnaires de masse sous une direction communiste. En conséquence, lors du déclenchement de la deuxième guerre mondiale, il n'y avait pas un seul courant communiste digne de ce nom nulle part dans le monde en dehors des noyaux de révolutionnaires prolétariens qui avaient dit « non » au renversement du léninisme et avaient survécu aux assassins de Staline dans quelques pays.

2. Cette dégénérescence du premier État ouvrier et de l'Internationale communiste a introduit de nouveaux aspects complexes dans la marche de la classe ouvrière, ce qui a amené les noyaux communistes qui ont survécu hors de l'URSS à sentir le besoin de généraliser les leçons de ces nouveaux développements historiques en les incorporant dans la continuité de la théorie marxiste afin de guider leur activité révolutionnaire [16].

a) Le stalinisme est complètement contre-révolutionnaire. Il n'a pas un gramme de contenu révolutionnaire ou prolétarien.

b) Le régime dominé par la caste petite-bourgeoise fonctionne de manière contradictoire.

---

16. On trouve la présentation la plus complète et la plus systématique de ces conquêtes théoriques dans deux ouvrages de Léon Trotsky : *La révolution trahie* et *Défense du marxisme.* Ces deux livres ont été publiés en anglais et en espagnol par les éditions Pathfinder : en anglais, sous les titres de *The Revolution Betrayed* et de *In Defense of Marxism* ; et en espagnol, sous ceux de *La revolución traicionada* et de *En defensa del marxismo. La révolution trahie* a été publiée en français par les éditions de Minuit.

(1) La caste cherche par ses propres méthodes et pour ses propres raisons à défendre l'État ouvrier, qui est la source de ses privilèges matériels.

(2) Mais ses méthodes contre-révolutionnaires affaiblissent gravement l'État ouvrier et garantissent un régime de crise.

c) La contre-révolution stalinienne trahit et corrompt l'État ouvrier. Mais elle ne peut le renverser.

(1) Pour pouvoir réimposer des relations de production capitalistes stables, l'impérialisme doit réaliser une contre-révolution capable de renverser complètement les assises de la propriété d'État.

(2) Des sections de la bureaucratie même résistent au renversement des rapports de propriété nationalisés.

(a) Les membres de la caste imitent le style de vie bourgeois et promeuvent les valeurs bourgeoises. Mais ils ne peuvent savoir lesquels d'entre eux, s'il y en a, deviendront les propriétaires si la propriété capitaliste remplace la propriété d'État.

(b) Ce qui est encore plus important, c'est qu'ils appréhendent la résistance massive des travailleurs aux conséquences sociales des mesures visant à restaurer le capitalisme.

(3) La classe ouvrière est le seul défenseur conséquent de l'État ouvrier et des conquêtes d'octobre et la seule force capable de les régénérer.

(a) Il faudra de grandes confrontations avec la classe ouvrière pour réimposer la prédominance de rapports de propriété capitalistes stables, démanteler le monopole de l'État sur le commerce extérieur et mettre fin à la planification centralisée.

(b) Ces confrontations se prépareront lorsque les travailleurs commenceront à résister à l'augmentation du chômage, à l'accélération de l'inflation, aux réductions du salaire social et à l'accroissement de l'inégalité sociale. Ce sont là les conséquences inévitables du recours accru par la caste aux méthodes capitalistes et de l'intégration croissante des États ouvriers dans l'économie mondiale en crise, avec ses cycles économiques et ses dépressions.

(c) Ces conséquences économiques et sociales se manifesteront dans les États ouvriers bien avant que la lutte pour rétablir la suprématie des prix de production capitalistes ne commence et ne soit tranchée.

(d) Il est impossible de restaurer le capitalisme sans vaincre la classe ouvrière dans des batailles contre-révolutionnaires sanglantes [17].

---

17. Loin d'évoluer vers des relations sociales capitalistes stables, les régimes en Russie et ailleurs dans l'ancienne Union soviétique et en Europe centrale et de l'Est ont été plongés depuis 1990 dans une crise économique et sociale. La production a chuté dans ces pays pendant huit années consécutives, à un taux annuel de plus de 20 pour cent dans certains cas. Ce n'est qu'en 1997 qu'il y a eu pour la première fois une modeste, bien qu'inégale, croissance économique nette de 1,7 pour cent dans l'ensemble de la région. Mais à la fin de 1997, la production n'atteignait toujours qu'environ 50 pour cent du niveau de 1990 en Russie et dans les autres anciennes républiques de l'URSS. En Russie, les investissements de capitaux ont chuté de 90 pour cent durant cette période et les troupeaux de bétail, de 75 pour cent. Dans la première moitié de 1998, les réverbérations de la crise en Asie ont ébranlé la région.

Près de la moitié de la population en Russie vit sous le seuil de pauvreté (défini comme un revenu inférieur à 120 $ US par mois). Et selon un rapport des Nations unies de 1997, un tiers de

d) Les pronostics découlant de cette analyse scientifique du stalinisme et de la dynamique de classe des États ouvriers déformés et dégénérés ont maintenant été entièrement mis à l'épreuve de l'histoire. En 1990, nous pouvons réaffirmer que les expériences récentes du mouvement ouvrier mondial ont confirmé et enrichi nos conquêtes stratégiques et programmatiques.

3. Au lendemain de la deuxième guerre mondiale, des révolutions anticapitalistes ont conduit à l'établissement de nouveaux États ouvriers.

a) Dans la période précédant la deuxième guerre mondiale, le Parti socialiste des travailleurs et ses copenseurs au niveau international prévoyaient que :

(1) Si la révolution ne s'étendait pas au cours et à la suite de la guerre, l'État ouvrier soviétique ne survivrait pas à l'attaque de l'impérialisme.

---

la population de l'ensemble de la région, soit 120 millions de personnes, doit se débrouiller avec moins de 4 $ par jour. L'espérance de vie en Russie a chuté chez les hommes de 64 ans en 1990 à 57 ans en 1995 et de 74 à 72 ans chez les femmes. Depuis 1985, le taux de natalité en Russie a été réduit de moitié, ce qui s'est traduit par un déclin de la population de près d'un million de personnes par année. Bien que moins dramatique, un déclin semblable de la santé et de l'espérance de vie s'est produit dans l'est de l'Allemagne, en Azerbaïdjan, en Bulgarie, en Lettonie et en Roumanie.

Le chômage a doublé en Russie selon des données officielles qui atténuent son ampleur, passant à près de 10 pour cent au milieu de 1998. Il dépassait 10 pour cent en Bulgarie, en Hongrie, en Pologne, dans la République slovaque et ailleurs. Et environ 40 pour cent des travailleurs en Russie n'ont pas été payés pendant des semaines ou des mois — avec des arriérés de salaire totalisant 11 milliards de dollars au milieu de 1998. Cette situation a conduit à une vague de grèves qui a commencé au milieu de 1998, impliquant entre autres des mineurs, des cheminots et des travailleurs des champs de pétrole.

(2) Et l'extension de la révolution et la défense victorieuse de l'État ouvrier balayeraient la caste dans un soulèvement révolutionnaire, rétabliraient une direction communiste en Union soviétique et ouvriraient la porte à une internationale révolutionnaire renouvelée.

b) Des crises révolutionnaires et une extension de la révolution socialiste ont bien eu lieu à la suite de la guerre, mais d'une façon plus complexe et contradictoire que ne l'avaient prévue les communistes.

(1) Malgré le cours contre-révolutionnaire du régime stalinien, les travailleurs et les paysans de l'Union soviétique ont défendu avec succès l'État ouvrier et ont repoussé l'attaque de l'impérialisme allemand. Ils l'ont fait en payant un tribut très lourd en vies humaines et en sacrifices matériels.

(2) Malgré le triomphe qu'il a remporté dans la guerre contre ses rivaux impérialistes, Washington n'a pu utiliser ses troupes pour lancer une nouvelle action militaire contre l'Union soviétique ou pour contrer les coups révolutionnaires portés au capitalisme en Europe de l'Est et en Chine. Au cours de la seconde moitié de la guerre elle-même, on a assisté à une reprise des luttes par les mineurs de charbon membres de l'UMWA et par d'autres travailleurs contre l'engagement à ne pas faire grève et contre le gel des salaires, de même que des luttes contre la discrimination raciste dans les industries de guerre. Ces luttes :

(a) Se sont appuyées sur l'expérience des batailles ouvrières des années 30 qui avaient construit le CIO comme un mouvement social.

(b) Ont explosé au lendemain de la guerre dans une vague de grèves qui s'est poursuivie jusqu'au début de 1947.

(c) Et ont stimulé ce qui est devenu au milieu des années 50 une lutte prolétarienne de masse contre le système discriminatoire dit de Jim Crow et pour les droits civils des Noirs.

(3) À la fin des années 40 et durant la première moitié des années 50, les rapports de propriété capitalistes ont été renversés en Yougoslavie, ailleurs en Europe centrale et de l'Est, en Corée du Nord, en Chine et par la suite au Viêt-nam du Nord. Ces transformations ont eu lieu sous la domination de directions staliniennes et non pas révolutionnaires.

(4) L'affaiblissement de l'impérialisme et son incapacité de renverser l'État ouvrier soviétique ont conduit vers de nouveaux sommets les luttes de libération et d'indépendance nationales en Asie, en Afrique et dans les Amériques.

(5) Les misleaderships staliniens et sociaux-démocrates, dont la domination sur le mouvement ouvrier de l'Europe d'après-guerre résultait des défaites historiques subies au cours des deux décennies précédentes, ont empêché de se produire de nouvelles victoires socialistes alors possibles à ce moment-là en France, en Italie et ailleurs en Europe de l'Ouest impérialiste. Ceci a donné aux dirigeants capitalistes la marge de manoeuvre dont ils avaient besoin pour éliminer les conditions qui auraient permis à de petits noyaux communistes de devenir des partis ouvriers révolutionnaires de masse dans ces pays.

c) Ce résultat de la guerre a eu pour conséquence de retarder la crise de la caste soviétique et des castes nouvellement formées en Europe de l'Est. De plus, les staliniens ont temporairement regagné une partie de leur crédibilité politique en se plaçant à la tête de plusieurs révolutions ouvrières et paysannes (Yougoslavie, Chine, Viêt-nam) et de tous les nouveaux États ouvriers en formation.

d) Nous, les communistes, sommes demeurés convaincus politiquement que la survie de l'État ouvrier soviétique, l'extension des rapports de propriété prolétariens et le progrès de la révolution coloniale affaibliraient l'emprise du stalinisme et ouvriraient de nouvelles avenues pour l'émergence d'une direction révolutionnaire.

(1) Les communistes ont rejeté les conclusions alternatives découlant d'analyses de l'Union soviétique faites par divers courants petit-bourgeois au sein du mouvement ouvrier :

(a) Que malgré ses profondes imperfections, la survie de l'État ouvrier soviétique confirmait la justesse du cours stalinien ; que l'URSS dépasserait la croissance économique et la productivité du travail des centres impérialistes et continuerait d'avancer vers le socialisme ; et qu'au cours de ce processus, le régime bureaucratique se réformerait lui-même.

(b) Ou bien que l'Union soviétique n'était pas un État ouvrier dégénéré avec un régime bonapartiste de crise, mais se caractérisait plutôt par un nouveau mode de production et une nouvelle classe dirigeante (que cette formation sociale soit caractérisée de capitalisme d'État, de collectivisme bureaucratique ou de nouvelle forme historique de totalitarisme).

(2) Les communistes ont aussi rejeté des pronostics alternatifs semblables sur les perspectives historiques du stalinisme mondial et le renouvellement d'une direction communiste :

(a) Que la victoire des révolutions yougoslave et chinoise sous la direction de partis dominés par des staliniens serait la norme pour le restant du siècle ; et que le stalinisme suivrait un cours révolutionnaire, bien qu'avec de sérieuses déformations et faiblesses.

(b) Ou que le deuxième souffle d'après-guerre du stalinisme le renforcerait suffisamment pour empêcher le développement de directions révolutionnaires, prévenir de nouvelles avancées de la révolution socialiste et entraver le développement d'une direction communiste.

(3) Ces questions ont été tranchées en 1959-1961 avec la victoire de la révolution cubaine, dont la direction révolutionnaire avait, en contournant le Parti socialiste populaire (l'ancien PC à Cuba) :

(a) Renversé la dictature de Batista que soutenaient les États-Unis.

(b) Pris la direction des masses.

(c) Établi un gouvernement des travailleurs et des agriculteurs.

(d) Mené à bien une révolution démocratique et une réforme agraire profondes.

(e) Continué en expropriant les capitalistes nationaux et yankees et en initiant explicitement la révolution socialiste dans les Amériques lorsqu'elle a vaincu de manière décisive l'invasion de la baie des Cochons, appuyée et organisée par les États-Unis.

(f) Construit les Forces armées révolutionnaires.

(g) Approfondi un cours prolétarien aussi bien dans sa politique intérieure qu'étrangère.

(h) Et promu l'unité révolutionnaire et la construction d'un parti ouvrier communiste de masse.

4. La contre-révolution stalinienne a brisé la continuité communiste dans les États ouvriers déformés et dégénérés.

a) Au début de la deuxième guerre mondiale, l'organisation communiste en Union soviétique avait été tellement décimée que sa regénérescence était devenue impossible, même sous l'impact des victoires révolutionnaires de l'après-guerre en Yougoslavie et ailleurs.

b) La conscience communiste qui avait survécu en Union soviétique parmi la génération qui avait fait la révolution d'octobre s'était effritée au fil des décennies.

c) Au cours des décennies plus récentes, même la continuité communiste incarnée dans des individus a été brisée en Union soviétique.

d) Il n'y a plus aujourd'hui la moindre avant-garde politique marxiste, communiste ou prolétarienne en Union soviétique, en Europe de l'Est ou en Chine.

e) De nouveaux partis communistes peuvent être et seront forgés dans ces États ouvriers déformés et dégénérés, mais seulement au cours d'une expérience croissante de lutte des classes et dans le cadre d'une avancée plus générale de la révolution mondiale.

5. Étant donné cette réalité, la révolution politique n'est pas aujourd'hui à l'ordre du jour en Union soviétique ni dans les autres États ouvriers déformés et dégénérés. Elle a cessé de l'être depuis au moins trois décennies.

a) Dans de telles conditions, il est devenu inévitable :

(1) Que ces régimes ne seraient pas renversés au cours d'une révolution politique dirigée par des communistes, mais qu'ils devraient d'abord être brisés

par les masses populaires en réponse à une crise profonde, comme ce qui se produit maintenant.

(2) Et qu'à ce moment seulement la vie politique pourrait recommencer, ce qui rendrait possible de forger une direction communiste.

b) Cuba est le seul État ouvrier où il demeure possible aujourd'hui de combattre les abus, tendances et crimes bureaucratiques et de stopper la consolidation d'une caste sociale privilégiée par des moyens politiquement révolutionnaires. Ceci est vrai :

(1) Parce qu'une direction communiste existe à Cuba.

(2) Et parce que cette direction fait partie d'une large couche de travailleurs et de paysans qui sont consciemment des communistes et des internationalistes prolétariens.

c) Ce qui s'ouvre avec la désintégration des régimes staliniens n'est pas une révolution politique, mais la possibilité pour les travailleurs de se réapproprier un espace politique leur permettant de défendre et de faire avancer les intérêts de la vaste majorité travailleuse.

(1) La désintégration des partis staliniens et l'affaiblissement des régimes bureaucratiques créent la possibilité pour la classe ouvrière et le mouvement ouvrier de lutter pour se développer, se politiser et commencer à s'ouvrir à l'influence des luttes révolutionnaires du reste du monde. C'est en s'engageant dans cette voie de lutte qu'il sera possible de rassembler les premiers éléments d'un mouvement communiste.

(2) Les gouvernements qui naissent en Europe de l'Est sont des régimes petits-bourgeois avec une orientation bourgeoise. En ce sens, ils ne constituent pas une rupture qualitative par rapport à leurs prédécesseurs.

(a) Ils sont non seulement formés de vestiges de la nomenklatura, mais intègrent en leur sein de nouvelles couches de l'intelligentsia et des classes moyennes de ces pays.

(b) Tout en étant prêts à marcher côte à côte de ces forces dans des actions visant à faire sauter les anciens régimes de police secrète, les communistes s'opposent à tous les nouveaux gouvernements, qui sont politiquement aussi anti-ouvriers que les appareils staliniens qu'ils remplacent.

(3) Les révolutionnaires prolétariens mettent de l'avant un programme communiste pour les États ouvriers déformés et dégénérés malgré le fait qu'aucune organisation prolétarienne révolutionnaire n'existe dans ces pays.

(a) Ils parlent au nom des intérêts de la classe ouvrière dans les luttes démocratiques et antibureaucratiques.

(b) Ils avancent une perspective de régénération politique révolutionnaire de l'économie et de la politique de l'État ouvrier par la classe ouvrière et ses alliés.

(c) Ils attirent l'attention sur l'exemple de Cuba révolutionnaire et sur le renouveau d'une direction communiste par l'extension de la révolution mondiale.

(d) Ils préconisent la restauration d'une véritable démocratie soviétique en s'appuyant sur les institutions de lutte forgées par les ouvriers et les petits producteurs agricoles au cours de leurs combats.

d) Les explosions populaires contre les régimes sont devenues inévitables dans les États ouvriers déformés et dégénérés à partir du moment où de larges couches de la classe ouvrière, de la jeunesse et des classes moyennes ont pris conscience et commencé à agir à partir des réalités politiques suivantes :

(1) L'impérialisme a été suffisamment affaibli pendant les décennies d'après-guerre pour qu'il ne soit plus crédible de prétendre que la chute des gouvernements en place pose une sérieuse menace d'invasion de l'Europe de l'Est et de l'Union soviétique. Les travailleurs en Europe de l'Est ne croient pas qu'en se mobilisant contre ces régimes oppresseurs, ils augmentent la menace militaire de l'impérialisme.

(a) Ils ont assimilé ce que signifie la parité nucléaire entre les États-Unis et l'Union soviétique pour leurs propres luttes et pour leur souveraineté nationale.

(b) Ils sentent que l'opposition antiguerre de l'après-Viêt-nam aux États-Unis constitue un obstacle à toute invasion militaire d'importance par Washington.

(2) Il est devenu complètement évident au cours des années 80 que les économies bureaucratiquement planifiées de ces régimes s'enfonçaient dans une stagnation économique et une crise sociale irréversibles en dépit des précédentes périodes d'industrialisation rapide.

(a) Il ne s'agissait pas simplement d'une pénurie de biens matériels et de la détérioration des services sociaux.

(b) Dans des conditions croissantes d'inégalité sociale, d'abus bureaucratique et d'aliénation, le joug stalinien ne pouvait plus forcer les travailleurs et les paysans à produire,

encore moins à faire preuve de créativité et d'initiative au travail.

(c) La corruption, l'arbitraire et le manque d'intégrité dans toutes les relations sociales — la violence infligée à la culture humaine entendue au sens le plus large du terme — étaient si profonds qu'il est devenu de plus en plus insupportable aux travailleurs de continuer à vivre comme avant.

(3) Le régime en Union soviétique était de moins en moins prêt à payer, à l'étranger ou dans le pays, le prix politique d'une intervention militaire visant à écraser des soulèvements populaires dans les pays du pacte de Varsovie. Les travailleurs des États ouvriers d'Europe centrale et de l'Est ont tiré les leçons :

(a) Du soulèvement des travailleurs polonais dans les années 80. Non seulement l'armée soviétique n'est pas intervenue (comme elle l'avait fait en Hongrie en 1956 et en Tchécoslovaquie en 1968), mais l'imposition de la loi martiale par le régime polonais lui-même à la fin de 1981 n'a pu écraser la résistance.

(b) Et du retrait d'Afghanistan par le régime soviétique en 1989, où une décennie d'occupation a créé une débâcle qui s'aggrave et engendre des remous sociaux de plus en plus forts au sein même de l'URSS.

6. Les événements de 1989-1990 confirment le pronostic des communistes voulant que les États ouvriers s'avéreraient plus forts que les castes bureaucratiques, même dans le cas des États déformés dès leur naissance par la domination stalinienne.

a) La caste petite-bourgeoise n'est pas une classe dirigeante historique.

(1) Elle n'a pas de fonction économique historique dans un mode de production.

(2) Cette couche gonflée continue de s'étendre toujours davantage, bien au delà de la taille d'une bureaucratie administrative socialement nécessaire aux tâches de production. Elle bloque tout progrès vers l'établissement de nouvelles relations sociales de production correspondant et conduisant au nouveau mode de production implicitement contenu dans la propriété nationalisée sur laquelle reposent les États ouvriers.

(3) Elle est un cancer qui affaiblit les États ouvriers et leurs assises économiques.

b) Contrairement aux régimes des classes dirigeantes capitalistes plus fortes, les régimes bonapartistes sont faibles, fragiles et instables. Ils se sont désintégrés avec une surprenante rapidité. Leur explosion a commencé après 60 ans seulement en Union soviétique et encore moins longtemps en Europe centrale et de l'Est — un simple instant à l'échelle de l'histoire sociale.

(1) La bureaucratie n'abandonnera pas ses positions sans combat. L'oligarchie dirigeante prend toutes les mesures qu'elle peut pour préserver sa domination et ses privilèges bureaucratiques. Elle n'hésite pas à sacrifier des pans entiers de la nomenklatura afin de sauver le reste et à incorporer de nouvelles couches dans les strates dirigeantes.

(2) À l'échelle historique, les mesures prises par ces régimes ne les ont pas stabilisés. Les gouvernements se sont avérés être non seulement des régimes de crise, mais des régimes de crise permanente.

(3) La contre-réforme initiée par Mikhaïl Gorbatchev en réponse aux événements de Pologne et

l'approfondissement de son cours bonapartiste vont accélérer la crise en URSS et non pas la résoudre.

c) Les États ouvriers eux-mêmes se sont montrés plus forts que les castes et leurs régimes policiers.

(1) Les États ouvriers survivent et ne peuvent être renversés que par une bataille avec les classes ouvrières.

(2) « La révolution sociale, trahie par le parti gouvernant, » expliquait Trotsky en 1936, « vit encore dans les rapports de propriété et dans la conscience des travailleurs [18]. »

(a) Plus d'un demi siècle plus tard, la première moitié de ce jugement reste valide : les rapports de propriété prolétariens existent encore en Union soviétique et dans les autres États ouvriers déformés.

(b) Par contre, la conscience socialiste des masses travailleuses a été effacée depuis les années 30 et pas même le noyau d'une avant-garde communiste n'existe aujourd'hui. Cependant, l'existence d'une conscience syndicaliste bourgeoise et le fait que la classe ouvrière considère comme un acquis le droit à un salaire social minimum historiquement défini demeurent le premier obstacle qui conduira à des luttes de masse dans les États ouvriers contre la réimposition du capitalisme.

(3) Une contre-révolution pour renverser les États ouvriers et la propriété nationalisée qui leur sert d'assise ne peut être menée de l'intérieur du pays.

---

18. *La révolution trahie,* Minuit, p. 170.

Elle nécessiterait une participation directe de l'impérialisme pour réussir et se consolider.

F. La désintégration des partis staliniens

1. À l'exception du Parti communiste de Cuba, il n'existe nulle part dans le monde de parti portant le nom de « communiste » qui soit communiste ou révolutionnaire.

2. Les partis staliniens dans les États ouvriers déformés et dégénérés ne sont pas des partis politiques ni des associations volontaires de l'avant-garde d'une classe sociale organisée pour participer à la vie politique. Ce sont des machines servant à défendre et promouvoir une caste sociale petite-bourgeoise.

a) Ce ne sont pas des partis ouvriers « conservateurs » ou « bureaucratiques », mais plutôt un « trust d'emploi » pour des couches de la petite bourgeoisie privilégiée dans les appareils bureaucratiques de l'État, des entreprises économiques, des syndicats, du parti lui-même, des associations d'écrivains et d'autres institutions.

b) La désintégration de ces appareils en 1989 et 1990 a été rapide et explosive.

(1) Le Parti communiste a déjà été mortellement blessé en Union soviétique.

(a) Les initiatives bonapartistes de Gorbatchev ont placé l'appareil et les postes d'État au-dessus des structures du parti.

(b) Le Parti communiste a été chassé de ses positions dominantes dans les États baltes et sérieusement affaibli dans d'autres républiques.

(2) Le Parti communiste ou son successeur autrement rebaptisé a perdu le contrôle absolu qu'il exerçait sur les régimes en Pologne, en Hongrie, en Tchécoslovaquie et en Allemagne de l'Est. Le PC a été

formellement dissous en Roumanie et il se fracture le long de lignes nationales en Yougoslavie [19].

(3) Les appareils de parti à travers l'Europe de l'Est ont perdu des ressources matérielles, des terrains, des édifices, leur monopole sur la presse, etc. La plupart ont rayé le mot « communiste » de leur nom et tentent de se parer de couleurs vaguement sociales-démocrates ou plus explicitement nationalistes.

(4) Ces PC ont perdu un nombre massif d'adhérents au cours de la dernière année, alors que :

(a) L'adhésion est devenue un obstacle plutôt qu'un tremplin vers l'avancement social et économique individuel.

(b) Et que s'est brisée la capacité de l'appareil de contraindre d'autres couches de la population à en rester membres.

3. À l'extérieur des États ouvriers déformés et dégénérés, les partis et les groupes de jeunesse staliniens sont des organisations qui se caractérisent fondamentalement par le rapport social qu'elles entretiennent avec le pouvoir d'État détenu par les castes petites-bourgeoises.

a) Ce rapport s'appuie sur la corruption et les récompenses :

(1) Les emplois dans les organisations et fronts divers ayant un caractère international.

(2) L'accès à des voyages, vacances, soins médicaux et autres avantages et privilèges.

b) Ceci est vrai non seulement pour ceux qui sont dans les appareils de parti eux-mêmes, mais aussi dans les associations « d'amitié », les organisations de jeunes

---

19. Un processus semblable a abouti à la chute des régimes et des partis en Bulgarie plus tard en 1990 et en Albanie en 1991.

et de femmes, les bureaucraties syndicales qui leur sont associées, etc.

c) Ce rapport avec le pouvoir d'État des castes est la source de l'identité distincte des partis staliniens vis-à-vis de la social-démocratie.

(1) La différence ne réside pas dans leurs perspectives politiques de collaboration de classe ni dans les privilèges provenant d'une base dans les administrations municipales qu'ils contrôlent ou les appareils syndicaux qu'ils dominent. C'est un trait commun au stalinisme et à la social-démocratie.

(2) La différence réside dans la source du pouvoir vers qui ils s'orientent respectivement (et d'où provient leur espace politique) :

(a) Les staliniens, vers les bureaucraties des États ouvriers.

(b) Les sociaux-démocrates, qui sont l'expression politique de la bureaucratie syndicale embourgeoisée dans les pays capitalistes, vers leurs « propres » gouvernements bourgeois.

(3) Là où les staliniens ne font concurrence aux sociaux-démocrates que sur le seul terrain de l'électoralisme bourgeois et des efforts de collaboration de classe, ils deviennent de plus en plus marginalisés. La social-démocratie a l'avantage d'une tradition beaucoup plus ancienne de social-patriotisme et de loyauté sans faille envers « sa » propre bourgeoisie impérialiste.

(4) Mais le déclin des partis et régimes staliniens pousse la social-démocratie davantage à droite, pas à gauche, et ne précipite pas la formation de courants de gauche en son sein. Ces développements encouragent plutôt le développement de regroupements de collaboration de classe et le

redéploiement de sectes centristes dans l'orbite des staliniens et des sociaux-démocrates.

d) La crise croissante des régimes dans les États ouvriers déformés et dégénérés a ébranlé les organisations staliniennes dans les pays capitalistes. Mais les crises qui déchirent la plupart de ces organisations sont moins aiguës que la désintégration qui a balayé les partis communistes en Europe de l'Est. Les organisations staliniennes dans le monde capitaliste ont un rapport plus indirect avec les régimes staliniens en crise que les PC dans les États ouvriers mêmes.

(1) La grande majorité des partis staliniens à l'extérieur des États ouvriers se sont adaptés aux changements et ont misé sur l'espoir de voir Gorbatchev réussir. Ils continuent à chercher des avantages en maintenant un lien, même réduit, avec le pouvoir d'État.

(2) Mais Gorbatchev et les dirigeants des autres partis staliniens dans les États ouvriers déformés et dégénérés sont moins intéressés à maintenir des liens avec les PC dans les pays capitalistes. Pour la caste, ces partis sont des leviers diplomatiques de moins en moins efficaces pour influencer les partis capitalistes au pouvoir. Gorbatchev et les autres « réformateurs » maintiennent des relations directes avec les dirigeants impérialistes et leurs partis.

e) Il est exclu qu'une nouvelle « Internationale communiste » stalinienne vienne remplacer l'organisation dissoute par Staline en 1943 en signe de bonne volonté à l'endroit de ses alliés impérialistes de la seconde guerre mondiale.

(1) Une telle organisation mondiale ne servirait aucun intérêt concevable de la caste.

(2) Ses anciennes composantes sont dans un état de désarroi organisationnel et politique plus grand que jamais.

4. La désintégration des partis staliniens n'a mené ni à l'intérieur ni à l'extérieur des États ouvriers à la naissance de courants ayant un cours politique alternatif clairement défini, encore moins une voie en avant dans la lutte pour le socialisme.

a) Pour les révolutionnaires et les communistes, il n'y a rien vers quoi s'orienter dans ces courants en voie d'éclatement. Il y a des individus susceptibles d'être gagnés à la politique communiste. Mais nous ne les trouverons et ne les gagnerons qu'en effectuant un travail révolutionnaire large, pas en nous orientant vers des fragments de groupements staliniens.

b) Pendant les dix premières années du Comintern, les meilleures couches de militants et de révolutionnaires étaient attirés vers les partis communistes.

(1) À l'échelle mondiale, ceci n'a pas été le cas depuis la dégénérescence de ces partis dans les années 30.

(2) Sous l'impact de l'émergence de la direction révolutionnaire du Parti communiste de Cuba dans les années 60, les meilleures couches de combattants — surtout dans les Amériques — n'ont pas cherché à réformer les partis staliniens mais se sont orientées vers la construction de nouvelles organisations révolutionnaires.

G. Notre époque est celle de la révolution mondiale. La dictature du prolétariat s'est avérée plus forte que le stalinisme contre-révolutionnaire

1. La vulnérabilité croissante du système capitaliste international et l'effondrement des illusions dans la stabilité et la longévité des appareils staliniens contre-révolutionnaires

illustrent le caractère de l'époque actuelle en cette dernière décennie du vingtième siècle.

2. C'est l'époque de la révolution mondiale : une époque initiée par la révolution dirigée par les bolcheviks en octobre 1917 et par son extension internationale, et non pas l'époque de sa dégénérescence et de sa mort.

a) Elle reste l'époque de l'établissement de la première dictature du prolétariat sous une direction communiste, l'époque de ces travailleurs et de ces agriculteurs exploités qui :

(1) Ont effectué la révolution d'octobre ou ont cherché à suivre son exemple.

(2) Ont initié la lutte pour la libération nationale et la révolution socialiste en tant que lutte mondiale.

(3) Et ont rendu possible en 1919 la construction sous un drapeau prolétarien de l'Internationale communiste — la première véritable direction révolutionnaire mondiale.

b) La tâche consiste encore aujourd'hui à organiser les travailleurs du monde pour leur permettre d'avancer et de compléter le renversement révolutionnaire de l'impérialisme et la victoire de la révolution socialiste à travers le monde.

3. Contrairement à ce que prétendent la plupart des « faiseurs d'opinion », l'année 1990 n'inaugure pas la décennie du triomphe du capitalisme et de la démocratie bourgeoise, maintenant que le socialisme s'est révélé impraticable au niveau économique et totalitaire au niveau politique.

a) La crise irréversible des régimes des castes parasitaires fait exploser le mythe — apparu au milieu des années 30 et largement répandu depuis dans les cercles bourgeois et petits-bourgeois — selon lequel la contre-révolution stalinienne en Union soviétique a donné naissance à un nouveau mode de production et à un nouveau système d'oppression historiques stables.

(1) Les tenants de variantes de ce point de vue ont souvent présenté les régimes en Union soviétique, et plus tard en Europe de l'Est et centrale, comme pratiquement invincibles : un nouveau système social s'appuyant sur une répression implacable et qui allait durer des siècles.

(2) Certains ont prédit sa convergence graduelle avec un système capitaliste mondial de plus en plus totalitaire — les deux systèmes reposant sur la domination croissante de petites élites sur des populations travailleuses de plus en plus marquées par la dépolitisation, la médiocrité, l'esprit de consommation et le philistinisme culturel[20].

---

20. Le dirigeant bolchevique Léon Trotsky a répondu aux premiers tenants de ce point de vue dans ses articles et sa correspondance de 1939-1940 regroupés dans le livre *Défense du marxisme,* publié en anglais et en espagnol par Pathfinder. Les deux individus auxquels Trotsky a répliqué était Bruno Rizzi, un ancien communiste italien qui avait écrit un livre intitulé *La bureaucratisation du monde* (réédité en français sous le titre de *L'URSS : collectivisme bureaucratique — la Bureaucratisation du Monde*), et James Burnham, le dirigeant d'un courant petit-bourgeois dans le Parti socialiste des travailleurs qui a rompu en 1940 avec le mouvement communiste, sous la pression de l'opinion publique bourgeoise patriotique à la veille de l'entrée des États-Unis dans la deuxième guerre mondiale. Quelques mois plus tard, Burnham a publié un livre à grand succès sur ce sujet, traduit en français sous le titre de *L'ère des organisateurs* [*The Managerial Revolution,* plus précisément « La révolution des gestionnaires »]. Des variantes de cette conception de la « convergence » ont été popularisées depuis la deuxième guerre mondiale dans des ouvrages comme le roman *1984* de George Orwell ; dans les romans et essais de la « libertaire » de droite

b) Le monde ne se dirige pas non plus vers une ère marquée par la permanence, l'expansion et le perfectionnement de la démocratie bourgeoise.

(1) Bruyamment claironnée au cours de la dernière année, la version ouvertement bourgeoise de cette affirmation sert à justifier l'oppression et l'exploitation capitalistes croissantes des travailleurs à travers le monde. En fait, les dirigeants bourgeois répondront à la résistance que les travailleurs et les agriculteurs opposeront de plus en plus aux effets du fonctionnement du capitalisme en s'attaquant de manière croissante aux droits démocratiques et à l'espace politique au cours de la prochaine décennie [21].

(2) Dans la deuxième moitié des années 80, une version petite-bourgeoise radicale de ce scénario est devenue éminemment associée aux porte-parole de la direction dominante du FSLN

Ayn Rand (et de ses acolytes, dont le jeune Alan Greenspan quelques années avant son élévation au poste de premier banquier de l'impérialisme U.S.) ; et plus récemment, en 1994, dans le livre *The Bell Curve: Intelligence and Class Structure in American Life* de Richard Herrnstein et Charles Murray.

21. Dans un article de revue publié en 1989 et intitulé « La fin de l'histoire ? », le haut fonctionnaire du département d'État Francis Fukuyama a écrit que le « capitalisme démocratique » constitue le « point final de l'évolution idéologique de l'humanité, » la « forme finale du gouvernement humain » et le « triomphe de l'idée occidentale. » Au milieu du discours croissant de Gorbatchev sur les « valeurs humaines universelles » et au lendemain de la chute en Pologne du premier des régimes staliniens d'Europe de l'Est, l'article de Fukuyama a reçu beaucoup de publicité dans les médias bourgeois de l'époque.

au Nicaragua et à ses partisans dans le reste des Amériques et du monde.

(a) Ceux-ci ont présenté la révolution nicaraguayenne comme une « troisième voie » entre le capitalisme et le communisme — une troisième voie qui permettrait de réorganiser la société et de développer l'économie en évitant plutôt qu'en dirigeant la lutte pour la dictature du prolétariat.

(b) Ils ont justifié cette voie intermédiaire en affirmant que le monde, aussi bien à l'« Est » qu'à l'« Ouest », se dirige vers une période de plus grande démocratie, vers l'« humanisation » de la politique étrangère sur la base de la détente et de l'apaisement des tensions internationales et vers la convergence, par le biais de l'« économie mixte », du socialisme de marché et d'un capitalisme plus humain.

(c) Ils ont présenté le Nicaragua « sandiniste » comme étant à l'avant-garde de toutes ces tendances, résistant à la fois aux forces conservatrices et récalcitrantes du « camp impérialiste » (le reaganisme, par opposition à la Coalition arc-en-ciel) et du « camp socialiste » (le processus de rectification à Cuba, par opposition à la perestroïka et à la glasnost plus « éclairées » de Gorbatchev).

(d) La défaite au Nicaragua porte un coup à cette idéologie dans le mouvement ouvrier. C'est une idéologie petite-bourgeoise, profondément anti-ouvrière et antimarxiste, fondée sur l'exigence que les travailleurs donnent leur soutien à ceux qui vont « tout régler » pour eux — au lieu d'organiser et de mobiliser les

travailleurs et les agriculteurs pour faire avancer la révolution sociale et construire un parti révolutionnaire [22].

c) Confirmées par les événements de la dernière année, les sept dernières décennies contredisent aussi la prétention des staliniens selon laquelle notre époque est celle de « la coexistence pacifique », de « la concurrence pacifique entre systèmes sociaux », de la construction bureaucratique du « socialisme dans un seul pays » ou de la propagation à la Gorbatchev des « valeurs humaines universelles ».

(1) Ce n'est pas vrai que la lutte révolutionnaire des travailleurs et des paysans contre l'impérialisme augmente le danger de guerre.

(2) Les progrès de la lutte mondiale pour la libération nationale et le socialisme font reculer et affaiblissent l'impérialisme, y compris sa capacité politique de faire la guerre.

(3) Washington compte sur le fait que les régimes staliniens vont continuer de servir de tampon contre-révolutionnaire contre la conquête du pouvoir par les travailleurs du monde. Mais le gouvernement soviétique sous Gorbatchev est moins capable que jamais depuis l'ascension de Staline de faire obstacle aux luttes révolutionnaires anti-impérialistes et anticapitalistes.

d) Contrairement à ce qu'affirment plusieurs forces politiques bourgeoises et petites-bourgeoises (aussi bien dans les pays impérialistes que dans les États ouvriers eux-mêmes), il n'est pas vrai non plus que

22. Le slogan du FSLN dans la campagne présidentielle de 1990 était : « Nous gagnons. Tout ira mieux. »

l'effondrement des régimes en Europe centrale et de l'Est ouvre une nouvelle ère de « démocratie ».

(1) Ou bien la classe ouvrière dans les États ouvriers déformés produira, à travers des luttes plus ou moins prolongées, une avant-garde communiste capable de conduire les masses populaires à la victoire dans le combat pour établir la démocratie soviétique — la démocratie des travailleurs et des paysans. Ou bien les agresseurs impérialistes finiront par réimposer le capitalisme dans le sang avec l'aide de la contre-révolution intérieure.

(2) Il n'y a aucune possibilité d'établir une « démocratie » stable et sans classes servant les besoins et les intérêts de « tout le peuple » dans les États ouvriers dégénérés et déformés.

4. *C'est l'impérialisme qui a encaissé les coups les plus sévères dans la crise accélérée des régimes staliniens,* qui ont été son instrument le plus fiable pour transmettre les valeurs capitalistes au sein des États ouvriers et plus largement au sein du mouvement ouvrier international.

a) Malgré les barbaries commises par l'impérialisme au cours de ce siècle — de Hiroshima aux camps d'extermination nazis et aux bombardements généralisés du Viêt-nam — et malgré le massacre de masse perpétré contre les travailleurs et leurs avant-gardes par la machine à tuer du stalinisme international, ni les classes exploiteuses ni leurs collaborateurs staliniens n'ont pu empêcher les travailleurs et les paysans de se relever et de continuer à se battre pour leurs droits et pour une vie décente.

(1) Si les travailleurs et les agriculteurs ne parviennent pas à résoudre la crise du capitalisme à laquelle l'humanité fait face ni à défendre les gains considérables réalisés par notre classe depuis octobre

1917, l'impérialisme nous imposera des défaites sanglantes à travers le fascisme et la guerre. Alors que la victoire des travailleurs et des agriculteurs exploités dépend de la construction d'une direction communiste, le cours de l'histoire au vingtième siècle a vu s'affaiblir l'emprise du système impérialiste d'exploitation et d'oppression, ainsi que le dernier empire mondial, les USA.

(2) Les exploiteurs n'ont pu résoudre la stagnation et la vulnérabilité croissantes du système capitaliste mondial. Ils ont été incapables d'infliger des défaites écrasantes aux travailleurs et au mouvement ouvrier dans un seul pays impérialiste. Ils n'ont pu surmonter les obstacles politiques qui les empêchent de mener des guerres prolongées ou de stopper les travailleurs et les paysans du monde colonial et semi-colonial de se révolter et de lutter pour leur libération. Et ils ont été incapables depuis 1917 de restaurer les relations de propriété capitalistes dans un seul des pays où celles-ci ont été renversées.

(3) L'internationalisme révolutionnaire du gouvernement et du Parti communiste de Cuba et l'approfondissement de la lutte dirigée par l'ANC pour abattre le régime d'apartheid représentent l'avenir, pas les derniers vestiges d'une époque révolue. Et cet avenir sera marqué par des luttes de classe, des révolutions populaires, des mouvements de libération nationale et des guerres civiles.

b) Les progrès enregistrés contre les régimes oppressifs en 1989-1990 par les travailleurs d'Europe centrale et de l'Est ont déjà commencé à resserrer les rangs de l'humanité combattante.

(1) Dans le sens le plus immédiat, les murs séparant les luttes menées par les travailleurs dans les États ouvriers d'Europe de l'Est et dans l'Europe de l'Ouest capitaliste ont commencé à tomber.

(a) Cette tendance est allée le plus loin en Allemagne de l'Est et de l'Ouest où les perspectives et les luttes des travailleurs ont commencé à s'entrelacer.

(b) On a pu voir une logique semblable dans la lutte explosive qui se déroule en Azerbaïdjan soviétique et qui a rapproché dans un combat commun des travailleurs et paysans d'URSS, d'Iran et de Turquie [23].

(2) Les travailleurs et les agriculteurs d'Europe centrale et de l'Est ont maintenant la possibilité de participer à la révolution mondiale. Ils ont la

---

23. En janvier 1990, Mikhaïl Gorbatchev a imposé la loi martiale dans la république de l'Azerbaïdjan, qui est située dans la région méridionale de la Transcaucasie de l'ancienne Union soviétique. Les troupes de Moscou ont attaqué et occupé la capitale Bakou, tuant de nombreux Azerbaïdjanais. Gorbatchev a pris prétexte du conflit croissant entre les républiques d'Azerbaïdjan et d'Arménie à propos du Nagornyï-Karabah, une région de l'Azerbaïdjan largement habitée par des Arméniens. En réalité, la démonstration de force de Moscou n'était qu'une tentative infructueuse de freiner la désintégration de l'Union soviétique.

Les Azerbaïdjanais sont un peuple de langue turque dont la patrie historique est divisée entre la république maintenant indépendante de l'Azerbaïdjan et la région de l'Azerbaïdjan dans le nord de l'Iran. Plus tôt en janvier 1990, des actions de protestation avaient eu lieu des deux côtés de la frontière pour exiger le droit de circuler librement entre les deux régions ainsi que leur unification nationale. Les Azerbaïdjanais des deux régions de même que la minorité azerbaïdjanaise de Turquie ont organisé des actions de protestation pour exiger le retrait des troupes de Moscou.

possibilité de connaître, de se solidariser et de se lier aux travailleurs et aux agriculteurs en lutte en Europe, en Amérique du Nord et dans le monde impérialiste, ainsi qu'aux luttes révolutionnaires qui se mènent en Afrique du Sud, à Cuba et dans le reste du monde.

(3) Le cours, la trajectoire et l'issue des batailles qui ont commencé dans les États ouvriers dégénérés et déformés dépendent des liens qu'elles établiront avec les développements dans la lutte des classes internationale — et réciproquement.

c) Le rapprochement des luttes des travailleurs à travers le monde rend possible de gagner de plus en plus de révolutionnaires au communisme et de reconstruire une direction prolétarienne et un mouvement communiste international.

(1) Ce monde en train de voir le jour verra plus de Malcolm X, plus de Maurice Bishop, plus de Thomas Sankara, plus de Nelson Mandela, plus de Che Guevara et plus de Fidel Castro.

(a) Ceux-ci continueront d'être forgés dans le combat pour la reconstruction d'une direction communiste.

(b) Ils comprendront de plus en plus que le communisme est l'opposé du stalinisme et de la social-démocratie, qu'il s'agit d'une voie qui conduit à renverser le capitalisme mondial plutôt qu'à s'y accommoder.

(c) Ils seront de plus en plus perçus par les travailleurs d'avant-garde dans tous les pays comme faisant partie de la direction d'un combat international commun.

(2) Avec l'effondrement des énormes obstacles staliniens qui empêchaient les travailleurs et les

agriculteurs des États ouvriers dégénérés et déformés de se politiser, pour la première fois depuis de nombreuses décennies la possibilité s'ouvre que l'exemple, les écrits et les discours de dirigeants révolutionnaires et communistes comme ceux-ci commencent à en influencer et en inspirer des couches.

d) Marx, Engels, Lénine, Trotsky et Che Guevara n'étaient pas des visionnaires ou des prophètes. Ils étaient des combattants révolutionnaires et des scientifiques qui ont généralisé les expériences durement acquises le long de la seule voie permettant aux travailleurs du monde entier d'avancer : la voie conduisant à la dictature du prolétariat, qui inaugure la transition au socialisme et l'avenir communiste de l'humanité.

KHALED ZIGHARI/AP-WIDE WORLD PHOTOS

Avril 1997, manifestation contre l'expansion par Tel Aviv de ses colonies de peuplement dans les territoires occupés. De jeunes Arabes se défendent contre une attaque des soldats du gouvernement israélien alors que des policiers de l'Autorité palestinienne tentent de les contenir. « Les exploiteurs n'ont pu surmonter les obstacles politiques qui les empêchent de mener des guerres prolongées ou de stopper les travailleurs et les paysans du monde colonial et semi-colonial de se révolter et de lutter pour leur libération. »

YUN JAI-HYOUNG/AP-WIDE WORLD PHOTOS

Devant l'accélération de la crise capitaliste en Asie, les travailleurs employés par la compagnie automobile Hyundai en Corée du Sud ont fait grève au milieu de 1998 pour exiger que les travailleurs ne soient pas chassés de leurs emplois par ordre des banques impérialistes. « L'intensification de la concurrence interimpérialiste et l'approfondissement de l'instabilité et de la vulnérabilité du système capitaliste international convergent avec la perspective d'une dépression et d'une crise sociale mondiales dans les années 90. »

MEGAN ARNEY/MILITANT

New York, 1997. Des membres du Syndicat du vêtement, du textile et des autres industries (SVTI) participent à une manifestation contre le passage à tabac par la police d'Abner Louima, un immigrant haïtien. « Une montée de la résistance syndicale va donner un nouvel élan aux luttes sociales plus larges et prolétariser de manière croissante leur composition. De la même façon, ces luttes vont accroître la taille — et renforcer la composition sociale — de la direction des rangs en émergence dans le mouvement ouvrier. »

Quatrième partie

RECONSTRUIRE UN MOUVEMENT COMMUNISTE INTERNATIONAL

A. Le Parti communiste de Cuba

1. La direction du Parti communiste de Cuba est la première depuis les bolcheviks à donner une direction communiste au développement d'un État ouvrier. Devant les pressions économiques, politiques et militaires acharnées des impérialistes U.S., cette direction a maintenu un cours révolutionnaire depuis plus de trente et un ans. Ce faisant, elle a :

a) Retissé un des fils de la continuité communiste rompus depuis la contre-révolution stalinienne qui a détruit le Parti bolchevique et l'Internationale communiste vers la fin des années 20.

b) Et établi un courant véritablement digne du nom de communiste — le premier à l'extérieur de la continuité directe du petit noyau de bolcheviks-léninistes dont fait partie le SWP qui a tenu bon, seul, de la fin des années 30 jusqu'aux années 50.

2. L'équipe de direction rassemblée par Fidel Castro a réussi à contourner l'obstacle que constituait un grand parti stalinien et elle a mené les masses travailleuses à effectuer une révolution et à établir un gouvernement des travailleurs et des agriculteurs.

a) En s'appuyant sur cette victoire révolutionnaire, la direction cubaine a approfondi les mobilisations populaires qui ont culminé dans l'expropriation des capitalistes et des propriétaires terriens étrangers et nationaux. Sur cette base, un État ouvrier a été établi.

b) Contrairement aux États ouvriers établis en Europe centrale et de l'Est après la deuxième guerre mondiale, le nouvel État ouvrier cubain n'était pas qualitativement déformé dès sa naissance de façon bureaucratique par la domination d'une caste petite-bourgeoise de plus en plus cristallisée.

c) L'équipe de direction regroupée autour de Fidel Castro a fait avancer la révolution d'une façon qui lui a permis de commencer à construire le socialisme au lieu de dévier sur une trajectoire conduisant à un système pire que le capitalisme.

d) En accomplissant ces tâches, cette direction a forgé un parti communiste prolétarien de masse qui poursuit un cours révolutionnaire internationaliste.

3. Ce « facteur subjectif » — le caractère véritablement internationaliste de l'avant-garde prolétarienne qui dirige l'État ouvrier à Cuba — est le résultat et l'apport *objectifs* les plus importants de la révolution cubaine. Il a des conséquences pour les trajectoires nationale et internationale de la révolution qui sont étroitement liées.

a) Les communistes cubains sont des révolutionnaires d'action, comme l'ont été les communistes modernes depuis les révolutions de 1848-1849 en Europe [1].

---

1. On trouvera un résumé des conclusions stratégiques tirées de ces luttes révolutionnaires et de la propre participation en leur sein du mouvement ouvrier communiste moderne dans « De 1848 à aujourd'hui : le communisme et la lutte pour un gouvernement révolutionnaire populaire » de Mary-Alice Waters, *Nouvelle Internationale* nº 1.

b) Le cours communiste défendu par une telle direction de la classe ouvrière est une condition préalable fondamentale pour avancer vers la construction du socialisme sur les bases économiques d'un État ouvrier. C'est une condition préalable pour saisir et rectifier toute erreur majeure dans ce processus.

c) Cuba est devenue une force objective puissante dans la politique mondiale, bien plus grande que les évaluations bourgeoises ou petites-bourgeoises de son poids « géopolitique » ou économique.

4. La politique révolutionnaire de Cuba consiste à établir ses relations avec d'autres forces politiques dans le monde sur la base de ses principes d'internationalisme prolétarien.

a) La *Plateforme programmatique du Parti communiste de Cuba* de 1975 affirme que la politique du parti subordonne « les intérêts de Cuba aux intérêts généraux de la lutte pour le socialisme et le communisme, de la libération nationale, de la défaite de l'impérialisme et de l'élimination du colonialisme, du néocolonialisme et de toutes les formes d'exploitation et de discrimination [2] [...]. »

b) Le cours internationaliste de la direction du Parti communiste de Cuba a été avant tout démontré dans ses actions.

(1) Elle a offert sans réserve sa solidarité politique, son assistance sociale et économique, son expertise et des volontaires militaires aux luttes révolutionnaires et aux gouvernements sous le feu de l'impérialisme — du Viêt-nam au Moyen-Orient, de l'Afrique aux Amériques.

---

2. Parti communiste de Cuba, *Plataforma programática,* La Havane.

(2) La défaite de l'armée sud-africaine dans la bataille de Cuito Cuanavale est le dernier exemple, avec les conséquences les plus considérables, de comment les communistes cubains ont mis les ressources de la dictature du prolétariat au service des luttes révolutionnaires à travers le monde.

c) En poursuivant son cours internationaliste, le Parti communiste de Cuba :

(1) Cherche à promouvoir une lutte intransigeante contre la domination impérialiste partout dans le monde.

(2) Refuse de subordonner les intérêts des travailleurs et des paysans à la préservation de la propriété et des prérogatives capitalistes.

(3) Cherche à collaborer avec d'autres révolutionnaires d'action, qu'ils soient communistes ou non.

(4) Et aborde les combattants du rang non comme des pions à déployer, mais comme des dirigeants révolutionnaires en devenir, sans placer de limites a priori sur ce qu'ils peuvent accomplir.

d) Le cours internationaliste du Parti communiste de Cuba a renforcé la défense de la révolution contre l'agression impérialiste.

(1) La conscience croissante du poids mondial et des responsabilités historiques de la dictature du prolétariat à Cuba a joué un rôle clé dans la capacité de l'avant-garde communiste d'organiser et de mobiliser avec succès les travailleurs et les paysans pour résister aux pressions et aux attaques de l'impérialisme depuis plus de trois décennies.

(a) L'empressement à faire des sacrifices pour aider ceux qui luttent contre l'impérialisme a permis de mieux comprendre les enjeux qu'implique tout progrès fait par la révolution cubaine.

(b) La participation volontaire à des missions internationalistes a renforcé la compréhension que ce n'est qu'en élevant la conscience communiste et qu'en augmentant le travail volontaire que la révolution pourra avancer à Cuba.

(2) L'anti-impérialisme de Cuba a été audacieux sans être téméraire. Ses politiques ont démontré :

(a) Qu'en subordonnant le rythme et le caractère de la transformation des relations sociales nationales aux besoins de la lutte mondiale contre l'impérialisme (par exemple, l'aide matérielle et les ressources humaines consacrées à aider l'Angola à se défendre), on renforce le progrès et la défense de la révolution.

(b) Que l'extension de la révolution mondiale est d'une importance décisive pour le rythme et même la possibilité de construire le socialisme.

(c) Et que la seule manière efficace de faire face à l'attaque implacable de l'impérialisme, c'est en approfondissant de manière constante la direction consciente et la participation volontaire des travailleurs dans l'économie, la politique, la lutte anti-impérialiste mondiale et la défense de la révolution.

5. Le plus grand défi et le plus grand obstacle auxquels la direction de la révolution cubaine a été confrontée depuis 1959, c'est d'avoir triomphé dans un monde où tous les autres partis de masse à la tête des États ouvriers qui se qualifiaient eux-mêmes de « communistes » étaient en réalité staliniens.

a) Ce fait a représenté un défi plus complexe pour la révolution cubaine que la pression impitoyable de l'impérialisme U.S.

b) Après la deuxième guerre mondiale, d'autres révolutions socialistes ont réussi (en Yougoslavie, en Corée, en Chine et au Viêt-nam) grâce aux sacrifices et au courage énormes des travailleurs et des paysans. Mais les limites de la direction ont eu pour effet de consolider des États ouvriers déformés dès leur naissance, qui ont obéi à des lois de développement semblables à celles qui se sont manifestées en Union soviétique suite à la trahison stalinienne de la révolution bolchevique.

c) Les castes bureaucratiques ont aussi dominé les gouvernements des États ouvriers d'Europe centrale et de l'Est établis après la guerre. Dans la plupart de ces pays, le renversement de la propriété capitaliste s'est effectué moins à la suite de révolutions populaires qu'à travers des mobilisations qui se sont déroulées sous le contrôle bureaucratique de l'armée d'occupation soviétique.

d) Les directions de tous ces États ouvriers déformés ont suivi un cours stalinien aussi bien en matière de politique nationale qu'internationale.

6. En établissant un État ouvrier dirigé par une direction communiste, la révolution cubaine a retissé un lien de continuité qui avait été rompu durant des décennies. Il s'est agi d'un point tournant décisif dans le développement du mouvement ouvrier international.

a) Pour la première fois depuis le début des années 20, une direction révolutionnaire à la tête d'un État a commencé à *utiliser ce pouvoir* pour mettre de l'avant un cours prolétarien internationaliste.

b) Dans le contexte de l'avancement des luttes révolutionnaires, l'exemple de la direction révolutionnaire de Cuba a favorisé le renouvellement de la direction communiste à l'échelle internationale.

7. Le poids de ce facteur subjectif — la direction communiste d'un État ouvrier à la tête d'une avant-garde prolétarienne politisée plus large — est plus grand maintenant qu'à n'importe quel autre moment dans l'histoire de la révolution cubaine.

a) Contrairement à tous les autres États ouvriers, l'existence d'une direction révolutionnaire rend possible à Cuba de confronter et de combattre les déformations bureaucratiques croissantes et de faire avancer la construction du socialisme. Ici réside la signification historique du processus de rectification initié par le Parti communiste en 1986 face à la montée des inégalités, du bureaucratisme et de la corruption, ainsi que du cynisme et de la démoralisation qui en ont résulté.

b) Cette réorientation de la révolution cubaine est saisie dans un nouveau mot d'ordre de la révolution : « Le socialisme ou la mort ». Ou bien avancer vers le socialisme ou bien régresser vers la consolidation d'un « système pire que le capitalisme » : voilà une autre manière de dire la même chose [3].

---

3. Dans un discours prononcé lors de la seconde session du troisième congrès du Parti communiste de Cuba le 2 décembre 1986 et où il a expliqué le processus de rectification lancé sept mois plus tôt, Fidel Castro a donné l'exemple d'entreprises d'État « qui voulaient devenir rentables en se livrant au vol et à l'escroquerie, en s'escroquant les unes les autres. Quelle sorte de socialisme allions-nous construire en suivant cette voie ? À quelle idéologie avions-nous affaire ? Je voudrais bien le savoir. Je me demande si ces méthodes n'auraient pas conduit à un système pire que le capitalisme au lieu de nous conduire au socialisme et au communisme. » Voir Fidel Castro, « Des problèmes importants pour l'ensemble de la pensée révolutionnaire internationale », *Nouvelle Internationale* n° 3, p. 172.

c) Le succès ou l'échec de la rectification décidera — ce qui est une question de vie ou de mort — si Cuba a la capacité d'avancer sur la seule voie conduisant au socialisme au lieu de s'en éloigner.

d) Les résultats de cette lutte de classe à Cuba pèseront très lourd sur les possibilités de renouveler les forces communistes dans le monde.

8. Le processus de rectification souligne l'effort déployé par la direction communiste à Cuba pour organiser l'équivalent d'une révolution politique à l'intérieur des institutions et des structures de l'État ouvrier, et pour le faire — pour paraphraser Lénine — sans « secouer » l'alliance des travailleurs et des agriculteurs sur laquelle repose l'État ni la grande unité patriotique qui est nécessaire pour défendre la révolution contre l'implacable hostilité de Washington [4].

---

4. À la fin de 1920 et au début de 1921, Lénine a rejeté l'appel lancé par Trotsky de « secouer » les syndicats dans le but de relancer la production industrielle face à la dévastation sociale et économique provoquée par la guerre civile. « Car cette politique, a dit Lénine, *même si elle était justifiée partiellement,* [...] est une politique absolument inadmissible dans le moment présent et dans la situation présente, car elle risque d'entraîner une scission » au sein de la classe ouvrière et de son avant-garde révolutionnaire, le Parti bolchevique. Une telle scission, a-t-il ajouté, « n'est pas simplement dangereuse, mais très dangereuse, surtout si, dans ce pays, le prolétariat ne constitue qu'une faible minorité de la population » et que des couches de la paysannerie sont en rébellion ouverte sous l'impact de la famine et de l'effondrement provoqués par la guerre de la production et de la distribution d'outils agricoles et de denrées de base. Dans ces conditions, une scission risque « d'ébranler et de jeter bas tout l'édifice politique. » Voir Lénine, *Oeuvres,* Moscou, éditions du Progrès, 1977, t. 32, en particulier les pages 36-47 et 72-78.

a) C'est une réponse au besoin pressant de révolutionner l'organisation du travail bureaucratiquement déformée et le système de gestion et de planification économique modelé à partir de formules staliniennes copiées de l'Union Soviétique et de l'Europe centrale et de l'Est.

(1) La rectification est avant tout une réorientation révolutionnaire visant à surmonter les obstacles politiques empêchant de mettre au centre d'une révolution des relations de production et d'échange la participation des travailleurs, le développement de leur conscience et leur propre transformation — un objectif qui n'est réalisable qu'en s'appuyant sur les fondations économiques d'un État ouvrier.

(2) La rectification est le contraire d'une politique qui cherche à trouver une forme plus efficace de planification économique reposant sur de nouvelles et meilleures méthodes de gestion des producteurs appliquées par la bureaucratie responsable de la planification au sein de l'État. Ce dernier cours ne pourrait conduire qu'à un renforcement du fétichisme de la marchandise et des valeurs et normes sociales bourgeoises, ainsi qu'à la démobilisation, la démoralisation et la dépolitisation des travailleurs.

b) Cuba est le premier État ouvrier depuis l'Union des républiques socialistes soviétiques sous la direction des bolcheviks à s'efforcer de suivre la ligne de marche communiste qui est au cœur du processus de rectification.

(1) Ce cours visant à organiser le travail social de façon à favoriser le développement de la conscience sociale et de la solidarité humaine a été expliqué

le plus clairement et le plus résolument par Ernesto Che Guevara durant les premières années de la révolution cubaine. Mais un cours diamétralement opposé à celui que défendait Che Guevara a gagné du terrain. À partir du milieu des années 70, on a généralisé et appliqué un système de planification et de gestion économiques copié sur celui des États ouvriers bureaucratisés.

(2) Un élément central du processus de rectification a été de recommencer à utiliser le travail volontaire pour réaliser quelques-unes des tâches sociales les plus pressantes de Cuba. Ceci s'est fait par :

(a) La relance du mouvement des microbrigades pour construire des logements, des écoles, des garderies ou crèches, des cliniques médicales, des centres sportifs et d'autres projets semblables.

(b) Le développement initial des contingents de construction, qui ont entrepris de grands projets visant à améliorer l'infrastructure économique et la capacité industrielle de Cuba[5].

(3) La réintroduction du travail volontaire est allée de pair avec le renversement d'une tendance à s'appuyer de plus en plus sur des méthodes capitalistes, comme les stimulants matériels et l'inégalité des salaires, les relations marchandes

5. Pour en lire davantage sur les contingents de construction et les microbrigades volontaires, voir les articles « L'héritage prolétarien de Che et le processus de rectification à Cuba » de Mary-Alice Waters et « La politique de l'économie : Che Guevara et la continuité marxiste » de Jack Barnes et Steve Clark, en anglais dans *New International* nº 8 et en espagnol dans *Nueva Internacional* nº 2.

entre les entreprises d'État, le marché agricole « libre » privé, la réintroduction de la location privée de logements et celle de la spéculation foncière.

c) Les progrès de la rectification ont été étroitement liés à une lutte contre les inégalités sociales croissantes, la consolidation de couches privilégiées de l'appareil, la corruption ainsi que l'indifférence et le mépris bureaucratiques envers les besoins et les capacités révolutionnaires des travailleurs.

(1) De telles tendances contre-révolutionnaires sont inévitablement favorisées par les tentatives d'organiser l'économie d'un État ouvrier en ne s'appuyant pas sur une avant-garde ouvrière de plus en plus consciente de la responsabilité politique révolutionnaire qu'elle a de diriger la marche vers le socialisme.

(2) Les premières batailles sur ce front du processus de rectification ont culminé au cours de l'été 1989 dans le procès et la condamnation de l'ex-général Arnaldo Ochoa ; des frères de la Guardia au ministère de l'Intérieur ; de l'ex-général José Abrantes, qui avait été ministre de l'Intérieur ; de Diocles Torralbas, l'ancien ministre du Transport ; et de plusieurs autres individus [6].

---

6. En juin et juillet 1989, le général Arnaldo Ochoa, qui était membre du Comité central du Parti communiste de Cuba, et trois autres officiers supérieurs des Forces armées révolutionnaires et du ministère de l'Intérieur (dont Antonio de la Guardia), ont été jugés, reconnus coupables et exécutés pour gestes hostiles à l'endroit d'un État étranger, trafic de drogue et abus de pouvoir. Au cours du même procès, plusieurs autres officiers de l'armée cubaine et du ministère de l'Intérieur (dont Patricio de la Guardia,

d) Faire avancer la prolétarisation des cadres et de la direction du Parti communiste constitue le défi central du processus de rectification.

(1) Les membres du Parti communiste et de l'Union des jeunes communistes ont été à l'avant-garde des dizaines de milliers de Cubains qui se sont portés volontaires pour les microbrigades et les contingents de construction. Ils se sont aussi portés volontaires pour travailler dans des secteurs de la force de travail à Cuba où la direction et les politiques bureaucratiques ont conduit à la plus grande démoralisation et au plus grand recul politiques. C'est une expression des progrès de la prolétarisation du parti et de sa direction.

(2) Les travailleurs, les noirs, les femmes et les volontaires internationalistes sont consciemment encouragés non seulement à devenir membres du parti, mais aussi à assumer de plus grandes responsabilités de direction à tous les niveaux et dans toutes les institutions.

(3) Ce processus visant à rendre plus prolétarienne la composition du parti et de sa direction est inséparable des mesures consciemment prises

---

le frère d'Antonio de la Guardia) ont été reconnus coupables et condamnés à des peines de prison allant de 10 à 30 ans.

Le mois suivant, José Abrantes, le ministre de l'Intérieur de Cuba, a été jugé et reconnu coupable d'abus de pouvoir, de négligence dans l'exercice de ses fonctions et d'utilisation abusive de fonds et de ressources du gouvernement. Il a été condamné à 20 ans de prison. En juillet, Diocles Torralbas, le ministre du Transport et un membre du Comité central depuis plus de 20 ans, a été reconnu coupable de détournement de fonds pour des fins personnelles et d'autres crimes. Il a été condamné à 20 ans de prison.

afin d'accélérer la transition de la direction vers une nouvelle génération de communistes dans le parti.

(4) Ce cours de « renouvellement ou mort », comme il est appelé à Cuba, est décisif pour les progrès de la rectification et le futur de la révolution [7].

e) Les obstacles au lancement du processus de rectification auraient été beaucoup plus grands si les tendances corrosives qui ont commencé à s'accélérer à Cuba au milieu des années 70 n'avaient pas été neutralisées dans une certaine mesure par la réponse de la direction du Parti communiste et de millions de travailleurs et d'agriculteurs cubains aux progrès révolutionnaires qui se sont produits ailleurs dans le monde.

(1) Au cours des années 70, des coups historiques ont été portés à l'impérialisme dans le Sud-Est asiatique, en Éthiopie, dans l'ancien empire colonial du Portugal en Afrique, et en Iran.

7. Dans un discours au troisième congrès du Parti communiste de Cuba en février 1986, Fidel Castro a souligné que le précédent congrès de 1980 « a augmenté de manière significative le nombre de femmes et d'ouvriers dans la liste des candidatures au Comité central. C'étaient là des mesures admirables. Cette fois [en 1986], il nous fallait poursuivre dans la même voie et renforcer la représentation ouvrière, mais pas uniquement des ouvriers ayant le statut de dirigeants. Il fallait poursuivre dans cette voie en avançant sur trois fronts, en réalisant un triple effort de promotion. Il fallait renforcer la représentation des femmes, ainsi que celle des noirs et des métis » et renforcer la représentation des jeunes. « La question se posait en ces termes, a dit Fidel Castro : le renouvellement ou la mort. » On trouvera la portion du discours de Fidel Castro portant sur l'élection du Comité central de 1986 dans *Nouvelle Internationale* nº 3, « Le renouvellement ou la mort », p. 197-212.

(2) Les révolutions qui ont triomphé à Grenade et au Nicaragua en 1979 ont conduit à l'établissement des premiers gouvernements des travailleurs et des agriculteurs en Amérique depuis 1959. Ces victoires ont aidé à desserrer l'isolement imposé à Cuba socialiste par l'impérialisme U.S. dans cette région et ont donné une nouvelle impulsion aux luttes révolutionnaires à travers les Amériques. Cuba était maintenant l'un des « trois géants[8] ».

(3) Des millions de Cubains se sont mobilisés dans les Marches du peuple combattant en 1980, en réponse à l'escalade de la pression militaire de Washington suite aux gains révolutionnaires en Amérique centrale et dans les Caraïbes. La même année, le gouvernement cubain a lancé les Milices des troupes territoriales et initié un tournant dans sa stratégie de défense en donnant la priorité à l'entraînement et à la préparation militaires de tout le peuple cubain.

(4) Des centaines de milliers de volontaires cubains sont allés en Éthiopie, en Angola, à Grenade, au Nicaragua et ailleurs pour accomplir en tant que

---

8. Dans un discours prononcé devant la Fédération des femmes de Cuba le 8 mars 1980, Fidel Castro a souligné l'importance des progrès révolutionnaires en Amérique centrale et dans les Antilles. « Il faut avoir un sens de l'histoire, a-t-il dit, pour comprendre [...] ce qu'une révolution signifie ici, à côté du monstre impérialiste. Oui, ce que la révolution cubaine et sa ligne ferme et inébranlable ont signifié. Il faut un sens de l'histoire et des réalités pour comprendre le mérite de la révolution sandiniste, le mérite de la révolution grenadine. Grenade, le Nicaragua et Cuba sont trois géants qui se lèvent pour défendre leur droit à l'indépendance, à la souveraineté et à la justice au seuil même de l'impérialisme. » Voir *Women and the Cuban Revolution* (Pathfinder, 1981), p. 129.

volontaires des missions internationalistes. La majorité d'entre eux sont revenus à Cuba en partisans plus déterminés et plus conscients du cours communiste suivi par la révolution cubaine.

(5) Ces progrès révolutionnaires ont toutefois aussi précipité une résistance politique, en particulier parmi les couches petites-bourgeoises privilégiées au sein de l'appareil. Leur taille et leur influence s'élargissaient à Cuba. Les « peureux », comme on les appelait, ont commencé à en avoir assez des pressions de l'impérialisme U.S. et à chercher un répit en adaptant et en assouplissant la politique internationaliste de la révolution.

f) Les progrès de la rectification ont été grandement renforcés par la décision du gouvernement cubain à la fin de 1987 de mettre le sort de la révolution en jeu dans ce qui est devenu la bataille de Cuito Cuanavale. La victoire des troupes cubaines, angolaises et de la SWAPO contre les forces armées sud-africaines n'a pas seulement changé le cours de l'histoire en Afrique. Elle a renouvelé la confiance et la détermination de l'avant-garde des travailleurs cubains, spécialement des jeunes dont le courage et les capacités ont permis de l'obtenir. Et elle a ouvert la porte à de nouveaux progrès révolutionnaires dans leur pays.

9. Pendant plus de 30 ans, l'exemple donné par le cours de la direction cubaine a représenté un défi politique pour ceux qui se disent révolutionnaires. La capacité de reconnaître l'émergence d'une direction communiste de masse à la tête d'un État ouvrier et de répondre à ce nouveau facteur historique dans la lutte de classe internationale a été un test décisif.

a) Le SWP a relevé ce défi et passé cette épreuve avec succès dès le début.

(1) En 1960, Farrell Dobbs et Joseph Hansen, respectivement candidat du SWP à la présidence des États-Unis et directeur du *Militant*, ont visité Cuba pour voir la révolution de leurs propres yeux et pour aider à faire connaître la vérité à son sujet. Nous avons cherché à construire un mouvement de défense et de solidarité avec la révolution en utilisant les pages du *Militant* et la campagne présidentielle de 1960. Nous avons publié les discours des dirigeants cubains et construit le comité « Fair Play for Cuba ». L'Alliance des jeunes socialistes a mis la révolution cubaine et sa direction au centre de ses campagnes et de son recrutement.

(2) Notre mouvement a analysé et expliqué la trajectoire concrète du nouveau gouvernement des travailleurs et des agriculteurs et de l'État ouvrier, ainsi que l'évolution de la direction à Cuba. Ce faisant, nous nous sommes appuyés sur des conquêtes politiques du passé et avons renforcé la continuité de la théorie communiste [9].

(3) La révolution cubaine et la réponse que lui a donnée le SWP ont été le point tournant le plus important de l'histoire du mouvement communiste après la deuxième guerre mondiale aux États-Unis. Si nous avions échoué ce test, il en aurait été fait de nous en tant que mouvement révolutionnaire.

---

9. Voir *Dynamics of the Cuban Revolution: A Marxist Appreciation* de Joseph Hansen ; *The Workers' and Farmers' Government* de Joseph Hansen ; et *The Workers' and Farmers' Government in the United States* de Jack Barnes. Tous ces titres sont publiés par Pathfinder. On trouvera certains des écrits de Joseph Hansen sur le gouvernement des travailleurs et des agriculteurs dans le premier numéro de *Nouvelle Internationale.*

b) Une appréciation juste de la place historique de la révolution cubaine et de sa direction reste la pierre angulaire de la politique communiste aujourd'hui. Elle est au centre de la perspective et de l'activité politiques du SWP et du courant international d'organisations communistes dont nous faisons partie.

10. Le Parti communiste de Cuba a tracé un cours politique prolétarien révolutionnaire malgré les obstacles érigés par les forces politiques libérales-bourgeoises et staliniennes. Il a fallu surmonter ces obstacles non pas une, mais plusieurs fois.

a) Il a fallu des principes, un courage, une ténacité et une discipline prolétariens pour maintenir ce cours.

b) Il a fallu diriger les forces libérales-bourgeoises dans le Mouvement du 26 juillet tout en répondant à chaque défi qu'elles ont posé au cours de la lutte pour le pouvoir et pendant les premières années après la victoire, alors que la direction a organisé les travailleurs et les paysans pour qu'ils approfondissent la révolution dans les intérêts de classe du peuple travailleur.

c) Il a fallu repousser les défis répétés lancés par les staliniens au cours communiste de la révolution.

(1) La direction révolutionnaire du Mouvement du 26 juillet a dû contourner le Parti socialiste populaire (PSP) pour faire la révolution.

(2) Après la victoire, tous les courants politiques à Cuba ont été jugés à partir de leurs gestes quand la direction révolutionnaire a forgé une organisation communiste unifiée en fusionnant le Mouvement du 26 juillet avec d'autres forces révolutionnaires, dont le PSP et le Directoire révolutionnaire.

(3) Pendant les premières années de la révolution, une faction substantielle regroupant des forces du

PSP qui avaient joint le parti unifié s'est organisée sous la direction d'Aníbal Escalante derrière le dos de la direction du parti pour miner la fusion et essayer de prendre le contrôle du parti.

(a) Les membres de cette faction ont utilisé leurs positions pour promouvoir leurs amis et vieux copains dans l'appareil du parti.

(b) Leur fonctionnement s'est caractérisé par un abus bureaucratique des membres du parti et des travailleurs et agriculteurs qui n'étaient pas membres du parti.

(c) Leur tentative d'exproprier les paysans de leur terre et d'imposer la collectivisation dans les montagnes de l'Escambray, en violation des lois de la réforme agraire et de la politique du parti, a mis en danger l'alliance des travailleurs et des agriculteurs sur laquelle reposaient le gouvernement et le parti révolutionnaire.

(4) Les activités de la faction Escalante ont mis en jeu l'existence même du régime des travailleurs et des agriculteurs.

(a) Le triomphe de la faction Escalante aurait conduit au renversement de la révolution et à l'assassinat de Fidel, Raúl, Che et d'autres dirigeants.

(b) Mais la faction Escalante a été démasquée et politiquement défaite ; les forces staliniennes ont subi un coup dont elles ne se sont jamais rétablies [10].

---

10. Ce chapitre de l'histoire de la révolution cubaine est discuté dans « The Fight for a Workers' and Farmers' Government in the United States » de Jack Barnes, *New International* nº 4, p. 135-168.

d) Des mécanismes politiques et économiques calqués sur ceux de l'Union soviétique et de l'Europe de l'Est dans les années 70 et au début des années 80 ont accéléré la croissance de privilèges économiques et sociaux et d'aspirations petites-bourgeoises parmi une couche très étendue d'administrateurs et de professionnels dans les appareils de l'État, du parti, des syndicats et d'autres institutions.

(1) Toutefois, contrairement à l'Union soviétique, à l'Europe de l'Est et à la Chine, la direction du Parti communiste de Cuba s'est opposée et a empêché l'institutionnalisation de magasins spéciaux, de centres de loisirs, d'écoles et de centres médicaux et récréatifs pour une élite privilégiée.

(2) Le ministère de l'Intérieur, qui avait commencé à établir de tels privilèges de caste, a été vivement rappelé à l'ordre par le troisième congrès du parti en 1986 et s'est fait ordonner de remettre tous ses centres spéciaux aux instances gouvernementales locales pour que toute la population puisse en bénéficier [11].

---

11. Dans le rapport principal qu'il a présenté au troisième congrès du Parti communiste de Cuba en février 1986, Fidel Castro a souligné que le ministère de l'Intérieur doit « toujours établir des exigences personnelles élevées et combattre avec énergie toutes les manifestations de complaisance, de corruption, de vanité et d'indifférence à l'endroit des gens et de leurs principes [...]. » Le rapport a donné en exemple la décision récente du ministère de l'Intérieur « de remettre aux instances provinciales du Pouvoir populaire pour que la population puisse s'en servir les centres médicaux, sportifs et récréatifs construits dans le but de satisfaire ses besoins au cours de la dernière période de cinq ans. »

(3) Toutefois, ce n'est qu'avec le début du processus de rectification qu'un cours politique a été tracé pour renverser le mouvement vers l'institutionnalisation de privilèges pour une couche sociale croissante et exciser le cancer dans le ministère de l'Intérieur.

e) Fondamentalement, la lutte continuelle contre la bureaucratisation à Cuba n'a pas été une lutte « idéologique », mais un conflit de classe.

(1) Les couches administratives et professionnelles relativement privilégiées à Cuba comprennent une proportion importante de ceux qui sont attirés par Gorbatchev et la perestroïka parce qu'ils sont attirés par le libéralisme bourgeois, par la plus grande différentiation matérielle garantie par le marché capitaliste et la production de marchandises et par les valeurs bourgeoises des classes moyennes professionnelles dans les pays impérialistes.

(2) Ces couches sociales petites-bourgeoises partagent en général la même froideur, si ce n'est la même antipathie pour le cours internationaliste prolétarien de Cuba et une attraction commune pour un accord toujours espéré entre Moscou et Washington qui inclurait Cuba.

(3) Ces couches ont largement un mouvement de recul devant le cours politique de la rectification : le travail volontaire ; la promotion consciente des travailleurs, des noirs, des femmes et des combattants internationalistes dans toutes les institutions ; le contrôle croissant des travailleurs et des agriculteurs sur l'administration de l'économie et de l'État ; l'étude sans « manuels d'instruction » des oeuvres intégrales de Marx, Engels, Lénine

et Guevara ; et l'ensemble du cours communiste révolutionnaire associé à Cuba avec l'exemple d'Ernesto Che Guevara.

11. Les tentatives pour tracer un cours révolutionnaire alternatif permettant d'avancer vers le socialisme sans (1) forger de partis communistes s'appuyant sur les travailleurs et les paysans et sans (2) établir la dictature du prolétariat, un État ouvrier, ont non seulement conduit à la défaite mais au désastre.

a) Les années 80 confirment une fois de plus qu'il n'existe pas de stalinisme « réformé » et encore moins « révolutionnaire ».

(1) À Grenade, ce défi n'a pas été relevé comme il l'avait été à Cuba avec la défaite de la faction secrète d'Escalante. Une faction contre-révolutionnaire dirigée par Bernard Coard a réussi à prendre le contrôle du Comité central du New Jewel Movement, à emprisonner la direction de la révolution, à démoraliser les travailleurs, à renverser le gouvernement des travailleurs et des agriculteurs, à écraser un soulèvement populaire de masse dirigé par Maurice Bishop qui cherchait à stopper la contre-révolution, et à assassiner Maurice Bishop et d'autres dirigeants révolutionnaires.

(2) Le désastre politique en Afghanistan qui a résulté du cours suivi par la direction du PDPA et de ses luttes meurtrières pour le pouvoir a été aggravé par l'intervention militaire organisée par la bureaucratie soviétique. L'action de Moscou a effectivement permis aux réactionnaires de prétendre combattre pour l'autodétermination nationale de l'Afghanistan.

(3) Un bain de sang fratricide a aussi déchiré en 1986 la direction stalinienne du régime nationaliste

petit-bourgeois au Yémen-du-Sud et l'élan révolutionnaire démocratique et séculaire des masses travailleuses s'est perdu.

b) Au Nicaragua, la direction du FSLN n'a pas réussi à faire du « sandinisme » une alternative révolutionnaire au communisme — une nouvelle voie qui pourrait mener au socialisme.

(1) Durant la deuxième moitié de la décennie qui a suivi le triomphe de la révolution en 1979, le sandinisme est devenu de moins en moins identifié en pratique avec la trajectoire prolétarienne contenue dans l'affirmation de Sandino : « Seuls les travailleurs et les paysans iront jusqu'au bout. »

(2) De plus en plus les dirigeants du FSLN ont donné au sandinisme un contenu petit-bourgeois penchant vers la conciliation avec la bourgeoisie — en partie social-démocratie de gauche, stalinisme à la perestroïka et libéralisme de la Coalition arc-en-ciel (en partie Olof Palme, Mikhaïl Gorbatchev et Jesse Jackson ; et non pas en partie Farrell Dobbs, Fidel Castro et Malcolm X).

(3) La direction du FSLN a de plus en plus abandonné toute perspective d'organiser la classe ouvrière comme la force sociale et politique dirigeante de la révolution en alliance avec les paysans. Ce cours a consisté de plus en plus à administrer une solution aux problèmes sociaux et économiques grandissants, sans viser à briser la domination de la propriété et des relations sociales de production et de distribution bourgeoises.

(4) Le renforcement du gouvernement des travailleurs et des paysans au Nicaragua ne dépendait pas de la rapidité avec laquelle les propriétaires terriens et les capitalistes étaient expropriés. Il n'impliquait

pas non plus de sous-estimer le poids décisif de tâches démocratiques comme la consolidation et la défense de la souveraineté et de l'unification nationales nicaraguayennes, et une réforme agraire radicale. Le test décisif consistait à avancer dans une direction qui favorise l'élévation de la conscience de classe, l'organisation politique indépendante et la mobilisation révolutionnaire des travailleurs et des paysans contre les capitalistes et les propriétaires terriens exploiteurs.

(5) Au lieu de cela, la révolution a suivi une trajectoire politique par rapport à l'« économie mixte » qui a subordonné les besoins des travailleurs et des paysans à la préservation des relations sociales capitalistes dans le but de maintenir l'alliance politique stratégique en train d'être forgée par la direction du FSLN avec des couches de la bourgeoisie et des propriétaires terriens.

(a) Avec l'intensification de l'agression impérialiste, le FSLN a suivi un cours qui s'éloignait d'une réforme agraire radicale et d'une expansion du contrôle ouvrier dans les manufactures et dans les lieux de travail ; qui donnait de moins en moins la priorité au besoin qu'avaient les masses travailleuses exploitées de confronter la crise économique et sociale capitaliste et de faire avancer la reconstruction nationale ; qui refusait de promouvoir les droits des femmes ; et qui s'opposait au renforcement du caractère volontaire, et non pas obligatoire, des forces armées sandinistes [12].

12. En s'appuyant sur des forces armées conscrites et non pas volontaires, la direction sandiniste a adopté le cours qui leur avait

(*b*) Les conséquences internationales de ce cours ont augmenté les pressions sur le gouvernement du FSLN pour qu'il subordonne sa politique étrangère, y compris son appui au FMLN au Salvador, à l'établissement d'une alliance avec des secteurs de la bourgeoisie nationale et d'une trêve avec Washington.

(*c*) La direction du FSLN a rejeté la nécessité de construire un parti communiste prolétarien regroupant les travailleurs d'avant-garde les plus dévoués et les plus conscients afin de consolider et faire avancer le pouvoir des travailleurs et des paysans.

(6) L'évolution des politiques de la direction du FSLN représente un abandon du cours et de l'héritage politiques de Carlos Fonseca qui ont été codifiés dans ses écrits, dont le « Programme historique » du FSLN.

été fortement recommandé par les conseillers soviétiques présents au Nicaragua. Dans une entrevue accordée en 1997, le général cubain Néstor López Cuba, qui a dirigé pendant plusieurs années la mission militaire cubaine au Nicaragua au cours des années 80, a noté : « Les sandinistes avaient des conseillers militaires cubains et soviétiques qui ne s'entendaient pas toujours sur les conseils à donner. Les soviétiques prônaient une armée régulière, grande, professionnelle et dotée d'une technologie sophistiquée. De l'autre côté, nous croyions que le Nicaragua avait besoin d'une armée capable d'éliminer les forces irrégulières auxquelles il faisait face à l'intérieur du pays et que ceci ne pouvait pas être fait par une armée régulière. […] Des combattants volontaires devaient le faire. C'est comme ça que nous avons défait les bandits dans les premières années de la révolution cubaine. » Cette entrevue a été publiée en anglais dans l'édition du 22 juin 1998 de l'hebdomadaire *The Militant* et en espagnol dans l'édition du mois de juillet 1998 du mensuel *Perspectiva Mundial.*

(7) Le cours du FSLN a repoussé encore plus loin de la politique ouvrière la grande majorité des partisans non communistes de la révolution nicaraguayenne dans le monde.

(a) Même si la plupart d'entre eux ont été déçus par les résultats électoraux de février 1990, ils ont été de plus en plus attirés, plutôt que dégoûtés, par la trajectoire de la direction du FSLN et par son rôle décisif dans l'établissement d'un gouvernement de coalition bourgeois.

(b) La « piste de Managua » est aujourd'hui devenue une route qui s'éloigne du communisme au lieu d'y mener, le contraire de ce qu'elle a été pour beaucoup de gens dans le passé.

12. La « voie cubaine » n'est en fait qu'un cas particulier de la trajectoire du mouvement communiste moderne depuis 1847 : un cours vers la construction d'une alliance entre les travailleurs et les agriculteurs sous la direction du prolétariat, dans le but de conquérir le pouvoir d'État, d'exproprier les exploiteurs et de commencer à construire le socialisme.

a) Le cours politique historique des communistes à Cuba n'est ni « cubain » ni une idiosyncrasie. Il n'est pas « castriste ». Il est communiste. La direction a redécouvert en pratique la voie indiquée par Marx et Engels et défendue par Lénine, et elle l'a suivie à Cuba et dans le monde. Elle n'a pas construit un chemin complètement nouveau. Elle a construit une extension de la voie communiste et, en le faisant, elle a enrichi et renforcé la continuité communiste.

(1) Au centre du processus de rectification se trouve la défense vigoureuse du socialisme comme « la

seule espérance, le seul chemin des peuples, des opprimés, des exploités, des dépossédés[13]. »

(2) Comme le montre la leçon négative du Nicaragua, le socialisme ne peut être construit qu'en établissant la dictature du prolétariat, et non en évitant ce point tournant décisif. Et ce n'est aussi qu'en suivant ce cours qu'il sera possible de forger une organisation communiste de cadres et de masse formée de travailleurs et de paysans.

b) L'effort des communistes cubains, dirigé par Fidel Castro dans le cadre de la rectification, pour faire connaître l'exemple et les contributions politiques de Che Guevara rend possible une reconquête internationale plus large du programme et de la stratégie forgés par Marx et Engels, Lénine, les bolcheviks et les quatre premiers congrès de l'Internationale communiste.

B. La construction de partis communistes dans les années 90

1. La période dans laquelle nous entrons ressemblera en beaucoup de points à celle qui a été marquée par la

---

13. Extrait d'un discours prononcé par Fidel Castro en décembre 1989 devant un rassemblement d'un demi-million de personnes à La Havane, à l'occasion de la Journée des Forces armées révolutionnaires. Cet événement célèbre l'anniversaire de l'arrivée du yacht Granma à Cuba, qui transportait les 82 combattants dirigés par Fidel Castro qui allaient entreprendre la guerre révolutionnaire contre la dictature de Fulgencio Batista appuyée par les États-Unis. Une traduction en anglais de ce discours a été publiée dans Fidel Castro, *In Defense of Socialism: Four Speeches on the 30th Anniversary of the Cuban Revolution*, Pathfinder, 1989. Ce discours a été publié en français sous le titre « Tant que l'impérialisme existera, Cuba ne pourra négliger sa défense » dans l'édition du 18 décembre 1989 du *Résumé hebdomadaire Granma* publié à Cuba.

dernière grave crise économique et sociale internationale, celle des années 30, qui a conduit à une situation prérévolutionnaire à l'échelle mondiale.

a) Pendant cette crise, le mouvement ouvrier est venu dès le début des années 30 au centre de la scène politique en Europe impérialiste, en Australie, en Nouvelle-Zélande et en Amérique du Nord, de même que dans plusieurs des pays économiquement les plus développés que l'impérialisme dominait.

b) La montée de la résistance des travailleurs et des agriculteurs aux coups des exploiteurs a fourni à la classe ouvrière une occasion de se remettre des défaites et des revers qu'elle avait subis à travers le monde entre 1923 et 1933.

(1) En 1923 en Allemagne, le troisième soulèvement révolutionnaire à poser la question du pouvoir en cinq ans par les travailleurs et les paysans a été écrasé. Les fascistes de Mussolini sont arrivés au pouvoir en Italie. La première vague révolutionnaire en Europe initiée par la révolution d'octobre 1917 dirigée par les bolcheviks avait été défaite.

(2) En 1933 la domination capitaliste en Allemagne a été préservée par le coup d'État nazi. À cause de la politique lâche de collaboration de classe des sociaux-démocrates et du factionnalisme frénétique du stalinisme de la troisième période, les unités de combat de rue disciplinées du mouvement hitlérien n'ont même jamais eu à affronter une résistance armée unitaire du mouvement ouvrier, qui aurait écrasé les nazis. Mais une fois consolidé, le régime policier bonapartiste d'Hitler a commencé à terroriser et à pulvériser les organisations ouvrières, ouvrant la voie à la guerre

impérialiste, à l'invasion de l'Union soviétique et aux exterminations racistes.

2. La plus importante différence entre les années 30 et aujourd'hui, c'est que les staliniens dominaient alors avec une poigne de fer le mouvement communiste international quand la dépression mondiale et la crise sociale généralisée ont commencé.

a) Les trahisons politiques des grandes batailles de classe des années 30 ont fait perdre aux masses travailleuses la possibilité de se remettre de leurs défaites de 1923-1933 et de remporter des victoires révolutionnaires.

(1) L'incapacité d'étendre la révolution socialiste au delà des républiques soviétiques pendant la situation prérévolutionnaire de 1918-1923 a surtout été due au manque d'expérience et au gauchisme de l'avant-garde prolétarienne dans les partis communistes nouvellement constitués.

(2) On peut directement attribuer aux trahisons politiques des directions du mouvement communiste international l'incapacité de forger une direction révolutionnaire au milieu et à la fin des années 30, direction qui aurait pu mener les travailleurs au pouvoir, arrêter la marche du fascisme et stopper le cours des impérialistes vers une guerre mondiale et vers l'invasion de l'Union soviétique.

b) Les Partis communistes ont subordonné le mouvement ouvrier et les luttes de libération nationale révolutionnaires aux intérêts diplomatiques nationaux du régime soviétique.

(1) Ils ont poursuivi une orientation de collaboration de classe et de front populaire en direction des ailes des diverses classes dominantes

impérialistes qu'ils espéraient être les mieux disposées à répondre aux besoins de la bureaucratie soviétique.

(2) Ils ont lancé leur machine à tuer internationale contre les combattants et les révolutionnaires qui « perturbaient » ce cours en luttant pour l'indépendance de classe et en refusant de subordonner les intérêts des travailleurs et des agriculteurs et les luttes de libération nationale au maintien d'un bloc avec l'« impérialisme démocratique » et des forces bourgeoises.

(3) Ce cours contre-révolutionnaire a débouché sur de terribles défaites pour les travailleurs et les agriculteurs à travers l'Europe. Au moment de la victoire fasciste dans la guerre civile espagnole en 1939, ces défaites avaient rendu inévitables l'invasion de l'Union soviétique et le déclenchement de la deuxième boucherie impérialiste mondiale.

c) Aux États-Unis, ces politiques de collaboration de classe ont pris la forme d'une subordination du mouvement syndical et des luttes ouvrières au Parti démocrate impérialiste et à la coalition politique dirigée par Roosevelt.

(1) Le Parti communiste (USA) a joué un rôle déterminant en aidant à faire dérailler le CIO. Le CIO avait pris naissance comme un mouvement social combatif :

(a) Qui s'appuyait sur la puissance des syndicats industriels en pleine montée.

(b) Qui montrait la voie vers l'action politique ouvrière indépendante.

(c) Et dont les premiers coups à la structure de ségrégation de Jim Crow et aux divisions raciales et nationales dans la classe ouvrière montraient

la voie vers la syndicalisation du Sud et la déségrégation du mouvement ouvrier.

(2) À l'exception d'un bref sursaut gauchiste pendant le pacte Hitler-Staline, le CPUSA s'est joint à partir de 1935 aux hauts officiers syndicaux et aux sociaux-démocrates pour mettre le CIO à la remorque des préparatifs de guerre de Washington.

(3) Pendant la deuxième guerre mondiale, le Parti communiste a aidé le patronat à imposer l'austérité et la discipline du travail à la classe ouvrière afin d'aider l'effort de guerre impérialiste.

d) La taille et le poids du mouvement stalinien à l'échelle mondiale dans les années 30, combinés au cours social-patriotique des sociaux-démocrates et des officiers syndicaux, ont empêché le développement de courants révolutionnaires de masse.

(1) Les forces qui appuyaient Moscou se sont servies de tous les moyens à leur disposition — de la calomnie à l'assassinat — pour étouffer les développements révolutionnaires en s'attaquant à l'avant-garde ouvrière en développement. Aux États-Unis, ils ont salué la première utilisation par Washington de la loi Smith sur le délit d'opinion contre la direction de lutte de classe des Teamsters dans le Midwest [14].

---

14. Signée par Franklin Roosevelt en juin 1940, la loi Smith visait à briser l'avant-garde de lutte de classe du mouvement ouvrier qui dirigeait l'opposition aux préparatifs de guerre impérialistes de Washington. La loi prévoyait des peines de prison sévères pour la promotion d'opinions considérées comme « séditieuses ». Dix-huit dirigeants de la section locale 544 des Camionneurs généraux à Minneapolis et du Parti socialiste des travailleurs ont été les premiers à être condamnés dans le cadre de la nouvelle loi. Le 8 décembre 1941, le lendemain du

(2) Dans ces conditions, il y avait peu d'espace pour qu'un Fidel Castro, un Malcolm X, un Maurice Bishop ou un Thomas Sankara émergent et évoluent vers le communisme, tout comme il y avait peu d'espace pour que des communistes comme James P. Cannon, Farrell Dobbs et d'autres forgent un parti ouvrier révolutionnaire de masse.

e) La situation est totalement différente aujourd'hui. Alors que nous entrons dans les années 90 :

(1) Les partis staliniens sont partout en crise.

(2) Les puissances impérialistes ont été affaiblies par des décennies de luttes anti-impérialistes qui ont permis d'obtenir leur indépendance politique à des centaines de millions de personnes appartenant aux peuples les plus opprimés et les plus exploités de la terre. La voie vers la révolution socialiste leur a été ouverte comme le seul chemin

---

bombardement de Pearl Harbour, les accusés de Minneapolis ont été condamnés à des peines de prison allant de 12 à 18 mois pour « conspiration dans le but de promouvoir le renversement du gouvernement des États-Unis. » Voir les livres *Socialism on Trial* de James P. Cannon et *Teamster Bureaucracy* de Farrell Dobbs, publiés par Pathfinder.

Le Parti communiste (USA) (CPUSA) a activement appuyé la poursuite judiciaire fédérale et aidé le département de la Justice à préparer son réquisitoire au procès. Un éditorial dans le *Daily Worker,* le journal du CPUSA à l'époque, a déclaré : « Les dirigeants de l'organisation trotskiste qui opère sous le nom erroné de « Parti socialiste des travailleurs » ne méritent pas plus d'appui [...] que les nazis qui camouflent leur parti sous le nom erroné de « Parti ouvrier national-socialiste. » Après la deuxième guerre mondiale, la loi Smith a aussi été utilisée en 1949 pour emprisonner des dirigeants du Parti communiste. Les principaux articles de cette loi de délit d'opinion ont été déclarés non constitutionnels en 1958.

conduisant au développement économique, à l'égalité politique et à une vie dans la dignité.

(3) Et un parti communiste prolétarien de masse dirige un État ouvrier à Cuba, suivant un cours qui renforce au lieu de les affaiblir les assises sociales et économiques de la dictature du prolétariat.

3. Une deuxième différence importante avec les années 30, c'est que la prochaine radicalisation ouvrière s'appuiera sur les conquêtes des mouvements de contestation sociale et des luttes ouvrières des années 60 et du début des années 70.

a) Ces mouvements et luttes comprennent les puissantes luttes pour les droits des Noirs, dont la manifestation actuelle possède des racines qui remontent en fait au milieu de la deuxième guerre mondiale ; l'opposition de masse à la guerre du Viêt-nam ; la nouvelle montée du mouvement des femmes ; l'émergence d'un mouvement chicano politisé ; la conscience croissante aux États-Unis et à Porto Rico de l'importance de la lutte pour l'indépendance de Porto Rico ; les actions continues pour défendre les droits des immigrés, les droits des lesbiennes et des gays et les droits des handicapés ; et la prise de conscience et l'opposition grandissantes à l'énergie nucléaire et à la dégradation de l'environnement.

(1) Ces luttes sont nées des nouvelles conditions engendrées par la deuxième boucherie impérialiste et ses suites.

(2) Elles ont profondément affecté la classe ouvrière et ont eu un impact profond sur la conscience des travailleurs et sur les rangs du mouvement ouvrier.

b) Au milieu des années 70, les luttes sociales et politiques des quinze années précédentes avaient atteint un sommet, après s'être heurtées aux limites objectives imposées par le rapport de force entre les classes et par le système bourgeois bipartite.

(1) Après avoir arraché des acquis substantiels, même si leur impact favorisait davantage la classe moyenne, ces mouvements sociaux ont rencontré des limites imposées par :

(a) Les conséquences à long terme de l'affaiblissement des syndicats, un produit de l'institutionnalisation des méthodes de collaboration de classe des officiers syndicaux.

(b) L'accélération de l'offensive anti-ouvrière de la classe dominante à la fin de l'expansion capitaliste de l'après-guerre.

(c) La contre-offensive idéologique bourgeoise contre les gains du passé qui a accompagné l'attaque antisyndicale des patrons.

(2) Bien que les conquêtes sociales des années 60 et 70 aient fait l'objet d'attaques répétées, aucune n'a été renversée. Elles restent le point de départ des prochaines luttes.

c) Une montée de la résistance et de l'activité syndicales dans les années 90 va donner un nouvel élan aux luttes sociales plus larges et prolétariser de manière croissante la composition sociale des actions de protestation sociale. De la même façon, ces luttes vont elles-mêmes renforcer la résistance syndicale et accroître la taille — et renforcer la composition sociale — de la direction du rang en émergence dans le mouvement ouvrier.

4. Une nouvelle montée des luttes ouvrières et des mouvements de protestation sociale dans les années 90 aura les meilleures possibilités depuis les années 30 de se lier à un mouvement combatif des petits agriculteurs.

a) Au début des années 80, la pire crise capitaliste à la campagne depuis les années 30 a fait perdre leur terre à des dizaines de milliers de petits agriculteurs.

b) Cette expropriation massive a engendré une grande opposition. Un véritable mouvement contre les saisies de ferme a vu le jour dans le Midwest et dans certaines régions du Sud. Dirigé par une couche d'avant-garde de petits agriculteurs, ce mouvement :

(1) A mobilisé des agriculteurs dans des actions directes pour combattre les banques, les monopoles et le gouvernement.

(2) A construit des organisations de protestation agricole composées de petits agriculteurs.

(3) A acquis une expérience de combat de lutte de classe.

(4) S'est tourné vers les syndicats et les organisations pour les droits des Noirs et des femmes afin de gagner leur solidarité.

(5) Et a commencé à se chercher des alliés au niveau international, alors que les agriculteurs étaient attirés par les paysans au Nicaragua et par les agriculteurs qui luttaient ailleurs dans le monde capitaliste.

c) L'apogée du mouvement agricole des années 80 a coïncidé avec le pire moment de la déroute dans le mouvement ouvrier aux États-Unis.

(1) Une très petite couche de forces d'avant-garde dans le mouvement ouvrier a participé activement au mouvement contre les saisies de ferme.

(2) Malgré le fait que beaucoup d'agriculteurs et de membres de leur famille sont aussi des travailleurs, les rangs des syndicats — qui évitaient les luttes — n'ont pas été capables de se tourner

vers celles des producteurs de la terre et de se solidariser avec elles d'une façon organisée et substantielle.

d) Le mouvement contre les saisies de ferme a décliné quand les conditions économiques à la campagne ont commencé à s'améliorer à la fin des années 80.

(1) Ceci a coïncidé avec la fin de la déroute du mouvement ouvrier. Mais la résistance renouvelée des membres des syndicats initiée par les grèves contre Eastern et Pittston est venue trop tard pour que les luttes des travailleurs des villes et des campagnes se renforcent mutuellement.

(2) Il continue d'y avoir une petite couche d'agriculteurs d'avant-garde expérimentés à la campagne, à la fois à l'intérieur et à l'extérieur des organisations de protestation agricole existantes.

(3) Les batailles à venir à la campagne devront cependant s'appuyer en premier lieu sur une nouvelle génération de petits agriculteurs, qui auront l'occasion de lier leurs luttes à celles des travailleurs combatifs.

5. La structure de classe de la nationalité noire est différente dans les années 90 de ce qu'elle était dans les années 60, sans parler des années 30.

a) Grâce aux victoires gagnées par le mouvement pour les droits des Noirs dans les années 50 et 60, il y a aujourd'hui une couche petite-bourgeoise substantiellement plus importante au sein de la population noire. Cette couche a réussi à s'intégrer dans le reste de la classe moyenne à un degré qui aurait été impensable aux gens de toutes classes et races aux États-Unis il y a à peine 25 ans.

b) En même temps, la grande majorité prolétarienne de la nationalité noire a subi le pire de la détérioration brutale des conditions économiques et sociales des travailleurs au cours de la dernière décennie. De larges couches de travailleurs qui sont noirs ont été conduites aux limites de la pauvreté et placées dans des conditions sociales qui sont même plus ségréguées — par race et par classe — qu'à la fin des années 60 ou qu'au début des années 70[15].

c) Avec cette plus grande différenciation sociale, la prochaine remontée de la lutte pour les droits des Noirs se heurtera rapidement à une polarisation selon des lignes de classe qui sera aiguë et profonde.

(1) Les couches petites-bourgeoises chercheront à imposer leurs perspectives de classe ainsi que leur domination organisationnelle et politique pour

15. À titre d'exemples de cette tendance continue, on peut citer les faits suivants. En juillet 1998 le taux de chômage officiel du gouvernement des États-Unis pour les Noirs était de 10,4 pour cent, soit plus de deux fois et demie de plus que la moyenne générale. Le taux de chômage chez les Noirs âgés de 16 à 19 ans s'élevait à 29,9 pour cent, ici aussi deux fois et demie celui de l'ensemble de la population. Le revenu familial médian des Noirs représente moins de 60 pour cent de celui des blancs. L'écart était substantiellement plus important en 1996 qu'en 1967. Trente pour cent des Afro-Américains vivent sous le misérable seuil de pauvreté officiel du gouvernement U.S. Entre-temps, un tiers des hommes noirs âgés de 20 à 29 ans sont soit en liberté surveillée, soit en libération conditionnelle, soit en prison aux États-Unis. Il y a plus d'hommes noirs que d'hommes blancs en prison même si les Noirs constituent moins de 12 pour cent de la population des États-Unis. (Au total en 1995, 5,4 millions de personnes aux États-Unis étaient soit en liberté surveillée, soit en libération conditionnelle, soit en prison. Il s'agit d'une augmentation de 200 pour cent depuis 1980. Pendant ce temps, la population des États-Unis s'est accrue de moins de 17 pour cent. Les États-Unis ont un taux d'incarcération de près de 600 par 100 000 habitants, de loin le plus élevé dans le monde.)

défendre leurs acquis contre un racisme toujours systémique et pour promouvoir leur propre intégration dans les institutions économiques, sociales et politiques capitalistes.

(2) Elles chercheront avant tout à canaliser tout mouvement plus large pour les droits des Noirs vers la collaboration de classe — loin du combat de classe et de l'action politique ouvrière indépendante, loin des initiatives politiques des travailleurs et des jeunes qui menacent de briser le moule et loin du développement d'une direction communiste plus large de la classe ouvrière.

(3) Dès le début, les porte-parole des couches moyennes nouvellement arrivées au sein de la population noire feront appel aux sentiments nationalistes afin de se gagner une base sociale parmi les travailleurs et les jeunes noirs qui entreront en lutte contre les attaques racistes et l'intensification de l'exploitation et de l'oppression capitalistes.

d) Au même moment, tout soulèvement dans la lutte contre l'oppression nationale et la discrimination raciste resserrera beaucoup plus rapidement les liens entre ces luttes et le développement d'une direction du rang dans le mouvement syndical, au sein de laquelle les travailleurs qui sont Noirs seront présents dans une proportion supérieure à celle des Noirs dans la population.

(1) Tout progrès dans la lutte pour les droits des Noirs renforcera les luttes ouvrières.

(2) De plus, un mouvement syndical plus combatif apportera une force sociale décisive dans la lutte de libération des Noirs.

(3) Dans les luttes syndicales qui éclatent déjà aujourd'hui, le pourcentage des travailleurs qui sont

noirs parmi les dirigeants du rang est qualitativement plus important que ce qui était possible dans les années 60 ou 30.

e) Plusieurs nouvelles générations de travailleurs et de jeunes qui sont noirs sont attirés par l'exemple politique révolutionnaire et par l'héritage de Malcolm X.

(1) L'opposition intransigeante de Malcolm à l'avilissement et à la discrimination racistes, à l'« américanisme » sous toutes ses formes, à toute subordination à Washington ou à ses partis politiques, et à l'oppression par l'impérialisme des travailleurs et des paysans d'Afrique, des Amériques, d'Asie et du Pacifique l'a placé sur un cours politique internationaliste et anti-impérialiste révolutionnaire alors qu'il était une figure très en vue dans la Nation de l'islam. C'est son refus d'abandonner ce cours qui l'a préparé à cesser de nier l'état de la direction centrale de la Nation. Cette dynamique a culminé dans la mise au silence de Malcolm par Elijah Muhammad à la fin de 1963, qui a préparé sa rupture publique avec la Nation au début de 1964.

(2) Alors qu'il est devenu de plus en plus clair que l'impérialisme avait l'intention criminelle de le condamner à jamais au silence, l'intégrité et la cohérence politiques de Malcolm lui ont rapidement permis à la fin de 1964 et au début de 1965 de surmonter un à un tous les obstacles et d'expliquer publiquement ce processus à mesure qu'il se déroulait.

(a) Malcolm a rejeté son opposition antérieure aux « mariages mixtes », un héritage réactionnaire des fondements démagogiques et antimatérialistes des politiques d'Elijah Muhammad.

(b) Il a abandonné tous les vestiges d'allusions antisémites offensantes qui étaient endémiques au sein de la Nation et des milieux plus larges qu'elle influençait et qui l'influençaient.

(c) Il a raconté en détail les conséquences politiques de la corruption « personnelle » en expliquant comment la conduite d'Elijah Muhammad (avec la connaissance et la connivence de la majorité de la direction de la Nation), bafouait tout respect des femmes, pour ne rien dire du genre de progrès pour les droits des femmes que Malcolm considérait comme inséparables du progrès social et de la lutte révolutionnaire partout dans le monde [16].

(d) Malcolm a révélé et analysé la recherche inévitable par la direction de la Nation d'appui

16. Les événements qui ont culminé dans l'interdiction de parler publiquement imposée à Malcolm et sa rupture subséquente avec la Nation de l'islam ont été précipités par la découverte qu'il a faite qu'Elijah Muhammad avait eu des relations sexuelles avec plusieurs adolescentes et qu'il s'était organisé, lorsqu'elles sont devenues enceintes, pour les faire suspendre de la Nation sous l'accusation de « fornication ». Quand Malcolm a refusé de collaborer avec d'autres dans la chaîne de commande de la Nation afin de couvrir cet abus — abus des femmes et abus de pouvoir — Elijah Muhammad a décidé de lui interdire de parler. « Quand je me suis aperçu que les dirigeants eux-mêmes ne suivaient pas ces règles, la faillite morale de cette section de son programme m'est devenue claire, » a dit Malcolm lors d'une entrevue accordée au début de 1965 à la revue *Young Socialist.* Cette entrevue a été reproduite dans le recueil *Malcolm X Talks to Young People,* Pathfinder, 1991, et dans une brochure du même nom aussi publiée par Pathfinder. Elle a été traduite dans le numéro de janvier-mars 1990 de la revue *Lutte ouvrière,* publiée à Montréal.

matériel de la part d'organisations réactionnaires et d'alliances avec elles. Ce cours découlait du caractère social et des limitations politiques de cette direction. Malcolm a révélé qu'en 1960 et 1961, il avait lui même reçu des instructions pour poursuivre ou faciliter de telles alliances avec le Ku Klux Klan et le Parti nazi américain[17].

(e) En adoptant ces positions et en agissant de cette manière, Malcolm a mis en lumière les conséquences politiques réactionnaires et le caractère antiprolétarien de la corruption née des aspirations petites-bourgeoises d'une direction prétendant parler pour les opprimés — que celle-ci se drape d'apparats intégrationnistes ou séparatistes.

(f) En même temps que Malcolm s'exprimait inflexiblement sur tous ces sujets, il a approfondi un appel de front uni à l'endroit de ses disciples et d'autres combattants, ainsi que des membres de la Nation de l'islam. Il a attiré l'attention sur les signes non équivoques que des forces plus grandes que la Nation — la machine à tuer de l'impérialisme U.S. — étaient responsables de la préparation des attaques meurtrières à venir contre lui et sa famille.

(3) L'évolution de plus en plus rapide de Malcolm au cours de la dernière année de sa vie vers une organisation politique laïque, l'anticapitalisme,

---

17. Voir en particulier le discours prononcé par Malcolm le 15 février 1965 dans la salle du Audubon Ballroom à Harlem, « There's a Worldwide Revolution Going On », dans *Malcolm X, February 1965: The Final Speeches,* Pathfinder, 1992.

puis le socialisme, l'a placé sur une trajectoire qui convergeait avec celle d'autres révolutionnaires et communistes dans le monde.

(a) Il a cherché à établir un terrain commun avec la direction communiste de Cuba, lorsqu'il était en Afrique et à l'occasion de visites aux États-Unis de ses plus éminents représentants, Fidel Castro et Che Guevara.

(b) Il a recherché la collaboration des communistes aux États-Unis organisés dans le Parti socialiste des travailleurs et l'Alliance des jeunes socialistes.

(4) À mesure que s'intensifieront les batailles de classe dans les années 90, les combattants ouvriers de toutes nationalités, couleurs de peau et langues qui évolueront vers des perspectives internationalistes et anticapitalistes prolétariennes seront attirés par l'héritage politique de Malcolm.

(a) Ces jeunes révolutionnaires deviendront des cadres et des dirigeants non seulement de nouvelles luttes contre toutes les manifestations d'oppression raciste et nationale, mais aussi du mouvement ouvrier et des partis communistes.

(b) Ce fait souligne l'importance des efforts réalisés par les communistes pour publier les écrits et les discours de Malcolm et les diffuser dans les couches les plus larges possibles de combattants et de révolutionnaires parmi les travailleurs et les agriculteurs aux États-Unis et dans le monde.

(5) Les misleaders petits-bourgeois de la nationalité noire se drapent du manteau de Malcolm X pour essayer de se construire une base personnelle

parmi les jeunes attirés par son exemple. En même temps, ces couches petites-bourgeoises craignent la jeunesse ouvrière — noire, blanche ou autre — et la considèrent avec mépris en se faisant l'écho de la propagande bourgeoise sur les « dangers de la sous-classe ». (Certains glorifient aussi la « sous-classe », à distance respectueuse, en projetant sur la jeunesse noire leurs propres misogynie et brutalité bourgeoises.)

(a) Quelques-unes de ces forces petites-bourgeoises essaient de déformer l'évolution politique de Malcolm X en décrivant sa dernière année comme un abandon de ses positions révolutionnaires, alors qu'il aurait supposément convergé vers les perspectives de Martin Luther King ou même vers le libéralisme. Ignorant l'opposition ouverte de Malcolm X aux deux partis démocrate et républicain, ces libéraux projettent leur propre cours et rhétorique politiques sur Malcolm et cherchent à le présenter comme un précurseur de la Coalition arc-en-ciel de Jesse Jackson.

(b) Plusieurs de ces courants politiques petits-bourgeois pratiquent la politique de la démagogie au nom du nationalisme (et aussi parfois du « marxisme »). En contraste marqué avec leurs propre conduite et exemple, Malcolm a émergé comme un révolutionnaire intègre qui connaissait des pieds à la tête le caractère conservateur et ultimement bourgeois de la corruption engendrée par la dépendance de revenus provenant de la délinquance ou du crime organisé. Il s'est rebellé contre les aspirations et le ressentiment petits-bourgeois,

contre le *red-baiting,* le *race-baiting* et contre les flatteries staliniennes, sans parler du racisme (anti-haïtien, anti-asiatique, etc.), de l'antisémitisme, de la bigoterie antifemmes et de toute démagogie intéressée du même genre *.

(6) Malcolm X apporte une preuve vivante de la capacité des combattants animés d'un esprit révolutionnaire et issus des rangs de la classe ouvrière d'élargir leur horizon et d'évoluer vers le communisme et vers une capacité de direction révolutionnaire du plus grand calibre historique. Son exemple confirme le jugement que les cadres dirigeants expérimentés du SWP qui sont noirs sont les précurseurs d'un développement de direction communiste beaucoup plus large qui émergera de l'approfondissement des luttes et de la clarification politique.

(a) Étant donné la plus grande différenciation de classe au sein de la nationalité noire aujourd'hui, les combattants animés d'un esprit nationaliste qui émergeront d'une prochaine

* Le *red-baiting* est la pratique consistant à suggérer de manière démagogique que les positions politiques de quelqu'un ne méritent pas un examen objectif parce que celui qui les présente est « suspecté » d'être un communiste ou un sympathisant communiste ou parce qu'il est sous la discipline d'une organisation communiste.

Le *race-baiting* décrit le recours à la même méthode démagogique par quelqu'un appartenant à une nationalité opprimé (ou prétendant parler au nom des intérêts de cette nationalité), cette fois-ci dans le but de dénigrer la crédibilité ou les qualifications de direction d'un individu ayant une couleur de peau différente. Par extension, le terme *baiting* sert parfois à désigner le même genre de pratique effectuée sur la base de l'origine nationale, de la langue ou de la religion. *NOTE DE LA TRADUCTION*

avancée explosive de la lutte pour la libération des Noirs se tourneront plus rapidement vers une vision du monde plus large — vers le marxisme. Ils auront une possibilité plus grande que la génération du Parti des panthères noires d'éviter le piège consistant à confondre le stalinisme avec le marxisme[18].

(b) Plus les luttes contre le racisme seront grandes, plus l'engagement à se battre pour la libération des Noirs sera généreux, plus le mouvement ouvrier et son avant-garde participeront activement à ces luttes, et plus les occasions seront grandes pour avoir de l'influence, recruter au Parti socialiste des travailleurs et

---

18. Le Parti des panthères noires pour l'autodéfense (Black Panther Party for Self-Defense) a été créé en 1966 à Oakland en Californie en réponse à l'assassinat par la police d'un jeune Noir de 16 ans. Au cours des années suivantes, il a attiré des milliers de jeunes, principalement des Noirs, dégoûtés par les maux du racisme et cherchant des stratégies s'attaquant à la source de l'oppression qu'ils combattaient. Mais dans sa recherche de solutions anticapitalistes, la direction des Panthères noires a trouvé le stalinisme, qui à l'époque disposait toujours de réserves substantielles à travers le monde. À la fin des années 60, le recours à des méthodes de bandits, les illusions dans la collaboration de classe et les aventures gauchistes que les Panthères avaient absorbés du stalinisme se sont combinés pour les rendre extrêmement vulnérables aux opérations perturbatrices meurtrières du FBI et des autres agences de police. Une vingtaine de membres des Panthères ont été tués, soit directement par les policiers comme dans le cas de Fred Hampton, tué dans son lit en 1969 par la police de Chicago, soit dans des fusillades avec la police ou entre membres des Panthères incitées par des agents provocateurs. Plusieurs autres membres des Panthères ont été l'objet de coups montés et emprisonnés.

à l'Alliance des jeunes socialistes et pour renouveler leurs cadres.

(c) Aux États-Unis, comme dans les autres pays impérialistes, le « temps des nations » et la révolution socialiste triompheront ensemble.

C. Une fraction de la classe ouvrière internationale et de son avant-garde combattante

1. Les cadres du SWP sont une fraction de la classe ouvrière, de ses combattants d'avant-garde et de la direction du rang en train d'émerger dans les syndicats.

a) Les travailleurs communistes n'ont pas de « stratégie syndicale » distincte de la stratégie prolétarienne révolutionnaire plus large, qui se reflète dans un travail de masse concret découlant de la dynamique de la lutte des classes et d'efforts pour faire progresser la lutte pour un gouvernement des travailleurs et des agriculteurs.

(1) Les communistes dans les syndicats cherchent à collaborer avec tous les combattants qui en sont membres en utilisant les tactiques les plus *efficaces* pour faire progresser la lutte ouvrière et s'accroître l'expérience et la confiance en soi des dirigeants du rang.

(2) Les communistes appuient et mettent de l'avant des tactiques qui permettent aux rangs de faire sentir leur poids en utilisant la force des syndicats et, sur cette base, en recherchant la solidarité.

(3) C'est le contraire du cours suivi par les officiers, qui s'appuie sur des formes accrues de collaboration avec le patronat, qui affaiblit la force des syndicats et qui démoralise et dépolitise les militants. Aucun aspect du cours suivi par les officiers ne coïncide avec une orientation révolutionnaire.

b) Les travailleurs qui sont communistes participent aux batailles ouvrières dans le but de faire progresser la lutte pour transformer les syndicats en instruments révolutionnaires de combat — une orientation qui fait partie d'un cours vers la révolution socialiste.

(1) Un des éléments de ce combat est la perspective de constituer une aile gauche de lutte de classe dans le mouvement syndical.

(2) La conception tactique qui découle de la stratégie communiste est résumée dans le programme adopté en 1938 quand l'organisation ouvrière porteuse de la continuité du communisme aux États-Unis a pris le nom de Parti socialiste des travailleurs : « Bons sont les méthodes qui élèvent la conscience de classe des ouvriers, leur confiance dans leurs propres forces, leurs dispositions à l'abnégation dans la lutte. Inadmissibles sont les méthodes qui inspirent aux opprimés la crainte et la docilité devant les oppresseurs [19] […]. »

2. Les cadres du SWP sont une fraction des révolutionnaires qui se battent pour faire progresser la lutte mondiale contre l'oppression impérialiste et l'exploitation capitaliste.

a) Notre collaboration avec d'autres combattants n'est pas fondée sur des critères idéologiques — y compris sur le fait qu'il s'agisse ou pas de communistes.

(1) Nous partons des gestes qui reflètent la détermination de combattre l'impérialisme plutôt que de s'y adapter.

---

19. Voir Leon Trotsky, *The Transitional Program for Socialist Revolution,* Pathfinder, 1977, p. 148. En français : Léon Trotsky, *L'agonie du capitalisme et les tâches de la Quatrième Internationale,* Paris, La Brèche, 1983, p. 59.

(2) Nous sommes côte à côte avec ceux — peu importe leur degré de résistance actuel — qui refusent de subordonner les intérêts des travailleurs et des agriculteurs à une couche des exploiteurs capitalistes.

(3) Notre continuité remonte aux combattants, hommes et femmes, qui à travers l'histoire ont dit non à l'exploitation et à l'oppression plutôt que se mettre à genoux.

b) C'est seulement à partir des combattants, des révolutionnaires d'action, que se forgeront les communistes au cours des luttes. Et c'est seulement du sein de la classe ouvrière que peut provenir l'avant-garde politique de masse de ces combattants.

c) Plus de 150 ans de lutte politique du mouvement ouvrier moderne nous ont appris que, de plus en plus, pour devenir et demeurer un révolutionnaire, il faut devenir un communiste.

3. Les cadres du SWP sont une fraction des communistes dans le monde.

a) Nous sommes rattachés à la continuité politique communiste :

(1) Depuis Marx et Engels et le courant international de la Ligue des communistes qu'ils ont aidé à fonder en 1847.

(2) En passant par Lénine, les bolcheviks et les cinq premières années de l'Internationale communiste.

(3) Puis par Trotsky et les communistes qui se sont battus pour poursuivre le cours de Lénine contre Staline, qui soutenait qu'il était possible de construire le socialisme dans un seul pays et d'établir un compromis à long terme avec les dirigeants impérialistes.

(4) Puis par la formation d'une direction communiste à Cuba et le renouvellement de l'avant-garde communiste sur une échelle de masse pour la première fois depuis le début des années 30.

(5) Et le lien avec l'héritage bolchevique-léniniste qui se manifeste dans le courant communiste international dont nous faisons partie.

b) Nous reconnaissons le caractère indispensable du programme communiste — la généralisation des expériences et des leçons des luttes de la classe ouvrière internationale — et le poids décisif de ce programme comme arme de la classe ouvrière dans la révolution socialiste.

(1) La continuité et la clarté politiques d'une avant-garde communiste internationale sont nécessaires parce que le programme et la stratégie dont la classe ouvrière a besoin pour faire progresser la lutte révolutionnaire pour la libération nationale et le socialisme ne peuvent être produits automatiquement à partir d'une grève ou d'une seule lutte politique menée par des travailleurs ou des agriculteurs.

(2) Le communisme généralise les leçons du mouvement ouvrier :

(a) À partir d'un point de vue historique plus large que celui de toute lutte particulière (il considère le présent comme étant de l'histoire ; il utilise les leçons du passé telles qu'elles se reflètent dans l'expérience vivante actuelle).

(b) À partir d'un cadre géographique plus large (celui de la lutte de classe internationale).

(c) Et à partir des rapports entre *toutes* les classes de la société moderne, considérés du point de vue de la classe ouvrière.

(3) Seuls des cadres communistes trempés et éprouvés dans la lutte de la classe ouvrière auront acquis *l'expérience* nécessaire et *se seront gagnés* le respect de leurs camarades de combat qui leur assureront, à eux et à leurs publications, le type d'audience sans laquelle il est impossible de gagner des couches de l'avant-garde ouvrière au programme et au parti communistes.

D. La stratégie communiste de construction du parti aujourd'hui

1. Les « six points » présentés en 1988 par Mary-Alice Waters dans sa lettre « La stratégie communiste de construction du parti aujourd'hui : lettre à des camarades en Suède » sont essentiels pour forger les forces communistes dans les années 90 [20].

a) Ces six points — le tournant vers l'industrie, la centralisation politique, le rythme hebdomadaire de la vie politique ouvrière, l'expansion d'un travail de propagande large construit autour de Pathfinder, le recrutement de jeunes et l'internationalisme prolétarien sous la bannière de la nouvelle Internationale — résument la ligne de conduite que le SWP doit suivre aujourd'hui pour accomplir un travail de masse efficace en tant que composante des travailleurs combattants et des forces communistes internationales.

b) Cette stratégie trace aussi la seule voie qui nous permette aujourd'hui d'avancer vers une convergence à plus long terme et plus large des forces communistes dans le monde.

2. L'expérience collective du SWP et de chacune des ligues communistes avec lesquelles nous collaborons au cours

20. Voir ailleurs dans ce numéro.

des trois dernières années nous convainc que nous devons nous considérer nous-mêmes comme *faisant partie* de la centralisation internationale plus grande qui découle de cette stratégie — et dans une mesure croissante que nous devons considérer notre activité comme étant *déterminée* par elle. C'est particulièrement vrai pour le SWP, dont le poids est prépondérant du fait de sa continuité politique, de son expérience et de sa taille.

a) De plus en plus, nous avons eu des rythmes et des priorités politiques similaires dans nos activités, comme notre travail en direction des mineurs de charbon en lutte, la campagne de solidarité avec la grève contre Eastern, le travail de défense de Mark Curtis, le travail de solidarité avec Cuba et les activités contre l'apartheid.

b) La promotion des livres de Pathfinder et le développement d'un réseau de librairies et de distributeurs de Pathfinder ont joué et continuent de jouer le rôle clé pour accroître l'impact et renforcer les assises de notre arsenal de propagande commun.

(1) Les publications de Pathfinder sont de plus en plus devenues des outils centraux pour collaborer avec d'autres révolutionnaires et communistes de par le monde.

(2) Chaque organisation communiste a relevé le défi d'assumer une responsabilité politique plus importante pour diriger le travail de promotion et de vente de Pathfinder, pour le faire de manière plus professionnelle et plus large, et pour l'intégrer dans tous les aspects de notre travail — en s'appuyant sur une centralisation internationale croissante de cet effort.

c) Par la circulation internationale hebdomadaire du *Militant* et une collaboration internationale plus étroite entre travailleurs pour assurer sa production et son financement, nous avons franchi de nouveaux pas pour faire du *Militant* l'organisateur et le centralisateur politiques de notre travail.

(1) La diffusion de *Perspectiva Mundial,* de *Lutte ouvrière,* de *New International* et de *Nouvelle Internationale* comme des suppléments au *Militant* a renforcé notre capacité de rejoindre diverses forces ouvrières dans plusieurs pays [21].

(2) Par nos ventes hebdomadaires, dont celles que nous faisons aux portes des entreprises, et par nos campagnes internationales d'abonnement et de réabonnement, nous avons commencé à forger une couche de lecteurs à long terme parmi les combattants ouvriers dans le monde, pour qui le *Militant* et nos autres publications sont des armes indispensables.

d) Cette collaboration internationale pour appliquer la stratégie de construction du parti qui centralise notre travail, et qui est résumée dans les six points, est la voie qui nous permettra d'accroître notre force de frappe collective.

(1) Elle est à l'opposé d'un regroupement programmatique d'organisations révolutionnaires réalisé

---

21. En 1991 a été publié le premier numéro de *Nueva Internacional,* la publication soeur en espagnol de *New International* et de *Nouvelle Internationale,* et en 1993, celui de *Ny International* en suédois. La revue trimestrielle de langue française *Lutte ouvrière* est devenu *L'internationaliste* en janvier 1991 et a cessé de paraître au printemps de 1992, afin de permettre au mouvement communiste de centrer ses ressources éditoriales en français sur la traduction de *Nouvelle Internationale* et sur celle de livres et de brochures marxistes publiés par les éditions Pathfinder.

sur la base d'une liste de points, ou « principes », politiques d'accord et de désaccord.

(2) Elle est à l'opposé de la centralisation qui découle en premier lieu d'organes exécutifs composés de dirigeants sélectionnés au sein de partis provenant de différents pays (que ces dirigeants soient choisis sur une base fédérative par les partis eux-mêmes ou qu'ils soient élus par un congrès international souverain).

(3) Elle accroît notre responsabilité mutuelle de travailler avec d'autres révolutionnaires et communistes. Elle renforce la discipline et les normes prolétariennes quand nous le faisons.

3. Le mouvement communiste fait partie de l'avant-garde combattante de la classe ouvrière internationale, il n'est pas une composante d'une « gauche » politique ambiguë et sans contenu de classe. Ceci nous dicte un double axe de travail politique :

a) Nous luttons pour faire avancer au maximum l'unité d'action (par exemple le travail de solidarité syndicale avec les grèves contre Eastern et Pittston, la défense de Cuba, le mouvement anti-apartheid, les luttes pour les droits des femmes et des Noirs). Notre combat contre le sectarisme et les activités factionnelles et pour l'unité d'action exprime le fait que les communistes sont le seul courant politique qui n'a pas d'intérêts historiques séparés et distincts de ceux de la classe ouvrière.

b) Comme l'explique le *Manifeste du Parti communiste,* dans la bataille pour faire avancer l'unité d'action, les communistes représentent et préparent *l'avenir* du mouvement ouvrier. Nous avançons une perspective politique communiste. Ceci permet aux travailleurs militants de commencer à nous distinguer politiquement de toutes les variétés de courants petits-bourgeois qui existent au sein du mouvement ouvrier.

(1) Le socialisme n'est pas un ensemble d'idées que l'on peut rajouter au syndicalisme, au nationalisme ou au féminisme et qui pourrait ainsi faire avancer les intérêts historiques de la classe ouvrière.

(2) De telles formes de conscience spontanée, partielle et en dernière analyse bourgeoise ou petite-bourgeoise sont le reflet de la radicalisation initiale des combattants d'avant-garde, en même temps que l'expression du fait que ces combattants n'ont pas encore traversé le pont menant au communisme.

(3) Pour en arriver à la conclusion que la conquête du pouvoir et la construction du socialisme par les travailleurs et les agriculteurs sont la base nécessaire pour en finir avec toutes les formes d'exploitation et d'oppression et pour transformer les relations humaines, il faut un saut qualitatif dans la conscience politique des travailleurs. Les luttes progressistes et les mouvements sociaux de protestation doivent être évalués du point de vue de cette ligne de marche de la classe ouvrière vers le pouvoir.

(4) Ce progrès dans la conscience ne peut être que le résultat combiné des expériences acquises dans la lutte et de la généralisation des leçons tirées de ces luttes, dans le cadre de l'histoire du combat des travailleurs pour leur émancipation.

4. La divergence entre les communistes et les courants petits-bourgeois au sein du mouvement ouvrier international s'élargit et s'aiguise.

a) Les communistes ne font pas partie de la « gauche antistalinienne », des « progressistes », des « forces démocratiques » ou des « marxistes-léninistes ». Toutes ces étiquettes ont été appropriées par divers courants petits-bourgeois formés d'une combinaison quelconque de staliniens, de sociaux-démocrates et de radicaux ou libéraux antimarxistes.

b) Nous ne faisons pas partie du « mouvement trotskiste » ni de la Quatrième internationale. Il s'agit de courants qui ont émergé des années 80 en suivant une trajectoire qui rejette un cours communiste pour construire des partis de travailleurs-bolcheviks faisant partie des rangs en lutte de la classe ouvrière.

c) Nous ne nous orientons vers aucune aile des partis staliniens (y compris du Parti communiste sud-africain ou du Parti communiste des Philippines) ; ni vers aucune autre couche stalinienne ou centriste qui considèrent la « perestroïka » comme la voie en avant (comme les journaux *The Guardian* ou *Frontline*[22]) ; ni vers ceux qui justifient la répression stalinienne en l'associant faussement à la dictature du prolétariat (comme le Workers World Party aux États-Unis).

d) Nous nous éloignons de tous les courants d'opposition organisée de « gauche » ou « progressistes » au sein du mouvement syndical. Nous sommes

---

22. Le *Guardian* et *Frontline* étaient les publications de deux courants dans le milieu stalinien plus large qui, à divers moments dans les années 70 et 80, se sont orientés vers l'une ou l'autre composante de la caste bureaucratique dans l'État ouvrier chinois. Les deux se sont par la suite dissous lors de la désintégration du stalinisme international après 1990.

plus éloignés que jamais de ceux qui s'accrochent à l'une ou l'autre aile ou figure dans la bureaucratie et qui cherchent à obtenir des postes afin d'« être en meilleure position » pour transformer les syndicats.

5. Parce que les communistes font partie de la résistance croissante des combattants d'avant-garde dans la classe ouvrière, nous pouvons devenir et devenons la cible de forces anti-ouvrières.

a) Nous sommes visés non pas à cause d'erreurs gauchistes ou sectaires de notre part, ni parce que nous sommes trop en avant ou trop à gauche des travailleurs en lutte, mais parce que nous faisons partie de la résistance.

(1) La police, les employeurs et les forces de droite ne visent pas principalement les communistes, mais plutôt l'avant-garde plus large des travailleurs en lutte dont nous faisons partie.

(a) Souvent nous essuyons le feu de l'ennemi parce que, contrairement à la plupart des autres militants, nous sommes membres d'une organisation politique révolutionnaire identifiable.

(b) Notre participation comme individus à tout un éventail de luttes, au travail et ailleurs, est bien connue.

(c) Parfois nous sommes simplement visés comme des militants parmi d'autres.

(2) Pour nous défendre contre de telles attaques, nous sommes souvent obligés de prendre des responsabilités qui sont disproportionnées par rapport à notre taille et à notre influence générale au sein du mouvement ouvrier aujourd'hui.

(a) Si nous avons la confiance politique d'expliquer que ce sont les droits et les intérêts de

tous les combattants qui sont en jeu, il y aura alors des couches plus larges de travailleurs, d'agriculteurs et de gens à l'esprit démocratique qui de plus en plus adopteront cette lutte comme la leur.

(b) En répondant de façon opportune aux tentatives des forces anti-ouvrières et de droite de fermer l'espace occupée par l'avant-garde ouvrière, nous pourrons *gagner* un *plus grand* espace pour le mouvement révolutionnaire à mesure que des forces démocratiques plus larges s'identifient à la lutte (comme la fresque murale Pathfinder, l'interdiction des livres publiés par Pathfinder à Grenade et l'arrestation du représentant de Pathfinder Pete Clifford en Irlande du Nord [23]).

---

23. Au cours de l'année qui a précédé la rédaction de cette résolution, les membres et partisans du Parti socialiste des travailleurs et des ligues communistes dans d'autres pays ont obtenu l'appui d'un large éventail d'organisations et d'individus connus en réponse à plusieurs attaques gouvernementales ou de la droite contre les droits démocratiques.

En novembre 1988, des députés, le Conseil national des libertés civiles et d'autres individus ont dénoncé la détention sans accusation de Pete Clifford, un vendeur de Pathfinder, en Irlande du Nord sous occupation britannique. Pete Clifford a été détenu et interrogé pendant 24 heures en vertu de la Loi de prévention du terrorisme avant d'être libéré et de poursuivre son voyage de promotion.

Au début de 1989, le gouvernement imposé par les États-Unis à Grenade a interdit 86 livres, dont certains de Fidel Castro, Malcolm X, Nelson Mandela et Karl Marx, publiés ou diffusés par les éditions Pathfinder. Des protestations ont été émises par plusieurs membres du Congrès des États-Unis et des députés des parlements britannique et canadien, par l'organisation d'écrivains

(c) À mesure que la polarisation de classe s'approfondit, il devient de plus en plus essentiel de combiner la défense politique à des mesures de sécurité appropriées pour protéger les activités du mouvement communiste. De telles mesures contribueront à l'éducation *politique* des dirigeants du rang et gagneront leur appui.

b) Dans le cas du coup monté contre Mark Curtis, la police s'en est d'abord prise à Curtis, pas au SWP.

(1) Mark Curtis était le représentant d'autres jeunes travailleurs comme lui qui résistaient à l'offensive brutale des patrons de l'industrie de l'abattage ; qui luttaient pour défendre les droits de leurs

---

PEN American Center, par le Syndicat des travailleurs du pétrole de Trinidad et par plusieurs autres individus et organisations.

En décembre 1989, la fresque murale de six étages peinte sur un mur de l'édifice Pathfinder à New York et qui est reproduite sur la couverture de ce numéro de *Nouvelle Internationale* a été mutilée par des forces de droite qui ont lancé de la peinture dessus et en ont abîmé le bas. Cette attaque s'est produite à peine quelques semaines après l'inauguration officielle de la fresque et juste après la publication dans le *New York Post* d'un éditorial l'attaquant et se terminant par un appel à l'action : « Il faut effacer la fresque. » Quant au démagogue d'extrême droite Patrick Buchanan, il a écrit dans sa chronique publiée à travers le pays : « Ironique, non ? En Europe de l'Est, les victimes du communisme abattent les images de Marx et de Lénine. Dans la capitale artistique des États-Unis, on érige leur portrait et Fidel Castro domine l'autoroute Westside. » Des artistes, des syndiqués et plusieurs autres personnes de New York, du reste des États-Unis et d'ailleurs dans le monde ont immédiatement condamné le geste de vandalisme. Le maire nouvellement élu David Dinkins a émis une déclaration réclamant l'arrestation des responsables de l'attaque. Une autre attaque à la peinture contre la fresque Pathfinder en mars 1991 a aussi soulevé un tollé de protestations.

compagnons de travail immigrants ; qui se mobilisaient contre le harcèlement raciste de la police et qui s'opposaient à la restriction des droits des femmes.

(2) De l'Iowa aux quatre coins du globe, les partisans de Mark Curtis ont impliqué des forces de plus en plus larges dans cette lutte. Ils ont ainsi augmenté le prix politique que les dirigeants capitalistes doivent payer pour maintenir Curtis en prison et ils ont élargi l'espace politique dont ce dernier jouit pour faire du travail communiste.

(3) Cette campagne internationale et politiquement centralisée pour expliquer le contexte dans lequel le coup monté a eu lieu et pour gagner des appuis à la libération de Curtis est organisée de l'intérieur du mouvement ouvrier. Mark Curtis y participe comme un combattant communiste actif, pas seulement comme un homme qui réclame justice. La campagne de défense a joué un rôle central pour approfondir la prolétarisation des ligues communistes et favoriser leur développement international.

c) Les efforts de désorganisation et de déstabilisation de la Ligue des travailleurs sont eux aussi dirigés contre l'avant-garde combattante de la classe ouvrière. Depuis 1977, nous avons dû mener une lutte pour aider d'autres forces à reconnaître sous cet angle les activités de cette organisation anti-ouvrière et pour relever politiquement le défi de faire appel à des forces plus larges et de les impliquer dans le combat contre cette organisation.

(1) Nous avons dû apprendre à expliquer pourquoi le mouvement ouvrier devait rejeter la campagne

de calomnies et de *cop-baiting** menée contre le SWP et quels en étaient les enjeux pour la défense des droits démocratiques (Joseph Hansen, George Novack, Jack Barnes et les « 12 de Carleton » faussement accusés d'être des agents du FBI). Nous avons aussi dû apprendre à expliquer pourquoi le mouvement ouvrier devait repousser l'attaque contre la liberté d'association qu'a représenté le procès intenté contre le SWP par Alan Gelfand à l'initiative de la Ligue des travailleurs[24].

(2) Notre but n'est pas et n'a jamais été que le SWP mène seul le combat pour vaincre la Ligue des

---

* Pratique visant à discréditer des militants ou des organisations dans le mouvement ouvrier ou dans les luttes sociales plus larges en insinuant de manière démagogique, ou même en affirmant ouvertement, qu'il s'agit d'agents de la police. Le *cop-baiting* consiste parfois à suggérer que certaines positions politiques ne peuvent servir que les intérêts de l'ennemi de classe et donc être mises de l'avant que par un flic ou un agent provocateur. *NOTE DE LA TRADUCTION*

24. Comme un aspect central de ses opérations de harcèlement et de désorganisation contre le Parti socialiste des travailleurs et d'autres combattants d'avant-garde dans le mouvement ouvrier, la Ligue des travailleurs a lancé en 1975 une grande campagne publique de calomnies où elle a accusé la direction du SWP d'être contrôlée par des agents doubles au service du gouvernement des États-Unis et de la police secrète de Moscou. En plus de Joseph Hansen et de George Novack, des dirigeants de longue date du SWP, les autres cibles de cette campagne de *cop-baiting* ont compris l'actuel secrétaire national du SWP, Jack Barnes, la directrice de *New International,* Mary-Alice Waters, et plusieurs autres membres du parti qui avaient été gagnés au mouvement communiste au début des années 60 alors qu'ils étaient étudiants au collège Carleton de Northfield au Minnesota. On trouvera une

travailleurs. Il s'agirait d'un recul, autodestructeur et nuisible, vers une politique sectaire. Nous cherchons à amener des forces larges au sein des mouvements ouvrier et progressiste à reconnaître à partir de leurs propres expériences le véritable caractère des attaques anti-ouvrières de la Ligue des travailleurs. Nous voulons aussi les amener à répondre de manière appropriée aux attaques contre les droits politiques des syndiqués et des autres combattants, ainsi qu'aux menaces à l'endroit de leur sécurité physique.

(3) À partir d'expériences de plus en plus nombreuses de perturbation de luttes ouvrières par la Ligue des travailleurs (comme la grève des mineurs de cuivre en Arizona en 1983-1984 ; celle contre Hormel en 1985-1986 ; la lutte des travailleurs du papier en 1987-1988 ; la grève contre Pittston en 1989 et celle

---

réplique détaillée à cette tentative de coup monté international dans *Healy's Big Lie: The Slander Campaign against Joseph Hansen and George Novack*. Il s'agit d'un cahier de la série « Education for Socialists » publiée par les éditions Pathfinder.

En 1979, un cadre de la Ligue des travailleurs nommé Alan Gelfand — il avait oeuvré comme un agent de cette organisation au sein du SWP avant d'en être expulsé — a intenté une poursuite demandant à la cour fédérale de destituer la direction du SWP parce que celle-ci aurait été dominée par des espions de la police. La poursuite avait pour objectif de faire perdre son temps à la direction du SWP et d'épuiser les ressources financières du parti. La juge fédérale Mariana Pfaelzer a permis à cette procédure judiciaire abusive de s'éterniser pendant dix ans avant de trancher à la fin de 1989 que la poursuite de Gelfand « n'a aucun fondement et n'en a jamais eu » et qu'elle avait été initiée « en grande partie dans le but de générer du matériel pouvant permettre à la Ligue des travailleurs de lancer des attaques politiques contre le SWP. »

de l'Union internationale des ouvriers et ouvrières du vêtement pour dame contre la compagnie Domsey à Brooklyn en 1990), un nombre croissant de travailleurs en viennent à reconnaître que leur propre lutte contre ces tactiques déstabilisatrices et la nôtre sont un même combat. Cette conscience existe aussi parmi une couche restreinte mais grandissante de travailleurs à l'échelle internationale à partir de leurs propres expériences avec des organisations associées à la Ligue des travailleurs dans d'autres pays (par exemple le Parti communiste international en Grande-Bretagne, la Ligue du travail socialiste en Australie et les vestiges d'organisations au Canada et en Nouvelle-Zélande).

(4) C'est en suivant ce cours que nous et les autres partisans du Comité de défense de Mark Curtis relevons le défi que constituent les efforts internationaux de désorganisation et de déstabilisation de la Ligue des travailleurs et que nous approfondissons notre compréhension des enjeux de cette campagne internationale de défense.

d) La fresque murale Pathfinder et sa défense ont suscité une large réponse. C'est une expression de la place que les éditions Pathfinder et notre mouvement sont en train de se tailler au sein d'une avant-garde plus large de combattants et de révolutionnaires dans la lutte de classe aux États-Unis et à l'échelle internationale.

(1) La fresque est reconnue à part entière à travers le monde comme étant une importante oeuvre d'art publique, le produit d'un effort considérable de collaboration internationale.

(a) Elle a permis à notre mouvement de prendre des initiatives nationales et internationales

dont l'impact dépasse ce que notre taille, nos ressources et notre poids actuels dans le mouvement ouvrier nous permettraient de faire.

(b) La murale possède la valeur unique de présenter d'une façon visuelle très frappante le caractère politique des éditions Pathfinder. C'est une arme précieuse qui aide notre mouvement à faire la promotion des éditions Pathfinder et à rejoindre des forces plus larges.

(c) Sa seule existence, son entretien et l'ampleur de ses appuis ouvrent l'esprit des révolutionnaires dans d'autres pays en leur donnant une meilleure appréciation des possibilités politiques qui existent aujourd'hui dans la lutte de classe aux États-Unis.

(2) Les attaques contre la fresque murale font partie de la polarisation qui s'approfondit sur la question de la liberté artistique et de la liberté d'expression en général (par exemple la censure comme une condition d'octroi des subventions artistiques par le gouvernement, l'inculpation du directeur du Centre des arts de Cincinnati pour l'exposition des oeuvres de Robert Mapplethorpe et la condamnation à mort émise contre Salman Rushdie, etc.[25]).

---

25. En 1989, le Congrès des États-Unis a adopté une loi interdisant à la Fondation nationale pour les arts (NEA) de subventionner des oeuvres jugées « obscènes ou indécentes » selon des critères énoncés dans la loi. Confronté au rejet public de ce genre de censure, le Congrès a abandonné l'année suivante la restriction qu'il avait imposée à la NEA lors de l'attribution de ses crédits triennaux.

En octobre 1990, Dennis Barrie, le directeur du Centre d'art contemporain de Cincinnati en Ohio, a été exonéré des

(3) La murale et les tournées du peintre cubain Aldo Soler et d'autres artistes du Nicaragua, du Salvador et de l'Afrique du Sud qui ont participé au projet montrent comment un parti de travailleurs peut collaborer avec des artistes à l'esprit révolutionnaire pour promouvoir le communisme parmi des couches plus larges d'étudiants et de travailleurs, dont des mineurs de charbon, des travailleurs de lignes aériennes, des travailleurs agricoles et des agriculteurs.

E. La lutte pour un parti prolétarien

1. Le Parti socialiste des travailleurs a conquis le tournant vers l'industrie[26].

a) Un pourcentage élevé et stable de cadres sont dans les dix fractions syndicales industrielles nationales du parti.

(1) À partir de son assise dans les syndicats industriels, le parti a fait de la classe ouvrière son milieu

---

accusations d'obscénité portées contre lui plusieurs mois plus tôt par les autorités municipales dans le cadre d'une exposition des oeuvres du photographe Robert Mapplethorpe.

En février 1989, le gouvernement iranien a émis une condamnation à mort contre le romancier Salman Rushdie en déclarant que son livre *Les versets sataniques* blasphémait l'islam. Au milieu de 1998, Salman Rushdie vivait toujours caché sous la protection de la police au Royaume-Uni.

26. Le livre *Le visage changeant de la politique aux États-Unis* de Jack Barnes, publié en français par Pathfinder en 1997, traite abondamment du tournant vers les syndicats industriels effectué par le Parti socialiste des travailleurs dans la deuxième moitié des années 70, ainsi que des expériences que le parti a traversées en mettant cette orientation stratégique en application au cours des deux décennies suivantes.

politique — parmi les travailleurs syndiqués et non syndiqués, parmi les travailleurs avec et sans emploi, parmi les travailleurs autochtones et immigrés, et parmi les travailleurs des campagnes et des villes.

(2) L'axe de travail du parti — de la vente de sa presse et de ses publications, aux campagnes politiques et à la participation à des luttes larges — se trouve dans la classe ouvrière et les syndicats.

(3) L'ensemble du parti a passé avec succès le test de faire totalement partie des luttes ouvrières décisives de 1989-1990 de l'intérieur de l'avant-garde qui se développait parmi les combattants ouvriers.

b) Chaque branche du SWP est aujourd'hui une branche du tournant.

(1) Dans chacune des branches du parti, une grande majorité des membres fait partie des fractions syndicales nationales ou des comités d'emploi.

(2) La vie et le rythme hebdomadaire d'un parti structuré autour de travailleurs faisant partie de fractions syndicales constituent maintenant l'expérience de la grande majorité des cadres.

(a) Ceci est une condition préalable pour que le parti organise et dirige tous ses cadres, qu'ils soient ou non dans l'industrie, dans une activité disciplinée autour d'une perspective politique commune.

(b) C'est le fondement pour que le parti soit prêt à participer aux combats de classe.

(c) C'est la base solide à partir de laquelle le parti peut devenir politiquement homogène et adopter des décisions démocratiques, prendre aussi bien des initiatives non prévues qu'opérer des

ajustements ou des reculs difficiles, et résoudre les débats sur notre cours et notre tactique.

c) La conquête du tournant par le SWP se manifeste dans les cercles concentriques en expansion de travailleurs qui sont amis du parti et qui ont appris à nous connaître et à nous respecter au travail, dans les syndicats et à travers notre travail politique plus large.

(1) Ces amis comprennent des militants syndicaux qui s'abonnent à notre presse et veulent être cités dans le *Militant* pour dire combien le journal est utile à leur travail, qui font des contributions financières occasionnelles et viennent à des activités du parti, et qui travaillent avec nous autour de la solidarité aux grèves ou participent à des activités de front uni que nous construisons.

(2) Ce gain augmente le poids du parti dans les syndicats et dans la politique plus large.

2. Le SWP a consolidé le tournant au cours de la dernière partie des troisièmes « jours de chien » de l'histoire de notre mouvement.

a) Jim Cannon a décrit les premiers jours de chien (1929-1933) dans son livre *History of American Trotskyism*[27].

---

27. En 1928, James P. Cannon et d'autres dirigeants et cadres fondateurs du Parti communiste aux États-Unis en ont été expulsés par la direction stalinienne parce qu'ils défendaient le cours internationaliste révolutionnaire de l'Internationale communiste et de ses partis nationaux à l'époque de Lénine. Les expulsés se sont regroupés dans la Ligue communiste d'Amérique (CLA). Peu après, Staline a ordonné un tournant gauchiste qui a désorienté encore davantage la majorité des membres du Parti communiste, dont certains avaient été ouverts au début à Cannon et à ses camarades. « Dans ces jours de chien de notre mouvement,

b) Les deuxièmes jours de chien se sont produits dans les années 50.

(1) À la fin de cette période, nous avions perdu la structure des fractions industrielles nationales du parti.

(2) L'ampleur de cette retraite se reflète dans le fait que même avec la croissance initiale de l'Alliance des jeunes socialistes après sa fondation en 1960 — et la reprise du recrutement de forces plus jeunes sous l'impact de la révolution cubaine, du regain des luttes pour les droits des Noirs et de l'opposition initiale à l'extension de la guerre au Viêt-nam — la perte nette de membres du parti s'est poursuivie jusqu'à l'automne 1967.

c) Les troisièmes jours de chien ont commencé avec la retraite du mouvement ouvrier au lendemain de la récession de 1981-1982, qui a été suivie par la déroute complète du mouvement ouvrier qui n'a commencé à

---

nous étions privés de tout contact, » a expliqué Cannon dans une série de présentations faites en 1942 et 1943, rédigées et publiées par la suite sous le titre *The History of American Trotskyism (1928–38): Report of a Participant.* « Ce furent les jours les plus difficiles de mes 30 années d'activité dans le mouvement — ces jours de [1929 à 1933], des années d'isolement terrible et complet, avec toutes les difficultés qui en découlent. L'isolement est l'habitat naturel du sectaire, mais pour celui qui a un instinct pour le mouvement de masse, c'est la plus cruelle des punitions. » (P. 115 et 119 de l'édition de 1995 des éditions Pathfinder.) Les « jours de chien » se sont terminés avec la montée initiale de la résistance ouvrière et des luttes des agriculteurs et des jeunes en 1933-1934, et avec le tournant que la CLA a effectué vers ces ouvertures, qui ont culminé quelques années plus tard dans les grèves, occupations d'usine et autres batailles qui ont construit les syndicats industriels comme un mouvement social de masse militant aux États-Unis.

prendre fin qu'en 1986. Au plan international, l'élan des avancées révolutionnaires de la seconde moitié des années 70 (Grenade, Nicaragua, Iran, indépendance des anciennes colonies portugaises en Afrique, défaite de l'impérialisme U.S. et réunification du Viêt-nam) a ralenti quand l'impérialisme a organisé sa contre-offensive et porté de durs coups.

(1) Depuis le début des troisièmes jours de chien, le parti a connu une perte importante de membres.

(2) Nous avons organisé une retraite par rapport au nombre, à l'étendue géographique et à la variété de nos branches (Albany, Albuquerque, Cincinnati, Dallas, Denver, Gary, Harrisburg, Indianapolis, Iron Range, Lincoln, Louisville, Nouvelle-Orléans, San Antonio, San Diego, Seaside, Tidewater et Toledo).

(3) Nous avons abandonné les structures des comités de district (Chicago/Gary, Baltimore/Washington, région de la Baie (Nord de la Californie), New York/New Jersey).

d) Étant donné la nouvelle résistance syndicale et ouvrière en 1989-1990, qui confirme la fin de la déroute déjà signalée par les luttes dans les abattoirs, nous sommes aujourd'hui en train de sortir — mais pas sortis encore complètement — de ces troisièmes jours de chien pour le mouvement communiste aux États-Unis. La rapidité avec laquelle nous en sortirons sera déterminée par l'évolution de la lutte des classes au cours de la prochaine année [28].

---

28. Contrairement aux attentes de 1990, la troisième période de « chien » n'a pas pris fin aux États-Unis (et dans la majorité des autres pays impérialistes) avant la remontée en 1997-1998 de la résistance dans la classe ouvrière et parmi des couches

3. Pendant la dernière décennie, le parti a dû confronter et relever des défis politiques essentiels pour conquérir le tournant.

a) Le tournant a été conquis par des cadres qui ont une confiance politique croissante, qui sont sans attaches et prêts à déménager là où l'on a besoin d'eux, qui considèrent leur emploi comme une affectation politique, dont l'engagement financier reflète une subordination plus générale de leur vie personnelle à la construction d'un parti prolétarien, et qui démontrent en pratique que le centralisme révolutionnaire et la discipline prolétarienne qui en

---

d'opprimés. L'année qui a suivi l'adoption de cette résolution a été marquée par l'escalade militaire et la guerre meurtrière organisées par Washington contre l'Irak entre août 1990 et mars 1991. La guerre s'est terminée par une débâcle pour Washington, mais le patriotisme et le triomphalisme promus par les dirigeants U.S. avant, pendant et après l'assaut largement non contesté contre l'Irak ont étouffé la combativité ouvrière aux États-Unis.

L'économie capitaliste U.S. est entrée en récession au cours des huit mois qu'ont duré l'escalade militaire et la guerre, à la fin de 1990 et au début de 1991. La reprise qui a suivi dans le cycle économique capitaliste a été tellement faible que le chômage officiel a continué d'augmenter au cours de l'année suivante, atteignant un sommet de 7,5 pour cent en 1992. La croissance économique annuelle à la fin de 1997 s'élevait en moyenne à 2,18 pour cent pour les années 90, à peine la moitié de la moyenne de 4 pour cent qui a caractérisé le quart de siècle qui a précédé la récession internationale de 1974-1975.

Les effets politiques du triomphalisme de guerre et le début des conditions de déflation ont prolongé la retraite ouvrière pendant une autre demi-décennie. Pendant cette période, le parti a continué de perdre des membres et a consolidé ses forces dans 18 villes, 13 de moins qu'au moment où cette résolution a été rédigée.

découle sont des conditions essentielles pour participer efficacement à la lutte de classe.

b) Tout en dirigeant les éléments nécessaires d'une retraite, nous l'avons fait de façon à élargir la structure et le fonctionnement d'un parti du tournant et à permettre au parti de prendre des initiatives audacieuses en réponse à des développements dans la lutte de classe.

(1) Nous avons continué à affecter sur le terrain un pourcentage substantiel de la direction nationale élue, dans les fractions industrielles et les directions de branche.

(2) Nous avons porté notre attention politique à maintenir dans chaque branche des comités d'emploi, à poursuivre l'effort d'avoir des branches à fractions multiples, à garder la perspective des ventes hebdomadaires devant les portes d'usine, à conserver la catégorie des membres provisoires, et à faire avancer notre travail avec les partisans actifs dans les branches suffisamment fortes pour le faire.

(3) Nous avons effectué le tournant d'une façon démocratique, inclusive et équilibrée. En conséquence, une minorité de la direction et des membres qui ne pouvaient supporter de fonctionner dans une organisation prolétarienne révolutionnaire centralisée a fait scission en 1983. Cette scission a politiquement renforcé le parti plutôt que de l'affaiblir.

(4) Nous avons fait un effort national pour maintenir deux fractions industrielles que nous aurions perdues autrement à cause de la perte de membres et de la réduction du nombre de branches :

(a) Une orientation vers la résistance dans les bassins miniers. Au début de 1987, au moment où le

tournant était le plus menacé d'être renversé sous l'impact de la déroute du mouvement ouvrier, le Comité national a estimé que les luttes menées dans les abattoirs l'année précédente marquaient une rupture dans cette dynamique. Le CN a réaffirmé l'orientation du parti vers les mineurs de charbon en lutte, a adopté des mesures spéciales pour renforcer la fraction dans l'UMWA et les sept branches des bassins houillers et a rejeté, presque à l'unanimité, une proposition pour commencer à exempter de cette orientation une ou plusieurs de ces branches.

i) D'autres mesures spéciales ont renforcé cette orientation en 1989 dans le but de profiter — à la fois dans l'Ouest et dans l'Est du pays — des nouvelles ouvertures politiques autour de la grève contre Pittston et de la plus grande résistance parmi les mineurs.

ii) Ces efforts centralisés ont jeté les bases pour la collaboration du SWP avec d'autres ligues communistes afin de faire avancer un travail commun avec des mineurs de charbon en lutte à l'extérieur des États-Unis. Le premier grand pas en ce sens a été la décision de la Ligue communiste en Grande-Bretagne de construire une fraction dans le Syndicat national des mineurs (NUM), de renforcer ses branches dans les bassins miniers et de mettre l'orientation vers les mineurs de charbon au centre de la construction du parti dans ce pays.

(b) La fraction TUAC et le district d'Iowa. En réponse à la vague de luttes dans les abattoirs du Midwest

en 1986 et 1987, nous avons pris les mesures nécessaires pour établir une fraction dans les abattoirs syndiqués par les TUAC, y compris en établissant au début de 1987 trois nouvelles branches (Des Moines en Iowa, Austin au Minnesota et Omaha au Nebraska) et un district d'Iowa. Nous avons reconnu que la viabilité d'une fraction nationale dans les abattoirs dépend d'une base solide de branches dans le Midwest et les États environnants et nous avons agi en conséquence.

(5) Les conférences régionales de travailleurs militants au printemps 1987 et deux rondes de conférences politiques régionales en 1989 ont joué un rôle important pour continuer à organiser les cadres du parti vers la conquête du tournant dans cette perspective [29].

---

29. À la suite d'une conférence de travailleurs militants à Pittsburgh en juillet 1998, le Parti socialiste des travailleurs a pris des mesures pour reconstruire une fraction dans les Mineurs unis d'Amérique et pour renforcer ses fractions dans les Travailleurs unis de l'alimentation et du commerce (TUAC) et le Syndicat du vêtement, du textile et des autres industries (SVTI, formé en 1995 par la fusion de l'Union internationale des ouvriers et ouvrières du vêtement pour dames et des Travailleurs amalgamés du vêtement et du textile). Durant la retraite du mouvement ouvrier plus tôt dans les années 90, le parti a perdu sa fraction UMWA sous l'impact des licenciements et de la réduction considérable des possibilités d'embauche dans les mines. De leur côté, les fractions SVTI et TUAC sont devenues proportionnellement trop petites par rapport à plusieurs autres fractions syndicales. Avec la remontée de la résistance ouvrière en 1997-1998, le parti s'est tourné vers de nouvelles opportunités afin de renforcer encore une fois son travail dans ces sections stratégiquement importantes de la classe ouvrière et du mouvement syndical.

c) Le parti a reconnu et s'est attaqué aux pressions s'exerçant de manière différente sur les cadres qui sont des femmes quand le rapport de force entre les classes dans les années 80 s'est traduit par la retraite et la déroute des syndicats, le déclin du mouvement de libération des femmes et l'offensive idéologique capitaliste contre les acquis passés des femmes [30].

(1) Ces pressions ont été exacerbées par la lenteur du recrutement et l'accroissement de l'âge moyen des cadres du parti.

(2) Nous avons reconnu que les pressions s'exerçant de manière disproportionnée sur les femmes pour qu'elles se retirent de la direction du parti n'étaient pas le résultat d'un degré de sexisme supposément accru rencontré par les femmes travaillant dans l'industrie.

(a) L'augmentation qualitative du pourcentage de femmes salariées et du pourcentage de femmes dans la main-d'oeuvre — combinée à l'impact politique large de la lutte pour l'égalité des femmes — continue d'affaiblir l'emprise des préjugés réactionnaires contre les femmes, d'accroître le poids des dirigeantes ouvrières à l'intérieur de la lutte pour l'émancipation des femmes, et de faire avancer les femmes au sein de la direction large des syndicats et de la lutte de classe.

(b) Le tournant du parti vers les syndicats industriels a été et demeure central pour accroître la confiance en soi et les capacités de direction

30. Voir l'introduction de Mary-Alice Waters au livre *Cosmetics, Fashions, and the Exploitation of Women* de Joseph Hansen, Evelyn Reed et Mary-Alice Waters, Pathfinder, 1986.

des communistes qui sont des femmes. Il continue à transformer la conscience du mouvement communiste dans son ensemble — hommes et femmes — vers une appréciation politique des femmes non pas comme sexe, mais en tant que travailleuses-bolcheviks et dirigeantes à part entière. Il a été décisif pour permettre au parti d'émerger de façon relativement indemne de la déroute du mouvement féministe dirigé par des forces petites-bourgeoises.

(3) Le parti s'organise consciemment pour maximiser le nombre de femmes qui occupent des fonctions dans les instances de direction et qui assument des responsabilités publiques et internes importantes. Mais nous refusons d'essayer de compenser les plus grandes pressions s'exerçant sur les cadres qui sont des femmes en maintenant un pourcentage fixe de femmes dans les positions de direction — y compris par un système de « quotas » de fait, aussi masqué soit-il.

(a) Nous avons constaté qu'en dépit de nos désirs subjectifs, les effets de l'oppression des femmes dans la société capitaliste continuent à peser plus lourdement sur les femmes à mesure qu'elles vieillissent. Ce n'est pas la faute du parti si le pourcentage de femmes dans les instances de direction de l'Alliance des jeunes socialistes est et continuera généralement d'être plus élevé que dans les instances de direction du parti. Ce n'est pas la faute du parti si le pourcentage de femmes dans les comités de direction des branches est et continuera généralement d'être plus élevé que dans la direction nationale et centrale du parti. Ce n'est pas la

faute du parti si le pourcentage de femmes au Comité national décroît dans une période où le mouvement ouvrier recule, le recrutement est lent et nos cadres vieillissent.

(b) Toutes ces tendances montrent où nous en sommes dans l'histoire de la lutte des femmes pour leur émancipation, de la lutte de classe et de la construction de partis prolétariens. Nier ces réalités sociales conduirait inexorablement à l'affaiblissement de la direction nationale du parti et à la destruction du processus continu et à long terme de développement des cadres.

(c) Reconnaître que les pressions que nous subissons sont dues à d'importants facteurs sociaux et historiques ne peut servir d'excuse pour le manque de conscience, l'indifférence ou l'absence d'effort continu pour réduire les obstacles auxquels font face les cadres qui sont des femmes et qui sont en train d'assumer des responsabilités de direction plus importantes. C'est une obligation permanente pour une organisation communiste — et une que le SWP a assumée mieux que quiconque.

(4) Il y a deux critères que nous devrions utiliser pour mesurer le progrès fait par le parti pour continuer à accroître les capacités de direction et la confiance des cadres qui sont des femmes.

(a) Le parti serait en train de perdre plus de terrain que nécessaire si son pourcentage de femmes dans l'industrie commençait à baisser par rapport à leur pourcentage dans les effectifs du parti.

(b) Nous serions en train de perdre du terrain si nous arrêtions d'exiger des cadres femmes

élues aux comités de direction qu'elles assument l'ensemble des tâches et des responsabilités difficiles qu'implique le fait de diriger le parti.

d) Dans la conquête du tournant, le parti a pu affronter et discuter jusqu'au bout de l'incompatibilité de toute forme de *race-baiting* avec la construction d'un parti et d'une direction communistes prolétariens et a pu codifier cet acquis dans un rapport écrit qui a reçu l'appui presque unanime des membres.

(1) C'est la première fois dans l'histoire du mouvement ouvrier que la pratique du *race-baiting* a été abordée politiquement et rejetée catégoriquement comme une méthode de fonctionnement destructive et antiprolétarienne.

(2) Cette conquête du SWP est un acquis politique qui servira l'ensemble des mouvements communiste et de libération nationale dans le monde, puisque le *race-baiting* n'est pas un phénomène isolé et qu'il possède une dynamique corrosive qui déchire toute organisation révolutionnaire — ou progressiste. Cette pratique corrompt le développement objectif d'une direction et empêche à jamais d'établir un rapport d'égalité politique entre les cadres.

(3) Le venin du *race-baiting* a depuis longtemps caractérisé le Parti communiste (USA) et les cercles qu'il influence à la fois aux États-Unis et dans le monde. Notre rejet de ce procédé petit-bourgeois nous a mieux armés pour combattre cette corruption en tant que communistes. Ce sont les staliniens et d'autres individus, courants et cliques prétendant représenter les intérêts des nationalités opprimées qui ont introduit le *race-baiting* dans les

mouvements de protestation sociale, les groupes de solidarité et les organisations politiques.

(a) Le recours au *race-baiting* est devenu une spécialité de ces couches, qui s'en servent contre l'aile prolétarienne et les forces jeunes afin d'obtenir ou de maintenir bureaucratiquement le contrôle sur des organisations politiques ou de protestation sociale. (Nos expériences dans le Parti politique noir indépendant national nous ont amplement démontré quelle était la dynamique de ce procédé [31].)

(b) Le refus ou l'incapacité de combattre et de surmonter le *race-baiting* corrompra tout développement de direction dans les organisations du mouvement ouvrier et des nationalités opprimées. Ce procédé renforcera toutes les formes de racisme (contre les Haïtiens, les Asiatiques), d'antisémitisme et de réaction, vers laquelle il peut conduire et qu'il peut couvrir.

e) Seul un parti politiquement homogène et dont la vaste majorité des cadres faisaient partie des rangs de la classe ouvrière et étaient en train de conquérir le tournant pouvait réaliser les deux acquis politiques du mouvement communiste cités ci-dessus. En même temps, sans ces gains, nous n'aurions pas pu conquérir le tournant [32].

---

31. Voir *The National Black Independant Political Party*, éditions Pathfinder, 1981, de même que la résolution de 1985 du Parti socialiste des travailleurs « The Revolutionary Perspective and Leninist Continuity in the United States », *New International* nº 4, p. 73-75.

32. On trouvera une discussion plus élaborée de ces questions de direction prolétarienne dans « Preparing the Election of the

4. Nous faisons face à plusieurs défis pour structurer la direction d'un parti ayant conquis le tournant et faisant partie d'un mouvement communiste international formé d'organisations se trouvant à des étapes différentes de la conquête du tournant.

a) La taille et l'ampleur de l'appareil de propagande basé à New York (l'opération éditoriale, son travail de promotion et de vente, l'imprimerie, les périodiques) ne se justifient que du point de vue des responsabilités que nous acceptons en tant que composante d'un mouvement communiste international.

(1) La taille de l'appareil est disproportionnée par rapport à la grandeur et aux ressources du seul SWP et cet appareil ne peut être soutenu à long terme par une seule organisation comme la nôtre.

(2) On ne peut comprendre et soutenir la présente structure que si on en voit le double caractère transitoire.

(a) C'est l'appareil de propagande du SWP, qui doit correspondre à la grandeur, aux ressources et aux capacités de direction du parti.

(b) C'est un appareil de propagande international en devenir, organisé et taillé de façon à répondre aux besoins d'un mouvement international et à faire appel à ses ressources.

(3) Nous n'avons pas pour but que chacune des ligues communistes reproduise l'appareil de New York, libérant ainsi graduellement le SWP de ses responsabilités « internationales ».

National Committee » par Mary-Alice Waters et « Race-Baiting and Communist Leadership » par James Warren dans le recueil *Background to "The Changing Face of U.S. Politics" and "U.S. Imperialism Has Lost the Cold War"*, Pathfinder, 1998.

(a) Nous prendrons plutôt une responsabilité de plus en plus collective pour cet appareil de propagande, dont l'expansion permet à notre travail de refléter l'application centralisée de la stratégie communiste de construction du parti aujourd'hui résumée dans les « six points ».

(b) De plus en plus, ce sera le défi concret auquel nous ferons face pour faire avancer le mouvement international[33].

b) Le parti a ajusté sa structure et l'organisation de sa direction afin de répondre aux besoins imposés par une période de faible recrutement, d'augmentation de l'âge moyen de ses membres et de ralentissement du genre d'expériences politiques dans le travail de masse qui permet d'effectuer des transitions rapides dans la direction.

(1) Les organisateurs de branche ayant des emplois à temps plein dans l'industrie sont devenus la norme dans les conditions actuelles de la lutte de classe et à l'étape actuelle de construction du parti.

(2) Un pourcentage élevé de l'ensemble des cadres du parti a eu l'expérience d'accomplir une affectation dans l'imprimerie et dans l'appareil national du parti.

(a) Ce pourcentage serait plus petit dans une période de recrutement et de croissance plus rapides du parti.

---

33. Voir « Extending the Arsenal of Communist Propaganda and Reconquering the Apparatus through Revolutionary Centralism », un rapport de Mary-Alice Waters adopté par le congrès de juin 1991 du Parti socialiste des travailleurs. On le trouvera dans la brochure *Pathfinder Was Born with the October Revolution* de la série « Education for Socialists », Pathfinder, 1998.

(*b*) L'expérience des camarades qui viennent de l'industrie dans l'appareil pour ensuite retourner dans les fractions a été et continue d'être un facteur important dans le renforcement de notre homogénéisation politique et de notre caractère prolétarien.

(3) Nous continuons à maintenir sur le terrain un pourcentage considérable de notre direction nationale, dans la direction des branches et des fractions syndicales industrielles. Le processus combiné d'affecter des dirigeants sur le terrain hors de l'appareil et de faire venir au centre des dirigeants des branches et des fractions pour qu'ils y assument des affectations et des responsabilités renforce et élargit le cadre national du parti.

(*a*) Ce processus maximise et homogénéise l'expérience de la direction large du parti.

(*b*) Dans les conditions objectives auxquelles nous faisons face, il facilite l'insertion des générations plus jeunes de cadres dans les responsabilités de direction nationale.

c) La structure fondamentale et l'orientation des fractions syndicales industrielles nationales du parti demeurent celles qu'a décrites le rapport de 1985 de Joel Britton, présenté au nom du Comité national et adopté par le congrès du SWP [34]. Notre participation aux batailles contre Eastern et Pittston confirme :

(1) Que la direction des fractions se développe en dirigeant, dans la lutte ouvrière et dans le travail de masse.

---

34. Voir « Building the Party's Nine National Industrial Fractions » de Joel Britton, dans *Background to "The Changing Face of U.S. Politics" and "U.S. Imperialism Has Lost the Cold War"*, Pathfinder, 1998.

(2) Et que c'est la voie qui maximise le renouvellement de la direction d'un parti communiste.

d) Avec la conquête du tournant, les ventes aux portes d'usine pour construire les fractions sont plus importantes que jamais en tant qu'aspect régulier du rythme hebdomadaire des membres du parti.

(1) Dirigées par les comités exécutifs de branche, ces ventes hebdomadaires permettent à tous les membres de garder un contact avec les manufactures, les mines et les usines où nous voulons construire des fractions. Elles aident à construire et à renforcer politiquement les fractions industrielles que nous avons déjà établies.

(2) De plus, ces ventes nous offrent une façon de prendre contact sur une base hebdomadaire avec les travailleurs industriels d'usines où nous n'avons pas de fractions.

e) Les comités d'emploi des branches sont des institutions permanentes et vivantes, sous la direction des comités exécutifs de branche.

(1) Ils aident à diversifier et à ajuster les priorités des fractions, ainsi qu'à suivre de près les opportunités d'emploi de façon à faire avancer notre perspective de construire des branches à fractions multiples.

(2) Le comité d'emploi est tout aussi important lorsque tous les membres de la branche sont employés dans des industries cibles que lorsque plusieurs membres ou membres provisoires cherchent du travail. Les ajustements et les nouveaux défis ne se mesurent jamais en terme de mois (y compris les efforts pour incorporer de nouveaux membres ou pour collaborer avec l'Alliance des jeunes socialistes).

f) Une épreuve décisive pour évaluer une branche prolétarienne est le degré d'attention politique qu'elle consacre à l'alliance en devenir entre les travailleurs et les agriculteurs.

(1) Nous essayons toujours de trouver des façons de rejoindre les petits agriculteurs et leurs organisations, ainsi que de collaborer avec eux ; d'aider à mobiliser les syndicats et d'autres forces en appui aux luttes des agriculteurs, ainsi que d'encourager les petits agriculteurs à appuyer les grèves et à s'impliquer dans d'autres activités de solidarité ouvrière ; et de chercher à élargir parmi les producteurs agricoles le nombre de lecteurs du *Militant,* ainsi que des livres, brochures et revues de Pathfinder.

(2) Nous continuons à prêter une attention politique aux travailleurs agricoles, ainsi qu'à leurs luttes et organisations. Les travailleurs salariés agricoles sont un pont important entre la ville et la campagne, entre le mouvement ouvrier et l'ensemble des travailleurs ruraux non syndiqués.

(3) L'expérience démontre qu'il est possible d'approfondir notre travail agricole et de renforcer nos partis en amplifiant notre collaboration internationale.

g) En approfondissant la prolétarisation de notre parti, nous avons fait des progrès dans l'organisation des camarades au sein du mouvement communiste qui ne sont pas membres du parti.

(1) Les membres provisoires

(a) La décision prise par le parti en 1989 d'étendre à six mois le statut de membre provisoire découle de nos expériences dans la conquête du tournant. Cette extension de la période

d'adhésion provisoire aide à ouvrir plus largement le recrutement au parti prolétarien, quel que soit l'emploi actuel des membres potentiels.

i) L'expérience indique qu'il faut six mois pour permettre au parti de bien remplir sa responsabilité d'aider les futurs membres à faire la transition nécessaire pour s'intégrer à des cadres dont la vie est subordonnée aux rythmes et aux priorités du parti prolétarien.

ii) Pour les futurs membres, cet ajustement n'est pas seulement une question d'éducation politique. Il est nécessaire avant tout pour faciliter la transition entre leur emploi et leur rythme de fonctionnement antérieurs à la vie d'un travailleur industriel organisé dans une fraction syndicale et qui fait partie d'une branche ayant un rythme hebdomadaire d'activités.

iii) Le SWP est différent de toute autre organisation dont les membres provisoires ont pu être membres. Il possède un rythme différent et des priorités différentes. Ceci ne s'applique pas seulement aux étudiants ou aux travailleurs qui ne sont pas dans l'industrie, mais aussi aux travailleurs dont l'expérience antérieure a été acquise en tant que membre d'un syndicat industriel.

iv) Être membre du parti change la relation entre le personnel et le politique : où vous travaillez, votre revenu et ce que vous en faites ; même des limites à vos amitiés (pas de policier, pas de contremaître, etc.).

v) La période d'adhésion provisoire doit donner assez de temps aux futurs membres pour s'intégrer au comité d'emploi de la branche afin d'avoir une possibilité de devenir membres d'une des dix fractions syndicales industrielles du parti.

vi) Finalement, il faut accorder assez de temps aux branches pour organiser un programme initial de lecture et de discussion sur l'histoire et les idées du parti.

(b) La décision de devenir un membre statutaire du parti a plus de poids que celle de devenir un membre provisoire.

i) Le paiement des frais d'adhésion établis par les statuts marque le moment où un individu cesse d'être un membre provisoire et partage non seulement les responsabilités mais aussi tous les droits reconnus aux membres du parti.

ii) L'acceptation des pleins droits reconnus aux membres du parti est la plus grande de toutes les responsabilités. Votre vote compte et vous partagez l'entière responsabilité des décisions prises sur le cours que tous les membres du mouvement communiste mettront en application[35].

---

35. En 1995, le Parti socialiste des travailleurs a conclu que la catégorie de membre provisoire n'était plus pour le moment la meilleure façon pour les branches de guider les travailleurs et les jeunes faisant la transition vers les habitudes et le rythme prolétariens propres aux membres du parti. Étant donné la taille plus petite de la plupart des branches, la distinction entre la période de candidature et l'adhésion au parti s'estompait de plus en plus en pratique et un nombre plus réduit de branches

(2) Les partisans actifs

(a) La clarté acquise sur les normes d'adhésion au parti nous a permis de reconnaître la différence dans le rythme de la vie politique et dans les responsabilités que peuvent soutenir les partisans qui ne sont pas des membres. Ceci nous a ainsi permis de travailler pleinement avec ces derniers en tant que groupe organisé de camarades faisant partie d'un mouvement communiste commun.

(b) Les partisans actifs du parti sont organisés comme une formation nationale.

i) Ils sont des partisans actifs du Parti socialiste des travailleurs et non d'une branche en particulier. Ils sont acceptés comme partisans actifs par un comité exécutif de branche qui a voté leur adhésion et est alors devenu responsable d'organiser leur travail politique.

ii) Le fait d'être un partisan actif n'est pas une relation informelle ou simplement autoproclamée avec le parti. C'est une catégorie de membre dans le mouvement communiste. On peut en dresser une liste

---

étaient capables de soutenir le programme de formation de six mois des membres provisoires. Le congrès de 1995 du SWP a mis fin à la période de candidature et a décidé que chaque branche devait organiser une série de cours visant à faciliter le recrutement, la formation et l'intégration des nouveaux membres. De plus, l'attraction d'une petite couche de jeunes au mouvement communiste en 1994-1995 et le lancement sur cette base d'une nouvelle organisation de jeunesse socialiste ont ouvert un nouveau terrain d'apprentissage pour les recrues potentielles au Parti socialiste des travailleurs.

de membres acceptés par vote, tout comme pour les membres du parti.

(c) Les partisans actifs effectuent un travail politique régulier sous la direction du parti. Ils ne se contentent pas de faire des contributions financières ou de participer à l'occasion à un forum. Les partisans actifs aident le parti à organiser l'assistance financière de la couche plus large de ses amis et partisans.

(d) Toutes les contributions financières mensuelles des partisans actifs, peu importe leur taille, vont directement à la trésorerie nationale du parti.

(e) Tout comme les membres du parti, les partisans actifs font de la politique et aiment en faire. Mais contrairement aux membres du parti, ils ne subordonnent pas leurs priorités personnelles au rythme d'un parti ouvrier.

i) Les partisans actifs n'assument pas la responsabilité des discussions et des débats menant aux prises de décision dans les branches. Ils n'ont pas accès à la correspondance, aux bulletins ou aux discussions internes du parti. Ils ne participent pas à ses prises de décision. Ils appuient le parti comme une organisation vers laquelle ils sont attirés et qu'ils évaluent sur la base de son travail public et de sa presse.

ii) Les partisans actifs ne sont pas membres des fractions industrielles et des structures de comité du parti[36].

36. Voir « Party Membership and Active Supporters », deux lettres de Jack Barnes et Joel Britton dans *Background to "The Changing Face of U.S. Politics" and "U.S. Imperialism Has Lost the Cold War"*.

iii) Le *Militant* est l'organisateur politique hebdomadaire des partisans actifs.

(f) Tout comme les membres du parti, les partisans actifs sont organisés pour mener une activité politique structurée autour de la stratégie communiste de construction du parti. Mais ils le font d'une manière sélective — et non pas complète — décidée et organisée par le parti (les Amis de la fresque murale de Pathfinder, les campagnes de diffusion et les campagnes électorales, l'organisation du Forum ouvrier du Militant, les efforts pour défendre Mark Curtis et d'autres, le travail de solidarité avec Cuba et l'Afrique du Sud, l'appui aux grèves, etc.).

(g) Par dessus tout, le travail des partisans actifs inclut un travail de levée de fonds systématique parmi les amis du parti et parmi les partisans actifs eux-mêmes, qu'ils organisent et revoient avec les dirigeants du parti lors de leurs réunions périodiques.

(3) L'Alliance des jeunes socialistes [37]

(a) Il existe une différence entre le rythme d'activité, l'expérience et la vie de la YSA et du SWP.

---

37. En mars 1992, les comités nationaux du Parti socialiste des travailleurs et de l'Alliance des jeunes socialistes ont tenu une réunion conjointe pour discuter comment profiter au maximum des opportunités de recrutement de jeunes au mouvement communiste. Au cours de la décennie précédente, alors que le mouvement ouvrier aux États-Unis et dans le reste du monde subissait des coups, la taille de la YSA s'était réduite et l'âge médian de ses membres et de sa direction avait augmenté au-delà de la norme pour une organisation de jeunesse révolutionnaire. La réunion de direction conjointe a conclu que le prochain pas à franchir pour gagner une nouvelle génération à la politique

i) Le SWP est construit autour du rythme d'un parti de travailleurs industriels. De son côté, la YSA est une organisation non seulement de jeunes travailleurs, mais aussi de jeunes de l'école secondaire et du collège qui ne sont pas membres du parti.

ii) Étant donné la conquête du tournant par le SWP, cet écart entre les deux organisations est substantiel si on le compare à ce qu'il a été durant les 30 années d'histoire de la YSA. Pour un membre de la YSA, adhérer au parti représente aujourd'hui un pas

---

prolétarienne tout en maintenant la continuité du mouvement de jeunesse communiste incarnée dans l'Alliance des jeunes socialistes était de dissoudre la YSA « dans un mouvement de jeunes qui organisent un appui actif à l'alternative socialiste aux candidats bipartites de la guerre, du racisme et de la dépression dans [la campagne présidentielle U.S. de 1992] et qui participent aux actions de protestation sociale et à d'autres activités politiques avec les membres du Parti socialiste des travailleurs. »

Moins de deux ans plus tard, au début de 1994, des groupes de jeunes animés d'un esprit révolutionnaire et provenant de plusieurs villes aux États-Unis ont commencé à collaborer pour reconstruire une organisation de jeunesse communiste. Au cours de réunions à Chicago en avril 1994 et à Oberlin, en Ohio, en août de la même année, ils ont d'abord adopté le nom de Comité d'organisation des Jeunes socialistes, puis celui de Jeunes socialistes. S'appuyant sur une activité et une expérience politiques communes accrues, les délégués des chapitres des Jeunes socialistes à travers les États-Unis ont tenu leur premier congrès à Minneapolis, dans l'État du Minnesota, en avril 1996 et adopté un énoncé de principes politiques et organisationnels. Au cours de l'automne de la même année, le Comité national du SWP et le Comité national des JS ont décidé d'organiser des fractions conjointes de leurs membres dans les syndicats industriels. Les JS ont tenu leur deuxième

politique plus important. Ce fait souligne l'importance pour les cadres du parti de travailler politiquement avec les membres de la YSA, de faire connaître l'histoire du parti aux membres de la YSA et de discuter les idées contenues dans notre arsenal de livres.

(b) Par dessus tout, notre tâche centrale est d'aider à recruter à la YSA. Les membres du parti doivent aider à rejoindre les jeunes en prenant la parole dans les écoles et en attirant des contacts aux cours et aux activités organisés par la YSA.

---

congrès à Atlanta, en Géorgie, en mars 1997 et leur troisième à Los Angeles en décembre 1998.

Des jeunes révolutionnaires d'autres pays ont participé dès le début à ce processus en travaillant à construire des groupes de Jeunes socialistes en Australie, au Canada, en France, en Islande, en Nouvelle-Zélande, au Royaume-Uni, en Suède et ailleurs.

« L'histoire du vingtième siècle a montré qu'avant que de grandes luttes ouvrières se généralisent et commencent à se multiplier et à se renforcer mutuellement, des couches de jeunes commencent à se rebeller contre les conséquences les plus brutales et les plus déshumanisantes engendrées par les contradictions économiques et sociales du capitalisme, » a expliqué le secrétaire national du SWP, Jack Barnes, aux participants de la rencontre de 1994 à Chicago. « [...] Ceux que nous pouvons gagner aujourd'hui au mouvement révolutionnaire ne sont pas nombreux, mais on les trouve à travers les États-Unis. » Voir « La marche de l'impérialisme vers le fascisme et la guerre », *Nouvelle Internationale* n° 5, en particulier p. 295-317 et p. 429-451.

Voir aussi le « Manifeste des Jeunes socialistes » au début de ce numéro de *Nouvelle Internationale.*

5. Travailler à maximiser l'homogénéité politique est un axe permanent du défi que représente la construction de partis prolétariens.

a) À partir d'expériences et d'origines personnelles diverses qui dans leur ensemble renforcent l'expérience collective des cadres communistes, tous les membres en arrivent à s'identifier à la ligne de marche de la classe ouvrière.

(1) L'homogénéisation politique des cadres du parti ne se réalise pas sans effort. Elle s'acquiert par des cadres qui prennent au sérieux leurs expériences de lutte de classe et qui travaillent à en conquérir une compréhension politique commune, ce qui leur permet en le faisant d'enrichir la théorie marxiste.

(2) C'est uniquement sur cette base que des évaluations différentes de conjonctures et de tactiques nouvelles peuvent être résolues par une expérience commune et une discussion démocratique. Celles-ci conduisent à des prises de décision sur notre cours qui font autorité et à une action collective pour faire avancer le travail du parti.

b) Dans le cadre de l'ajustement que nous avons dû opérer pour faire face au ralentissement du recrutement et de la transition dans la direction au cours de la dernière période, nous avons dû effectuer une retraite consciente au niveau de deux institutions clés pour approfondir l'homogénéité du parti et du mouvement international.

(1) Nous n'avons pas organisé de session de l'école de direction du parti depuis 1986.

(a) Un parti ouvrier révolutionnaire doit prêter une attention particulière à la formation homogène de la direction. C'est pourquoi

le rétablissement de l'école de direction en 1980 était lié dès le début à notre décision de diriger le parti vers l'industrie [38].

(b) Notre retraite sur le front de l'école de direction depuis 1986 a ralenti l'homogénéisation non seulement de la direction du SWP, mais également d'une direction communiste internationale.

(c) L'interruption des sessions régulières de l'école de direction a également affaibli l'attention, centralisée par l'entremise des branches, accordée à l'éducation marxiste des cadres du parti. Comme élément permanent des activités du parti, une telle formation est essentielle au renforcement de notre homogénéité politique. La série de cours sur les écrits de Lénine organisée par toutes les branches dans la première moitié des années 80 a été une partie intégrante de notre progrès politique en tant que parti du tournant [39].

(2) Nous n'avons pas publié un seul nouveau numéro de *New International* depuis le milieu de 1987.

(a) Même si nous avons continué à conquérir d'importantes questions politiques et programmatiques — comme celles traitées dans ce projet

---

38. Voir « Former la direction d'un parti prolétarien » dans *Le visage changeant de la politique aux États-Unis* de Jack Barnes, p. 428-446, ainsi que les pages 173, 187-188 et 222 du même livre.

39. On peut se procurer le programme de cette série de cours sur Lénine, « Lenin's Conception of the Class Forces and Strategy in Making the Russian Revolution (1902–1917) », dans le cahier *Two Study Guides on Lenin's Writings* de la collection « Education for Socialists » des éditions Pathfinder.

de résolution — nous avons dû remettre plusieurs fois le travail intense requis pour publier ces acquis sous une forme que nous pouvons utiliser publiquement.

(b) Pour les cadres et les autres combattants, *New International* demeure la meilleure source pour lire et étudier les perspectives et le programme politiques autour desquels nos forces sont forgées au niveau international.

(3) L'absence de l'école de direction ou de nouveaux numéros de *New International* alimente la dépolitisation et la superficialité politique, et ralentit la transition dans la direction. Notre défi pour l'année qui vient, c'est de nous organiser pour rétablir ces deux armes qui restent centrales à notre avancement politique [40].

c) Les combattants viennent au mouvement ouvrier révolutionnaire en se rebellant contre l'autorité. En relevant le défi de diriger politiquement l'intégration de ces jeunes combattants au parti, les communistes valorisent et renforcent leur indépendance, leur confiance croissante et leur attitude critique envers les traditions, les normes et les valeurs bourgeoises et petites-bourgeoises.

---

40. Depuis l'adoption de cette résolution en août 1990, cinq nouveaux numéros de la revue *New International* ont été publiés, dont le nº 11 qui contient l'original en anglais de ce numéro de *Nouvelle Internationale.* De plus, les revues en espagnol *Nueva Internacional* et en suédois *Ny International* ont été lancées. Quatre numéros de *Nueva Internacional* ont été publiés depuis et deux de *Ny International.* Quant à *Nouvelle Internationale,* deux nouveaux numéros ont aussi paru. La publication parallèle de numéros de ces trois revues contenant la traduction en espagnol, français et suédois du onzième numéro de *New International* est prévue pour 1999.

(1) En même temps, au sein du mouvement communiste, les cadres apprennent avant tout à respecter la continuité politique, les traditions, les normes et les valeurs prolétariennes qui sont les conquêtes les plus chèrement acquises du mouvement ouvrier révolutionnaire moderne.

(a) Nous apprenons à apprécier le caractère profondément radical du fait de faire partie d'une organisation qui utilise comme guide de son activité politique quotidienne les leçons du mouvement communiste des années 30 et les contributions politiques de Trotsky ; qui vérifie et corrige ces guides en les comparant à ceux de Lénine, des bolcheviks et de l'Internationale communiste ; et qui vérifie Lénine, comme lui-même l'a toujours fait, en retournant à Marx, à Engels et aux conquêtes des organisations communistes et ouvrières internationales dont ils étaient les dirigeants fondateurs.

(b) Dans ce sens, le mouvement communiste est le mouvement le plus traditionnel et le plus conservateur, tout en étant le plus radical et le plus révolutionnaire.

(2) S'approprier et utiliser cette tradition communiste est un acte politique collectif qui combine :

(a) La formation marxiste organisée (par le biais de cours, de livres et de brochures, de revues et de journaux politiques), qui approfondit constamment la politisation des cadres du parti.

(b) L'encouragement et l'aide pour développer l'habitude de lire les classiques du marxisme et l'histoire du parti.

(c) Et les expériences communes dans la lutte de classe par le biais des branches et des fractions

syndicales du parti, qui conduisent à discuter et à décider notre cours.

(3) Avant tout, les travailleurs se joignent à une organisation révolutionnaire afin d'y trouver un fonctionnement discipliné qui peut rendre efficaces les luttes de leur classe contre la puissance apparemment insurmontable de l'ennemi de classe.

d) Le Parti socialiste des travailleurs est le plus ancien parti communiste dans le monde.

(1) C'est au sein du SWP qu'a été enregistrée la continuité fondamentale d'un mouvement communiste international politiquement homogène. Cette continuité s'est développée de façon cumulative par l'entrelacement ininterrompu de générations de direction ayant une continuité politique et organisationnelle qui remonte aux origines de l'Internationale communiste.

(2) Ce fait impose au SWP en tant que composante d'un mouvement mondial des responsabilités qui ne peuvent être assumées que si nous reconnaissons que cette continuité communiste ininterrompue est et continuera d'être un acquis international, une conquête qui n'a été rendue possible que par la collaboration internationale.

6. Une offensive patronale de plus de dix ans n'a pas réussi à chasser le mouvement ouvrier du centre de la politique aux États-Unis. Ce fait, qui était notre point de départ, ne peut être évalué correctement qu'en reconnaissant le poids considérable de son impact potentiel sur le rapport de force entre les classes au niveau international. En reconnaissant qu'il s'agit d'un fait central de la politique internationale, nous pouvons nous tourner vers les autres travailleurs dans le monde afin d'assumer collectivement nos responsabilités et de faire les gains communistes que ce fait présage.

Construire UN PARTI PROLÉTARIEN

Une révolution socialiste est-elle possible aux États-Unis ?

Un débat nécessaire

MARY-ALICE WATERS

Dans deux exposés au Salon international du livre du Venezuela en 2007 et 2008, l'auteure explique pourquoi une révolution socialiste est possible aux États-Unis. Et pourquoi les luttes révolutionnaires des travailleurs sont inévitables, imposées par les attaques que la crise pousse les classes dominantes à lancer contre nous. Alors que la solidarité grandit parmi une avant-garde combattante de travailleurs, on peut déjà entrevoir les contours des batailles de classe qui viennent. 7 $ US. Aussi en anglais et en espagnol.

Leur Trotsky et le nôtre

JACK BARNES

Pour diriger les travailleurs à la victoire dans une révolution, il faut un parti révolutionnaire de masse dont les cadres, longtemps d'avance, ont intériorisé un programme communiste international, ont une vie et un travail prolétariens, prennent plaisir à faire de la politique et ont forgé une direction dotée d'un sens aigu de ce qu'il faut faire. Ce livre discute comment construire un tel parti. Aussi en anglais et en espagnol. 15 $ US

L'histoire du trotskysme américain, 1928-1938

Le rapport d'un participant

JAMES P. CANNON

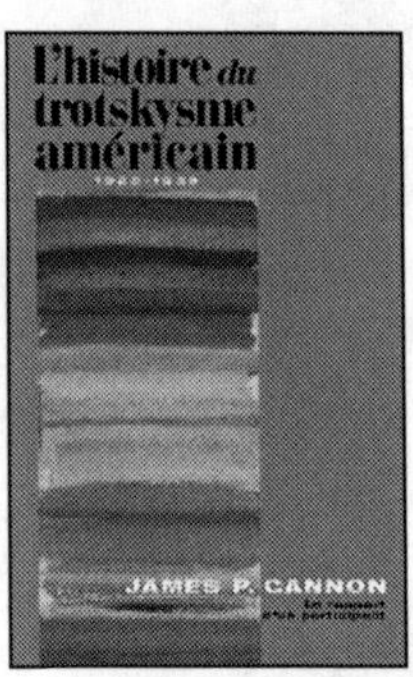

« Le trotskysme, dit Cannon, n'est pas un nouveau mouvement, une nouvelle doctrine, mais la restauration, la renaissance du marxisme véritable tel qu'il a été exposé et appliqué au cours de la révolution russe et des premiers jours de l'Internationale communiste. » Dans cette série de 12 présentations faites en 1942, James P. Cannon raconte un épisode décisif des efforts déployés pour construire un parti prolétarien aux États-Unis. Aussi en anglais et en espagnol. 22 $ US

Que faire ?

V. I. LÉNINE

Les enjeux de la création d'une organisation disciplinée de révolutionnaires ouvriers capables d'agir comme « un tribun populaire sachant réagir contre toute manifestation d'arbitraire et d'oppression, où qu'elle se produise, pour expliquer à tous et à chacun la portée historique de la lutte émancipatrice du prolétariat. » Écrit en 1902. 4,95 $ US. Aussi en anglais et en espagnol.

Défense du marxisme

Contre l'opposition petite-bourgeoise dans le Parti socialiste des travailleurs

LÉON TROTSKY

Dans ces textes écrits en 1939-1940, Léon Trotsky répond à ceux qui battaient en retraite dans le mouvement ouvrier révolutionnaire devant la nécessité de défendre l'Union soviétique face à l'assaut impérialiste imminent. Il y explique pourquoi seul un parti qui lutte pour intégrer un nombre croissant de travailleurs dans ses rangs et dans sa direction peut maintenir un cours révolutionnaire constant.
En anglais et en espagnol. 25 $ US

La lutte pour un parti prolétarien

JAMES P. CANNON

« Les travailleurs de l'Amérique, écrit James P. Cannon, sont assez puissants pour renverser la structure du capitalisme ici et pour soulever le monde entier en se dressant. » À la veille de la deuxième guerre mondiale, un fondateur du mouvement communiste aux États-Unis et un dirigeant de l'Internationale communiste du temps de Lénine défend le programme du bolchevisme et ses normes de construction du parti. En français (extraits), anglais et espagnol. 22 $ US

La continuité révolutionnaire

La direction marxiste aux États-Unis

FARRELL DOBBS

L'auteur explique comment des générations successives de combattants ont participé aux luttes du mouvement ouvrier aux États-Unis en cherchant à construire une direction capable de faire avancer les intérêts de classe des travailleurs et des petits agriculteurs et de se lier aux autres travailleurs du monde.
Deux tomes. En anglais. *Les premières années : 1848-1917.* 20 $ US. *Naissance du mouvement communiste : 1918-1922.* 19 $ US.

www.pathfinderpress.com

RICH STUART/MILITANT

Des syndiqués socialistes parlent de l'hebdomadaire *The Militant* et de livres et brochures révolutionnaires avec des mineurs de charbon, lors d'une vente à l'entrée d'une mine en Virginie occidentale en mai 1997. « Nous nous efforçons d'accomplir un travail communiste conséquent et professionnel dans les syndicats tout en *approfondissant* la prolétarisation de l'expérience et de la composition du parti et de sa direction. »

LA STRATÉGIE COMMUNISTE DE CONSTRUCTION DU PARTI AUJOURD'HUI

LETTRE À DES CAMARADES EN SUÈDE

Mary-Alice Waters

New York, New York
Le 30 mai 1988

Camarade,

Ta lettre indique ton intention d'assister à la conférence d'Oberlin en août [1988]. Je suis très contente de

---

Directrice de la revue New International *et une dirigeante du Parti socialiste des travailleurs aux États-Unis, Mary-Alice Waters a écrit cette lettre en mai 1988 à un membre d'un groupe de travailleurs communistes en Suède. En mars de la même année, elle avait participé à une délégation de direction internationale qui s'était rendue en Suède afin de rencontrer ces camarades.*

Cette lettre a servi de base à la section intitulée « La stratégie communiste de construction du parti aujourd'hui » dans la quatrième partie de la résolution de 1990 du SWP, « L'impérialisme U.S. a perdu la guerre froide », publiée ailleurs dans ce numéro. La lettre et la résolution ont été publiées dans le bulletin intérieur du parti afin d'être discutées dans les branches du SWP et par les délégués au congrès du parti cette année-là. En plus d'adopter la ligne générale de la résolution politique dans son ensemble, les délégués ont approuvé une courte résolution distincte qui reprenait en les résumant les principaux points faits dans la lettre de Mary-Alice Waters.

Comme c'est souvent le cas, parce qu'elle a été écrite au cours d'une lutte politique vivante visant à clarifier des idées et à déterminer un cours d'action, cette lettre est plus riche et plus concrète qu'une résolution brève et télescopée. C'est elle que les membres du parti et des Jeunes socialistes retournent lire lorsqu'ils discutent ce qui a fini par être connu comme les « six points ». On devrait la lire comme une partie intégrante de la résolution « L'impérialisme U.S. a perdu la guerre froide ».

savoir que tu seras là, car c'est de loin la meilleure façon pour toi de te faire une idée précise de ce que fait le SWP, de ce que nous pensons que les communistes autour du monde devraient faire aujourd'hui et pourquoi. La résolution soumise à la discussion et au vote ; les rapports qui seront présentés au congrès et les débats qui y auront lieu ; les ateliers, cours, rassemblements et discussions informelles qui s'y dérouleront parallèlement — tous porteront sur ces questions décisives [1].

Bien sûr, nous discuterons ces questions du point de vue de travailleurs communistes aux États-Unis, pas en tant que « communistes américains ». Comme tu le sais, nous ne pensons pas que nous devrions faire une chose, et les camarades en Suède, au Mexique ou à Grenade autre chose. Nous nous efforçons autant que possible de partir non pas de la « situation politique aux États-Unis », mais de la situation politique mondiale et de la nécessité de reconstruire une direction communiste internationale. Nous essayons de promouvoir une stratégie qui permette d'avancer dans cette direction, une stratégie en accord avec les événements qui se déroulent jour après jour parmi les travailleurs du monde entier et leur avant-garde. Nous appliquons cette stratégie à tout ce que nous faisons et nous pensons que les autres communistes devraient en faire autant. Mais il y a une chose que tu n'obtiendras pas de nous : ce sont des conseils tactiques sur la manière d'appliquer cette stratégie en Suède (ou n'importe où ailleurs).

---

1. On trouvera dans le cinquième numéro de *Nouvelle Internationale* la résolution discutée et adoptée lors du congrès de 1988 du SWP, « Ce que le krach de 1987 a annoncé ».

C'est un point important parce qu'à plusieurs reprises dans ta lettre, tu interprètes des choses qu'un membre de la délégation de direction internationale qui s'est rendue en Suède il y a deux mois a dit, ou que tu crois l'avoir entendu dire, comme des conseils tactiques sur la façon de lutter pour gagner d'autres combattants à un cours d'action communiste et comme des suggestions tactiques sur ce que vous devriez faire pour construire un parti communiste en Suède aujourd'hui. Je suis convaincue que ce type de suggestions était la dernière chose que ce camarade avait en tête.

Je t'enverrai le dossier utilisé par toutes nos branches dans une série de cours de formation visant à préparer le congrès. Ce dossier contient des articles parus dans le *Militant* au cours de la dernière année et il serait utile pour toi et les autres camarades de Luleå (qu'ils viennent ou pas au congrès du SWP) de les lire et de les discuter [2]. La résolution politique que nous rédigeons développera les mêmes grands thèmes : la nature de la crise rampante que nous traversons depuis un certain temps, son impact différencié sur diverses couches de travailleurs à travers le monde, ainsi que la nature de la crise économique et sociale annoncée par le krach d'octobre 1987 et ses conséquences pour les ouvriers et les paysans ; les bases sur lesquelles un mouvement communiste mondial va se restructurer ; la nature et les tâches des petits noyaux communistes qui existent aujourd'hui — ce que nous devons faire pour relever les défis qui se posent déjà à nous et pour nous préparer consciemment à relever ceux qui viennent.

---

2. Luleå est une ville où se trouve une importante aciérie située à proximité de la région des mines de fer du nord de la Suède. Plusieurs membres du groupe de communistes à qui cette lettre était adressée vivaient et travaillaient à Luleå à l'époque.

Les camarades qui y assisteront retireront beaucoup plus du congrès et de la résolution si vous parvenez à compléter cette série de cours préparatoires.

En plus du congrès du SWP, il y aura aussi à Oberlin une réunion de groupes de camarades de plusieurs pays qui ont participé aux cours de la dernière année à l'organisation internationale de lancements du livre *Che Guevara and the Cuban Revolution.* Le travail centralisé par les éditions Pathfinder dans le but d'accroître la diffusion de la littérature communiste dans le monde, et particulièrement le lancement et la promotion politiques de son nouveau recueil d'écrits et de discours du Che, ont constitué une expérience extrêmement précieuse, qu'aucun groupe de sectes ou d'organisations staliniennes n'aurait pu avoir, et nous voulons tous en faire le bilan politique. Je suis sûre que les groupes impliqués voudront sortir d'Oberlin mieux organisés à l'échelle internationale pour s'appuyer sur ces succès au cours des prochains mois et lancer plusieurs nouveaux livres qui paraîtront bientôt, notamment *The Economic Thought of Ernesto Che Guevara, Thomas Sankara Speaks* et un nouveau recueil de discours de Malcolm X[3].

---

3. Le recueil le plus complet en anglais des écrits et discours de ce grand dirigeant révolutionnaire, *Che Guevara and the Cuban Revolution* a été publié en octobre 1987 à l'occasion du vingtième anniversaire de la mort au combat en Bolivie de Che Guevara et d'autres camarades. Dans 15 villes d'Australie, du Canada, des États-Unis, d'Islande, de Nouvelle-Zélande, du Royaume-Uni et de Suède, les partisans des éditions Pathfinder ont organisé des lancements publics du livre avec un large éventail d'orateurs et de messages. Au cours des deux années suivantes, plusieurs lancements ont eu lieu à travers le monde pour *Che Guevara: Economics and Politics in the Transition to Socialism* de Carlos Tablada, *Thomas Sankara Speaks* et *Malcolm X: The Last*

Voilà le genre d'organisation internationale qui ressortira des discussions qui auront lieu à Oberlin cet été et tous les camarades qui veulent s'atteler à cette tâche y participeront.

TU FAIS RÉFÉRENCE dans ta lettre à six points qu'un membre de la délégation a abordés au cours d'une discussion avec toi en mars. Je n'ai pas entendu ce qu'il a dit mais je suis relativement certaine de savoir à quoi il faisait référence parce qu'il s'agit de points que nous avons aussi discutés au sein de la direction du SWP. Plusieurs camarades, dont ceux de la direction de la Ligue ouvrière révolutionnaire au Canada, de la Ligue communiste en Grande-Bretagne et de la Ligue d'action socialiste en Nouvelle-Zélande, ont aussi eu des discussions semblables[4]. Tu verras que ces points sont abordés dans la résolution que nous préparons.

Ta manière de récapituler les six points n'est pas tout à fait correcte. Et il est certain, comme tu le fais toi-même remarquer, qu'il serait absurde de penser qu'il s'agit là de conditions préalables à remplir avant le mois d'août 1988. Tu dis qu'il n'est pas du tout évident comment il

---

Speeches — trois livres des éditions Pathfinder. Les trois ont été publiés en français au début des années 90 sous les titres suivants : *Che Guevara : l'économie et la politique dans la transition au socialisme* de Carlos Tablada, *Oser inventer l'avenir* de Thomas Sankara et *Derniers discours* de Malcolm X. En espagnol, la première édition du livre de Carlos Tablada s'appelait « La pensée économique de Che Guevara », qui a aussi été son titre de travail initial en anglais.

4. La Ligue ouvrière révolutionnaire et la Ligue d'action socialiste ont par la suite changé leur nom pour Ligue communiste au Canada et Ligue communiste en Nouvelle-Zélande.

serait possible de les réaliser en aussi peu de temps, ce qui est un euphémisme amusant.

Mais les six points dont nous parlons *constituent* bien les fondements concrets de l'activité communiste aujourd'hui. Ils découlent de la nécessité de répondre à une situation *objective* qui se développe dans le monde. Des progrès sérieux sur les six points *sont* une condition nécessaire pour que les communistes s'organisent mieux au niveau international et agissent ensemble de manière plus efficace. Une meilleure organisation et une activité commune plus efficace constitueraient la plus importante retombée d'une avancée réelle sur les six points.

Quels sont les six points ?

D'abord et avant tout, il y a le tournant. Nous faisons tous face au défi de progresser dans la construction d'organisations de travailleurs communistes qui déploient une activité politique communiste (par opposition à radicale et syndicaliste) conséquente dans ce qui constitue le milieu du parti, la classe ouvrière industrielle — parmi les travailleurs qui ont un emploi et les chômeurs, parmi ceux qui sont nés dans le pays et les immigrés, parmi les syndiqués et les non syndiqués. Nous nous efforçons d'accomplir un travail communiste conséquent et professionnel dans les syndicats tout en *approfondissant* la prolétarisation de l'expérience et de la composition du parti et de sa direction.

Le deuxième point concerne le besoin de *centralisation politique* pour construire un parti du tournant. La pratique nous a montré plus concrètement ce que ceci implique. Pour faire le tournant, il ne suffit pas d'avoir des individus qui se trouvent un emploi dans l'industrie, un groupe de fractions ou bien une minorité dans un parti dont la majorité n'est pas communiste en pratique. Le tournant ne peut être réel que s'il est l'axe de travail

d'une *organisation* dont la direction cherche à atteindre l'homogénéisation et la centralisation politiques en appliquant (dans un pays donné) une orientation politique internationale.

On ne peut construire une organisation prolétarienne sans un travail conséquent visant à développer des fractions dans des industries et des syndicats industriels différents qui soient coordonnées et centralisées à l'échelle nationale. Ceci ne peut se faire sans disposer à la fois de branches *et* de fractions fortes, politiquement bien développées et confiantes en elles-mêmes. Les deux ont des tâches quelque peu différentes, mais elles se renforcent mutuellement par le contenu politique commun de leur travail.

On ne peut pas initier le tournant ou lui permettre de franchir des étapes importantes de son développement sans que la direction politique centrale n'assume directement la responsabilité de le diriger.

Comme tu peux le voir en lisant les reportages parus dans le *Militant* sur la série de conférences ouvrières militantes que nous avons organisées au cours d'une période de plusieurs mois l'an dernier, nous nous sommes rendus compte dans le SWP que ce point constitue le plus grand défi. Le tournant n'est jamais acquis une fois pour toutes. Même avec un parti relativement fort et politiquement homogène qui a initié le tournant il y a plus d'une décennie, nous avons constaté que la pression de l'offensive patronale des dernières années nous faisait reculer dans le tournant. Nous devions nous réorganiser, consolider bon nombre de branches et reconquérir les aspects politiques essentiels de la construction d'un parti du tournant.

Nous avons dû accepter la possibilité que l'effort de diriger le parti pour reconquérir le terrain cédé au cours des dernières années puisse diviser les cadres ou la direction. Mais nous savions que si nous n'arrivions pas à reconquérir le tournant et que nous dérivions vers des branches et des fractions fonctionnant de manière de plus en plus décentralisée, et donc avec de moins en moins d'homogénéité politique, les divisions seraient inévitables — et que dans ces conditions elles auraient un impact beaucoup plus profond et destructeur sur la possibilité de construire un parti prolétarien.

NOTRE EXPÉRIENCE dans ce domaine a été dans une certaine mesure semblable à celle des organisations en Nouvelle-Zélande et au Canada. En Grande-Bretagne, alors que beaucoup croyaient s'être organisés pour mettre en oeuvre le tournant à l'intérieur de la Ligue socialiste, les camarades ont découvert que c'était une illusion. Pas parce qu'ils n'avaient pas essayé, et ils étaient bien qualifiés pour essayer. Mais parce qu'*on ne peut pas le faire sans une organisation communiste*[5].

Je ne suis pas familière avec ce que vous faites en Suède ou avec les discussions que vous avez eues à Luleå au cours de la période récente. Comme je l'ai écrit plus haut, je n'essaie pas non plus de vous donner des conseils tactiques. Mais je suis certaine qu'il y a une chose que vous

5. Les partisans du tournant vers l'industrie et d'autres politiques communistes au Royaume-Uni ont été expulsés de la Ligue socialiste en janvier 1988, une semaine avant un congrès national où leur plate-forme aurait obtenu la majorité. Les expulsés ont tenu tel que prévu le congrès, qui avait été annulé de façon antidémocratique, et ils y ont adopté le nom de Ligue communiste.

ne faites pas : c'est construire un parti du tournant ou approfondir le tournant à l'intérieur du Parti socialiste de Suède, parce qu'on ne peut pas le faire.

Le troisième point a à voir avec la nécessité d'un rythme hebdomadaire dans la vie politique des branches et des fractions. Le rythme de notre travail politique — comme la plupart des choses dans cette société — est dicté par l'organisation capitaliste de la production. Les horaires que nous et notre milieu politique devons maintenir nous sont imposés par le besoin de vendre notre force de travail.

Une des premières choses qui arrive toujours quand un parti ou une branche se démoralise et commence à perdre son orientation prolétarienne, c'est que quelqu'un suggère que les réunions hebdomadaires de branche ne sont pas nécessaires et que « les travailleurs » n'ont pas le temps de venir aussi souvent à des réunions. On prend alors la décision de tenir des réunions de branche seulement une fois tous les quinze jours ou même parfois moins souvent. En abandonnant la norme hebdomadaire, on détruit une base irremplaçable de la vie disciplinée d'un parti de combat centralisé. Tout le fonctionnement hebdomadaire — les forums, les cours de formation, les ventes de la presse aux portes des usines, les réunions de fraction régulières et le travail de recrutement — disparaît rapidement. Parce que nous organisons *de fait* nos vies sur une base hebdomadaire, si le parti n'organise pas notre travail politique à ce rythme, quelque chose d'autre le fera.

L'activité publique d'un parti communiste doit être construite autour de l'utilisation régulière d'un journal hebdomadaire. Un journal paraissant tous les quinze jours ou encore moins fréquemment ne peut tout simplement pas assurer ce rythme. Et il ne peut pas non plus répondre

assez rapidement aux développements politiques de façon à orienter le parti et ses sympathisants. C'est pourquoi les camarades d'autres pays que les États-Unis ont trouvé si important, au cours de la période récente, d'utiliser le *Militant* comme organisateur central d'activités ayant un rythme hebdomadaire. Cette utilisation du *Militant* augmente la valeur des publications moins fréquentes et leur permet de se concentrer sur leurs points forts. Le *Militant* est le seul journal communiste hebdomadaire en anglais qui existe pour l'instant (et il n'y a aucun journal communiste de quelque fréquence que ce soit dans beaucoup d'autres langues). Nous avons fait des progrès pour l'utiliser de façon plus efficace.

Au SWP, nous ajoutons à l'utilisation du *Militant* celle de nos autres outils de propagande réguliers. Nous utilisons *Perspectiva Mundial* et *New International* de cette façon, ainsi parfois que des brochures. Les camarades d'autres pays utilisent ces publications et *Nouvelle Internationale,* ainsi que leurs propres journaux qui paraissent une ou deux fois par mois et sont beaucoup plus petits que le *Militant.* Les camarades en Grande-Bretagne, en Australie et en Islande n'ont pour le moment pas de publication régulière propre. Ils se sont rendus compte — même en Islande, où l'anglais n'est pas la première langue — qu'ils peuvent utiliser le *Militant* avec plus de succès qu'ils ne l'avaient pensé au début.

Le quatrième point est l'expansion de notre travail de propagande communiste, qui est construit autour des éditions Pathfinder et des librairies Pathfinder — ce qu'on peut décrire de plus en plus précisément comme Pathfinder international (mais pas l'« Internationale Pathfinder »).

C'est autour de ce point que nous avons eu le plus d'expériences communes concrètes au cours de la dernière

année, ce qui nous a tous permis d'apprendre beaucoup sur ce qu'il est possible de faire. Pourtant, nous ne faisons que commencer à voir dans une perspective historique les possibilités et les obligations actuelles de Pathfinder, en tant qu'élément de la reconstruction d'un mouvement communiste mondial.

Il est difficile de réellement accepter qu'étant donné notre petite taille et nos ressources limitées, il y a un nombre croissant de tâches essentielles à l'échelle mondiale que *seul* Pathfinder accomplira et qu'il nous faut agir en conséquence. Nous pouvons voir que nous sommes encore loin de nous rendre compte de ce qui est possible. Heureusement, le cercle des amis et des alliés de Pathfinder s'élargit dans le monde, des Caraïbes au Pacifique, parce que d'autres que nous commencent à voir et à demander ce que Pathfinder seul peut faire.

NOTRE TRAVAIL DE PROPAGANDE construit autour de Pathfinder n'a, par définition, aucune limite. Qu'il s'agisse de Che et de la révolution cubaine, du krach boursier et de l'approfondissement de la crise qu'anticipent partout les travailleurs, ou bien de l'actualité des discussions de l'Internationale communiste pour les travailleurs et les agriculteurs aujourd'hui — nous parlons de questions qui sont vitales pour le futur des travailleurs dans tous les pays.

Et étendre notre propagande communiste partout où nous le pouvons dans le monde aujourd'hui est notre tâche la plus fondamentale. En fait, mis à part Cuba où l'existence d'un parti communiste de masse qui domine politiquement un régime révolutionnaire des travailleurs et des agriculteurs ouvre quelques possibilités supplémentaires, le travail de propagande, correctement compris, est la seule chose ouverte aux communistes aujourd'hui :

tout ce que nous faisons vise à gagner un soutien plus large parmi les travailleurs pour une perspective internationaliste prolétarienne.

Étant donné le caractère et l'ampleur de l'expansion de Pathfinder au cours de la dernière année, nous avons l'obligation d'y porter une attention spéciale. C'est pour cette raison que nous avons convenu de tenir une réunion sur Pathfinder après le congrès d'Oberlin de cet été pour organiser à l'échelle internationale les prochains pas que nous franchirons. C'est une rencontre qu'ont bien méritée tous les participants. Elle découle de la dynamique de ce que nous avons conquis dans la pratique au cours des douze derniers mois.

LE CINQUIÈME POINT est la jeunesse. C'est une question d'orientation politique, pas une question organisationnelle. Nous ne parlons pas de mettre sur pied des groupes de jeunes, d'organiser des commissions de jeunesse ou d'initier quelque chose d'autre du genre. En fait, en abordant politiquement la question de la jeunesse et en évaluant les expériences internationales, nous pouvons éviter de prendre des mesures organisationnelles prématurées de ce genre.

Dans tout ce que nous faisons, notre attention se porte avant tout vers ces jeunes travailleurs combatifs qui sont les cadres communistes du futur. Ce sont ces jeunes combattants, ainsi que les étudiants qui sont attirés par les luttes ouvrières et qui sont ouverts à l'idée de rejoindre une organisation prolétarienne, que nous essayons d'atteindre avec notre propagande communiste. Ce sont eux que nous essayons de recruter. Ce sont eux, dont la grande majorité ne sont membres d'aucune organisation politique centralisée, qui seront les plus profondément touchés par les événements cataclysmiques qui viennent et seront les combattants les plus déterminés.

Notre orientation politique vers la jeunesse est particulièrement importante étant donné l'âge moyen croissant de toutes nos forces et les pressions accrues qui en découlent pour nous adapter aux rythmes et aux normes de la société dans laquelle nous vivons, y compris des syndicats dont nous sommes membres. Nos succès se mesureront à notre capacité de trouver le chemin vers la nouvelle génération et de la gagner à un parti communiste.

Le sixième point pourrait peut-être s'appeler « sous la bannière de la nouvelle Internationale. »

L'organisation communiste internationale née à l'époque de Lénine a été détruite par le stalinisme. Indépendamment de leurs faiblesses et erreurs, l'opposition bolchevique-léniniste et la Quatrième Internationale ont préservé la continuité du communisme mondial pendant une période substantielle. Quand l'Internationale a été fondée en 1938, il était juste de déclarer comme le fait le Programme de transition qu'en dehors des rangs de la Quatrième Internationale, il n'existe pas « sur cette planète, un seul courant révolutionnaire qui mérite réellement ce nom [6]. » Mais avec la victoire en 1959 de la révolution

6. La Quatrième Internationale, que le Parti socialiste des travailleurs a aidé à fonder et diriger, a été forgée par les communistes à travers le monde qui cherchaient à maintenir la continuité du cours du Parti bolchevique et de l'Internationale communiste tels que dirigés par V. I. Lénine jusqu'à sa mort en 1924. Son programme de fondation — « L'agonie du capitalisme et les tâches de la Quatrième Internationale » par le dirigeant bolchevique Léon Trotsky, que le Parti socialiste des travailleurs a discuté et adopté afin de le soumettre au congrès de fondation — est reproduit dans le livre de Trotsky, *The Transitional Program for Socialist Revolution*, publié par les éditions Pathfinder.

cubaine et la construction subséquente à Cuba d'une direction communiste qui continue d'avancer, cette affirmation a définitivement cessé d'être vraie.

L'« épreuve de vérité » face à la révolution cubaine a toujours été le défi de reconnaître l'importance de la *direction* communiste qui existe à Cuba et d'agir à partir de cette compréhension.

Le bilan historique est clair. La direction majoritaire des forces qui s'organisent par le biais du Secrétariat unifié de la Quatrième Internationale a répondu à ce défi beaucoup plus comme une secte gauchiste que comme une direction communiste. Comme l'a souligné Joseph Hansen, un dirigeant du SWP, c'était aussi vrai durant les années de la déviation guérilleriste que ce l'est aujourd'hui[7]. Ces forces ont toujours pratiqué une politique de petit groupe. Elles étaient toujours en train de *faire concurrence* à la direction cubaine, cherchant à la remplacer par une direction trotskiste organisée par le Secrétariat unifié.

Cette attitude politique erronée à l'égard du Parti communiste de Cuba a été renforcée depuis 1979 par la réponse du Secrétariat unifié aux victoires révolutionnaires qui ont eu lieu à Grenade et au Nicaragua. La résolution sur Cuba du Comité exécutif international de 1981 et la résolution du congrès mondial de 1985 « L'étape actuelle de construction de l'Internationale » codifient ces positions. J'ajouterais que le Secrétariat unifié a eu une réponse semblable vis-à-vis de la direction communiste

---

7. Voir *The Leninist Strategy of Party Building: The Debate on Guerrilla Warfare in Latin America* de Joseph Hansen, publié par Pathfinder en 1979, ainsi que cet autre livre de Hansen, *Dynamics of the Cuban Revolution: A Marxist Appreciation,* publié par Pathfinder en 1978.

qui émerge depuis une décennie au sein du Congrès national africain. Aussi grotesque que cela puisse sembler, il voit aussi en elle une menace, un concurrent.

LA RECONSTRUCTION d'un mouvement communiste international ne passera pas par la Quatrième Internationale (Secrétariat unifié), sans parler des autres courants qui s'appellent eux-mêmes trotskistes ou d'une quelconque variante de la Quatrième Internationale. Elle accélérera encore plus l'éclatement des forces du Secrétariat unifié. C'est pourquoi nous disons (et avons dit pendant toute la période de transition que nous avons traversée depuis cinq ans) que nous marchons sous la bannière de la nouvelle Internationale. Nous cherchons à approfondir notre collaboration avec des communistes qui ont été forgés dans des expériences historiques différentes des nôtres et, dans ce processus, nous gagnerons toutes les forces que nous pourrons qui sont prêtes à rompre avec le trotskisme pour devenir communistes.

Nous ne disons pas, et ne croyons pas, qu'il n'y a pas de communistes au sein de la Quatrième Internationale. Un certain nombre d'individus qui font aujourd'hui partie des différents groupes qui constituent la majorité du Secrétariat unifié participeront à la reconstruction du mouvement communiste à l'échelle mondiale. Mais ce serait une erreur politique fatale de nous *orienter* vers eux au lieu de tracer un cours d'action communiste au niveau international et de le poursuivre de manière conséquente. Ce n'est qu'en agissant ainsi que nous aurons un effet sur ceux qui peuvent être gagnés — là et ailleurs.

Il est important de noter que nous ne sommes pas les seuls au sein du Secrétariat unifié à reconnaître que l'incapacité politique de la Quatrième Internationale de répondre aux défis qui se posent aujourd'hui est en train de la faire éclater. Une composante importante de la section française par exemple déclare sans équivoque que c'est une erreur d'essayer de construire un parti communiste aujourd'hui. Elle croit que le bilan des années 1968-1988 prouve que ceux qui ont cherché à créer un parti léniniste poursuivaient une chimère. Elle en a conclu que la Ligue communiste révolutionnaire devrait admettre ce fait et se regrouper avec d'autres forces pour construire un parti centriste avant qu'il ne soit même trop tard pour le faire.

La section allemande s'est déjà scindée entre ceux qui ont adhéré aux Verts (qu'ils désignent comme le parti de la classe ouvrière allemande présente et future) et ceux qui ont fusionné avec le Parti communiste allemand autrefois maoïste. Au Mexique, le Parti révolutionnaire des travailleurs (PRT) n'exige pas comme condition d'adhésion de devenir membre de la Quatrième Internationale.

La crise historique de la Quatrième Internationale est un fait reconnu par une majorité des forces au sein du Secrétariat unifié. Mais, comme l'indiquent les quelques exemples qui précèdent, des réponses diamétralement opposées sont données quant aux racines politiques de la crise et au cours que les communistes doivent tracer aujourd'hui.

EN BREF, voilà les six points. Comme tu peux le voir, ils ne contiennent rien de nouveau. Si tu retournes lire le rapport sur le tournant adopté par le congrès de la Quatrième Internationale en 1979 (et d'autres articles sur le tournant publiés dans le livre *Le Visage changeant de la politique aux États-Unis*), le rapport minoritaire sur le

Nicaragua présenté au congrès mondial, l'article « Leur Trotsky et le nôtre », la résolution politique que nous avons adoptée au dernier congrès du SWP, les principaux articles publiés dans *New International,* les articles de discussion publiés dans le *Militant* que j'ai mentionnés plus tôt, tu verras que tout est là. Il est particulièrement important de noter ce que le rapport sur le tournant dit sur les conséquences qu'aura le fait de *ne pas* appliquer les politiques proposées[8].

Dans tous ces documents, nous discutons du tournant, du travail de propagande communiste et de la stratégie léniniste pour construire des partis aujourd'hui — des questions qu'on ne peut comprendre et conquérir que par un travail pratique réalisé dans ce cadre.

---

8. On trouvera « Le tournant et la construction d'un mouvement communiste mondial », le rapport de Jack Barnes adopté par le congrès mondial de 1979 de la Quatrième Internationale, dans *Le visage changeant de la politique aux États-Unis,* Pathfinder, 1997.

La résolution minoritaire sur le Nicaragua, « Nicaragua: How the Workers and Farmers Government Came to Power » et un rapport de Jack Barnes sur cette résolution sont reproduits en anglais dans le neuvième numéro de *New International* et en espagnol dans le troisième numéro de *Nueva Internacional.* Une traduction en français du rapport minoritaire sur le Nicaragua a été publié sous le titre « Projet de thèses sur la révolution nicaraguayenne » dans un numéro spécial de la revue *Inprecor/Intercontinental Press* sur le « XIe Congrès mondial de la IVe Internationale, novembre 1979 ».

L'article « Leur Trotsky et le nôtre » de Jack Barnes est publié dans le premier numéro de *Nouvelle Internationale.* La résolution politique adoptée par le congrès de 1985 du SWP, « The Revolutionary Perspective and Leninist Continuity in the United States », est contenue dans le quatrième numéro de *New International.* Deux chapitres de cette dernière résolution ont été traduits en français dans *Le visage changeant de la politique aux États-Unis.*

Il est impossible d'avancer sur un des six points sans s'efforcer d'avancer sur les six. Bien entendu, dans la pratique nous avançons tous à un rythme inégal. C'est inévitable. Mais toute tentative de développer un aspect d'une orientation communiste tout en ignorant ou en rejetant les autres se traduira par un recul sur tous les fronts. Les progrès sur les six points, qui s'appuient sur l'assise du tournant, voilà le critère que nous devons utiliser pour évaluer si des noyaux communistes ont conquis suffisamment de terrain commun pour être véritablement homogènes au niveau politique — ce qui permet de surmonter les frontières nationales et de jeter la base objective pour une organisation internationale.

Tu fais référence au « cadre de la convergence communiste ». Il s'agit d'une expression utilisée dans divers documents que nous et d'autres camarades avons écrits. C'est un des points que les délégués au congrès de la Ligue communiste en Grande-Bretagne ont discutés en janvier dernier et que nous avons discutés à l'une des récentes réunions de notre Comité national. Le plus nous en avons parlé, le plus nous nous sommes entendus pour dire que ce n'est pas une expression utile parce qu'elle crée plus d'ambiguïtés et de problèmes qu'elle n'en résout. Dans la mesure où il y a une convergence de forces communistes à l'échelle internationale, autrement dit dans la mesure où l'expression a une quelconque signification dans le monde aujourd'hui, elle n'est qu'un résultat de ce que font diverses organisations communistes. En faisant ce qu'elles font, elles se rendent compte qu'elles évoluent dans la même direction.

La convergence communiste n'est pas un objectif que nous nous fixons, un rêve impossible que nous poursuivons. Ce n'est pas non plus une organisation embryonnaire imaginaire. Nous ne faisons pas partie d'un quelconque

« courant de convergence communiste » comprenant l'ANC, le PC cubain, le FSLN et qui sait quels autres groupes révolutionnaires parfois désignés comme faisant partie de la convergence. Le PC cubain n'est pas notre direction, encore moins l'ANC, le FSLN ou qui que ce soit d'autre. Nous poursuivons un cours communiste en collaborant dans la pratique avec d'autres forces organisées que nous rencontrons cheminant sur la même voie que nous et qui en sont au même *stade historique* d'expérience, d'organisation et de grandeur.

DANS CE PROCESSUS, il nous arrive aussi de travailler avec d'autres combattants — comme des cadres de l'ANC, des membres du FSLN et des membres du PC cubain — autour de campagnes et de projets spécifiques où se rejoignent les trajectoires politiques de révolutionnaires — et de communistes — qui en sont à des étapes très différentes d'expérience, d'organisation, de différentiation et de taille.

Il faut souligner que le point de départ de tout ce que j'ai dit plus haut n'est pas une évaluation de la Quatrième Internationale ou d'aucune de ses composantes. Nous partons du monde dans lequel nous vivons, des complications de ce monde, et nous établissons un cours politique pour les communistes. Alors seulement est-il utile d'examiner à quel point une organisation, y compris la Quatrième Internationale et ses sections, se montre à la hauteur de la situation.

Comme tu n'attribues rien d'autre que de la désorientation politique à la direction de la Quatrième Internationale, il n'y a aucun besoin d'ajouter quoi que ce soit à ce que j'ai dit à propos du Secrétariat unifié. Je vais le mettre de côté.

Mais je tiens cependant à réaffirmer l'opinion de la direction du SWP sur la section suédoise [9]. Nous ne pensons pas qu'elle puisse être réformée en une organisation communiste. Ici, je ne dis encore une fois rien de nouveau. C'est le jugement que nous avons exprimé lors du dernier congrès mondial, après qu'un certain nombre de camarades de notre direction aient visité la Suède et vu de leurs propres yeux le travail de la section. Tu sembles en arriver à une opinion semblable lorsque tu dis : « [...] de plus en plus, nous en sommes aussi venus à conclure que nous avons perdu la bataille pour le PS. »

CE N'EST PAS SEULEMENT le Parti socialiste suédois qui n'est plus réformable. C'est aussi vrai de toutes les sections de la Quatrième Internationale, sauf au Canada, en Nouvelle-Zélande et dans le cas de la section sympathisante aux États-Unis. L'expérience des dix dernières années a largement démontré qu'aucune section n'a pu effectuer le tournant, approfondir la composition internationaliste prolétarienne de ses membres et de sa direction, et progresser dans la construction d'un parti communiste sans bataille politique et sans scission profonde. Le grand échec des camarades au sein de la direction de plusieurs sections européennes qui ont initialement soutenu le tournant, ce fut leur totale incapacité et leur total refus de *diriger* lorsqu'il est devenu évident qu'aller de l'avant dans la construction d'un parti prolétarien se traduirait inévitablement par une scission. *Ne pas* se séparer des vieux amis et de ce marais familier et confortable

9. À l'époque, les camarades à qui s'adressait cette lettre étaient membres du Parti socialiste, la section suédoise de la Quatrième Internationale.

de cliques se faisant concurrence — c'était plus important pour eux que d'être des communistes.

Mais il y a quelque chose de particulier dans le rôle qu'a joué le parti suédois dans la lutte politique qui s'est déroulée de 1979 à 1982. Ce furent les quatre années clés. C'est la direction du parti suédois qui *a dirigé,* au nom de la majorité du Comité exécutif international, la contre-révolution sur le tournant. À la suite du congrès mondial de 1979 où la direction suédoise a adopté comme beaucoup d'autres le rapport sur le tournant, la section suédoise avait la possibilité de commencer à se transformer en un parti communiste. Ceci, évidemment, aurait conduit à une scission, y compris avec des camarades dirigeants devenus des syndicalistes. Mais lors de la réunion du Comité exécutif international de 1982, cette possibilité n'existait plus. C'était il y a déjà six ans.

La contre-révolution dirigée par la section suédoise a joué un rôle important dans le destin de la Quatrième Internationale. Tom Gustafsson, un des dirigeants centraux du PS, a présenté au nom de la majorité du Secrétariat unifié le rapport de la contre-révolution sur le tournant lors du CEI de 1982. S'appuyant largement sur l'expérience suédoise, il a reproché à la section française de traîner les pieds et a soutenu contre elle qu'il n'était pas possible de mettre en échec le « (brutal) tournant américain » simplement en s'y opposant et en le rejetant. Ce ne pouvait être fait qu'en reconnaissant le besoin de prolétariser la composition de nos sections et qu'en s'organisant pour avoir une minorité importante de camarades dans des emplois et des syndicats industriels, tout en poursuivant un cours politique — dans les syndicats et dans le travail de parti — qui était la négation du tournant. C'est ce que j'appelle le « tournant suédois ».

Mais le « tournant suédois » n'était pas plus une forme du tournant que le « pouce » du panda est une forme de pouce. Ce n'est pas un détour, une alternative, un trajet plus difficile au sein du même cours historique d'évolution. C'est un obstacle et de ce fait un piège mortel, qui bloque et empêche la construction d'un parti du tournant.

CECI EST IMPORTANT, parce que ce qui s'est passé en Suède a été le genre d'expérience le plus corrupteur de tous pour les communistes qui essayaient d'effectuer un vrai tournant. Cette expérience a rendu la lutte *plus* difficile en Suède qu'elle ne l'a même été en Grande-Bretagne par exemple. Elle signifie que les camarades qui essaient de construire un parti du tournant en Suède doivent surmonter un plus grand handicap et ont plus à désapprendre à cause du genre de parti créé par le « tournant suédois ».

Je ne veux pas dire par là que la Suède a été le seul endroit où cette espèce de modèle de la « contre-révolution du tournant au nom du tournant » a pris pied. Le « tournant belge » a joué un rôle semblable et il peut y en avoir quelques autres.

La plus importante erreur de jugement faite par les camarades en Suède, ce n'est pas de ne pas avoir vu ce qui se passait. Vous l'avez vu et vous avez aidé d'autres parmi nous à comprendre la profondeur de la corruption politique. Mais pendant un certain temps après 1982, vous avez continué à espérer que des facteurs extérieurs pourraient changer tout ça et que les expériences de la Quatrième Internationale pèseraient peut-être dans la balance pour renverser le cours du parti suédois. Mais c'est exactement le contraire qui est arrivé. Le PS « a servi de direction » au reste de la Quatrième Internationale à cet égard et la direction de la Quatrième Internationale a renforcé la contre-révolution suédoise sur le tournant.

Ceci nous amène au coeur de la question. *L'impact des événements internationaux ne peut transformer un parti qui a institutionnalisé une contre-révolution sur le tournant.* Ce n'est qu'en comprenant ce fait que vous pouvez apprécier l'ampleur du problème. Aucune influence extérieure ne peut pousser le PS à devenir une organisation communiste.

C'est le point dans ta lettre avec lequel je suis le plus en désaccord, si je te comprends bien. Tu dis : « La situation maintenant, c'est que le PS diffère à certains égards des autres sections européennes de la Quatrième Internationale. Une attitude plus positive envers l'ANC n'est pas que de l'opportunisme. Nous pensons que des camarades dans la direction et dans le parti ont été influencés par les sandinistes. Il n'y a aucune raison d'exagérer ces traits positifs et nous ne pouvons savoir comment ces camarades résisteront à une offensive sectaire et factionnelle du Secrétariat unifié. Mais c'est la situation *maintenant.* »

Je suis d'accord avec toi pour dire qu'il ne s'agit pas simplement d'opportunisme. De plus, travailler à aider et être attiré par la révolution nicaraguayenne et la lutte de masse contre l'apartheid en Afrique du Sud, c'est positif, peu importe qui le fait. Sur certaines questions politiques relatives aux développements révolutionnaires au Nicaragua et en Afrique du Sud, des camarades dans la direction du PS peuvent très bien avoir des positions plus correctes que celles qui prévalent au sein du Secrétariat unifié. Je crois que la même chose est vraie d'autres sections de la Quatrième Internationale.

Mais il y a littéralement des millions de personnes dans le monde aujourd'hui qui soutiennent l'ANC ou sont influencés par les sandinistes. Mais ceci ne les rapproche pas nécessairement du communisme. Pour plusieurs en fait, c'est même exactement le contraire qui arrive. Ils soutiennent le sandinisme et le FSLN parce qu'ils croient qu'il s'agit d'une alternative au communisme. Ils essaient d'opposer la « voie nicaraguayenne » à la « voie cubaine ». Dans une certaine mesure, c'est le cas même dans le Secrétariat unifié.

De la même façon, comme tu le sais probablement bien par tes expériences en Suède, il y a d'innombrables forces libérales et sociales-démocrates qui apportent un soutien massif à l'ANC, précisément parce qu'elles espèrent ainsi pouvoir influencer le cours de la révolution sud-africaine et empêcher le développement d'une direction communiste au sein de l'ANC.

Nous sommes tous en faveur d'un soutien massif à l'ANC et aux sandinistes, quels qu'en soient les mobiles. L'expérience a montré que les révolutionnaires en Afrique du Sud et au Nicaragua savent très bien se débrouiller avec des « amis » qui ont des objectifs stratégiques différents. Plus il y a de libéraux, de radicaux, de sociaux-démocrates, de gauchistes et d'autres qui s'impliquent dans l'aide concrète, le meilleur c'est.

Mais nous avons un point de départ différent, qui est de reconstruire une direction communiste à l'échelle internationale. Le simple fait d'avoir une attitude positive envers l'ANC ou d'être influencé par les sandinistes ne constitue pas nécessairement un pas dans cette direction. Un travail internationaliste prolétarien effectué par une organisation communiste te rend *plus* communiste. Mais si le travail de solidarité avec le Nicaragua ou l'Afrique du Sud n'est pas, dès le départ, un aspect inséparable de la construction d'un parti communiste, tu ne deviendras pas plus communiste en le faisant, pas plus que ne le deviennent les dizaines de milliers d'autres qui font un travail de solidarité radical, y compris en participant à des brigades de travail, en assistant à des conférences internationales, etc. Ceci ne rend pas ce travail moins utile dans l'immédiat non plus.

Pour plusieurs, être attiré *politiquement* vers la direction de la révolution cubaine représente, je crois, quelque chose d'un autre ordre qu'être pour l'ANC ou pour le FSLN. C'est encore plus vrai aujourd'hui, étant donné le cours clair de la direction centrale sur la rectification [10]. Il est plus difficile d'être attiré vers le PC cubain sans avancer d'un pas vers le communisme. C'est pourquoi tu ne verras pas de virage « pro-cubain » dans le PS ou la Quatrième Internationale.

MAIS MÊME LE FAIT d'avoir une attitude « positive » envers le PC cubain ou d'être « influencé » par lui ne rapproche pas forcément du communisme. Nous connaissons tous des quantités de staliniens qui ont une attitude « positive » envers le PC cubain. Personne n'est jamais gagné au communisme en étant simplement attiré ou influencé par des idées. Celles-ci doivent s'exprimer et se concrétiser dans la pratique d'une organisation prolétarienne — même s'il ne s'agit que d'un noyau — dans le pays où tu fais de la politique. Même Marx et Engels ne sont devenus communistes qu'au moment où ils ont été recrutés par les cadres d'un parti de travailleurs révolutionnaires. C'est la seule façon. Tu deviens un communiste à travers une pratique ouvrière révolutionnaire menée consciemment.

10. Pour une discussion sur le processus de rectification à Cuba, voir la première section de la quatrième partie de la résolution « L'impérialisme U.S. a perdu la guerre froide » ailleurs dans ce numéro.

Sous la pression des grands événements internationaux, les petits partis qui se disent révolutionnaires éclateront. Ce qui sera décisif pour gagner certains de leurs membres, en plus de gagner d'autres forces plus importantes, ce sera l'existence d'un noyau communiste indépendant et confiant, aussi petit soit-il, qui agisse comme s'il avait l'intention de devenir un parti communiste et qui puisse rejoindre les travailleurs secoués par les grands événements — d'où qu'ils viennent — et leur montrer une voie en avant. C'est ce qui s'est toujours produit à chaque grand point tournant de l'histoire du mouvement communiste.

CECI VA SE PRODUIRE à nouveau sous l'impact de la crise économique et sociale qui s'annonce et nous n'aurons pas à attendre le vingt et unième siècle pour voir ce processus commencer.

Je ne suis pas en train de dire comment agir à partir de cette évaluation. Je ne suis pas en train de *proposer* quoi que ce soit. J'expose un fait historique : on peut être d'accord ou pas, on peut agir en conséquence ou pas. Et j'ajouterai ce que je considère être un autre fait, confirmé par une riche expérience historique. Si les communistes demeurent trop longtemps à l'intérieur d'une organisation qu'ils pensent impossible de transformer en un parti prolétarien, tôt ou tard ils seront incapables de la quitter (même s'ils finissent un jour par la quitter au niveau organisationnel). Chaque année qui passe, vous vieillissez d'un an, vous devenez un peu moins flexibles et un peu moins capables de désapprendre ce que vous aviez cru avoir appris sur la construction d'un parti prolétarien en agissant comme une opposition minoritaire loyale.

Le fait de voler de vos propres ailes ne garantit certainement pas que vous allez devenir une organisation communiste. Mais ne pas le faire garantit à un certain point que vous n'en deviendrez pas une.

Tu soulignes qu'un parti ne peut pas se construire sans des événements majeurs dans la lutte de classe mondiale. Ce sont bien sûr les seuls moments où une organisation communiste peut croître rapidement. Mais un autre point est plus fondamental. Si le dur travail de construire une organisation de travailleurs communistes n'est pas amorcé *avant* ces événements, il sera presque impossible qu'une organisation *communiste* en émerge.

Je suis complètement d'accord avec une remarque que tu fais sur le PS : il ne s'agit pas d'un petit parti social-démocrate ou d'un parti réformiste. Tu donnes une partie de la réponse en soulignant qu'il n'y a pas de place pour une telle formation en Suède. Je dirais que c'est aussi vrai ailleurs.

Le problème reste ce qu'il a toujours été depuis la formation de la section suédoise au début des années 70. Malgré des erreurs droitières, sa trajectoire est celle d'une secte gauchiste qui cherche une façon d'avancer comme la composante d'un courant de « gauche révolutionnaire ». Cette orientation engendrera toujours une certaine dose de politicaillerie syndicale, d'illusions électorales et, de plus en plus, d'adaptations aux « caractéristiques nationales ».

Je pense qu'un autre point dans ta lettre n'est pas tout à fait exact. Il s'agit de ta référence à l'échec de « la tentative de scission lors du congrès mondial. » C'est vrai que certains dans la direction de l'Internationale ont essayé d'organiser une scission au cours de la période conduisant au congrès mondial de 1985. Ils ont été amèrement déçus lorsque nous avons empêché qu'un vote du congrès mondial ne la consomme et codifie.

Mais si l'opération de scission n'a pas réussi selon la forme et le calendrier prévus (ce qui a fait gagner un peu de temps et d'espace aux communistes pour nous organiser et lutter, et pour nous réorienter politiquement afin de faire face à la réalité de la Quatrième Internationale), la scission s'est *en fait* qualitativement approfondie. Le lendemain du congrès mondial, la direction a rejeté la proposition que nous lui avons faite que Jack Barnes et moi-même déménagions à Paris pour y partager les responsabilités de direction quotidienne. Pour la première fois, le Comité exécutif international *a exclu* ouvertement tous les camarades du SWP du Bureau du Secrétariat unifié. De plus la section canadienne, la seule autre section dans l'hémisphère occidental à partager les positions du SWP, a même été exclue du Secrétariat unifié.

Depuis, la scission de fait a été totale et ses formes ont continué à se généraliser. Une instance appelée le Secrétariat unifié se réunit maintenant trois à quatre fois par an, sans avoir le quorum pendant une bonne partie de ses délibérations, afin de débattre d'un ordre du jour contenant peu de points politiques significatifs. La vraie discussion a lieu ailleurs.

Tu te dis préoccupé par le fait que votre orientation en Suède pourrait affecter le statut de la Ligue communiste en Grande-Bretagne vis-à-vis de la Quatrième Internationale. Je ne pense pas que tu devrais t'en inquiéter. Rien de ce que vous faites là-bas ne peut avoir le moindre impact sur cette question. Celle-ci a déjà été tranchée. C'est le Bureau du Secrétariat unifié qui a forcé la scission et s'est organisé pour reconnaître la minorité de la section britannique. Le Secrétariat unifié a entériné ce cours sans hésitation quelques semaines plus tard. Ce n'est pas que les camarades britanniques n'ont pas décidé *comment* se battre contre leur expulsion. C'est qu'en vérité il n'y a rien d'utile qu'ils *puissent* faire. La prochaine réunion du CEI ratifiera les actions du Secrétariat unifié, si elle ne les amplifie pas. Ce point ne suscitera littéralement *aucun intérêt.* Plusieurs membres du CEI sortiront ostensiblement de la salle lorsque ce point se présentera à l'ordre du jour ou resteront assis à lire un roman jusqu'au moment du vote. Là, ils confirmeront que la Ligue communiste n'est ni une section ni une organisation sympathisante de la Quatrième Internationale.

La lutte dans le Parti socialiste en Suède ne sera pas centrée sur la Ligue communiste en Grande-Bretagne. Elle portera sur des orientations politiques opposées dans la lutte de classe en Suède, en commençant par la réunion de lancement du livre *Che Guevara and the Cuban Revolution,* la diffusion accrue des livres de Pathfinder, la diffusion du *Militant,* la collaboration avec ceux qui font les mêmes choses dans le monde, ce qui comprend la Ligue communiste, et le caractère central de ces activités pour construire un parti du tournant.

La « QUESTION BRITANNIQUE » est en fait une couverture pour la seule véritable question internationale, la « question du SWP ». C'est dire à quel point les choses vont mal dans la Quatrième Internationale. Les camarades britanniques ont véritablement été expulsés pour avoir commis l'affront de vendre le *Militant* et non pas un « journal britannique », comme leur a lancé avec dédain un membre du Groupe socialiste international britannique. Ou pour être devenus des « Big Macs », ainsi qu'un membre du Secrétariat unifié a doucereusement décrit leur péché. Il faudra un peu plus de temps — mais pas tant que ça — avant qu'on ne reconnaisse que les sections qui *ne* vendent *pas* le *Militant.* Lorsque ce vote aura lieu, il suscitera lui aussi peu d'intérêt — des deux côtés du débat. Il ne fera que refléter, avec justesse, une réalité politique qui est beaucoup plus importante et fondamentale [11].

En dehors des choses évidentes que, dis-tu, un membre de la délégation de direction internationale a évoquées au cours de notre voyage en Suède en mars, comme le besoin de s'organiser pour développer le travail de propagande internationale autour de Pathfinder, la question de l'organisation internationale ne peut se poser que comme un sous-produit d'une activité communiste concrète menée dans le cadre que je viens de présenter. Elle ne peut résulter que d'une convergence réelle entre groupes communistes capables de conquérir cette trajectoire en tant qu'organisations internationalistes et du tournant. La vérité est qu'un tel ensemble d'organisations n'existe pas aujourd'hui et c'est pourquoi il est juste de parler des six points comme des conditions préalables.

Ces points sont les mêmes partout. Et nous devons tous juger nos propres partis à la même aune, qu'ils aient 5 ou 500 membres : dans quelle mesure nous sommes à la hauteur de ce qu'exigent de nous les défis politiques

---

11. En mai 1989, le groupe de communistes à Luleå et dans d'autres villes à qui cette lettre était adressée a tenu une conférence et décidé de former la Ligue communiste en Suède. Un an plus tard, en juin 1990, le Parti socialiste des travailleurs et les ligues communistes ou groupes de révolutionnaires en Australie, au Canada, en France, en Islande, en Nouvelle-Zélande et en Suède qui étaient auparavant affiliés au Secrétariat unifié de la Quatrième Internationale ont chacun décidé de formaliser ce qui était déjà la réalité depuis un certain temps en mettant fin à ces liens, fraternels ou statutaires. Voir *Nouvelle Internationale* n° 4, p. 13-15, et *Le visage changeant de la politique aux États-Unis : la politique ouvrière et les syndicats* de Jack Barnes, p. 233.

auxquels nous faisons face. C'est ainsi que nous attendons des membres individuels du SWP qu'ils jugent le SWP. Ce n'est pas différent ailleurs dans le monde.

Nous aurons l'occasion de discuter de tout cela plus en détail pendant la conférence d'Oberlin cet été, mais je voulais répondre sans attendre à certaines des choses les plus importantes que tu as soulevées dans ta lettre. La mienne est plus longue que je ne le pensais au début. J'espère qu'elle s'avérera utile.

J'espère aussi que tu pourras convaincre encore plus de camarades de Luleå de venir à Oberlin. Il n'est pas trop tard.

L'an passé, la conférence d'Oberlin a avant tout été marquée par son caractère internationaliste. Des discussions que nous y avons eues est issu le cours que nous avons projeté vers une plus grande utilisation internationale du *Militant,* vers l'expansion de Pathfinder et vers les réunions de lancement de *Che Guevara and the Cuban Revolution.*

LE CONGRÈS ET LA CONFÉRENCE de cette année seront marqués plus que tout autre chose par le progrès que nous réaliserons dans la reconquête de la centralité politique du tournant en tant que fondement de tout ce que nous faisons. Ce progrès permettra de franchir un autre pas qualitatif dans l'utilisation de nos outils de propagande communiste comme éléments d'un cours visant à approfondir notre prolétarisation et notre internationalisme. Cette compréhension se traduira aussi par un élan vers un cours qui permettra d'atteindre un niveau potentiellement nouveau d'homogénéité politique internationale.

Ceci n'est pas seulement important pour des groupes plus petits. C'est également important pour le SWP.

Depuis que la perspective du tournant a été défaite dans la Quatrième Internationale, nous n'avons en réalité pas fait partie non plus d'une organisation internationale. Mais il n'y a pas d'internationalisme sans organisation internationale. Tout progrès dans la direction dont nous parlons affectera aussi profondément le SWP.

Salutations communistes,
s/ Mary-Alice
Mary-Alice

LIBÉRATION DES FEMMES ET SOCIALISME

La révolution socialiste et la lutte de libération des femmes

Résolution du Parti socialiste des travailleurs (SWP)

Ce document explique la place centrale et le poids de la lutte de libération des femmes dans la ligne de marche de la classe ouvrière vers le socialisme. Le produit d'une discussion et d'un débat international, cette résolution incorpore les expériences de lutte de plusieurs pays. 7 $ US. En français.

L'origine de la famille, de la propriété privée et de l'État

FRIEDRICH ENGELS

Ce livre explique comment l'émergence de la société divisée en classes a entraîné celle d'institutions d'État et de structures familiales répressives qui protègent les biens des couches dominantes et leur permettent de transmettre leur richesse et leurs privilèges. Il examine les conséquences de ces institutions de classe pour ceux qui travaillent, depuis leurs formes initiales jusqu'à leurs versions modernes. 20 $ US. En français et en anglais.

L'émancipation des femmes et la lutte de libération de l'Afrique

THOMAS SANKARA

« Il n'y a pas de révolution sociale véritable que lorsque la femme est libérée, » explique le dirigeant de la révolution au Burkina Faso de 1983 à 1987. Les paysans et les travailleurs de ce pays d'Afrique de l'Ouest ont établi un gouvernement révolutionnaire populaire et commencé à combattre la faim, l'analphabétisme et l'arriération économique imposés par la domination impérialiste. 8 $ US. Aussi en anglais, espagnol et farsi.

www.pathfinderpress.com

RÉVOLUTION EN AMÉRIQUE CENTRALE ET DANS LES ANTILLES

Le deuxième assassinat de Maurice Bishop

Cet article de Steve Clark publié dans le troisième numéro de la revue *Nouvelle Internationale* décrit les réalisations de la révolution qui a eu lieu de 1979 à 1983 dans l'île antillaise de la Grenade. Il explique les racines du coup d'État de 1983 qui a conduit à l'assassinat du dirigeant révolutionnaire Maurice Bishop et à la destruction du gouvernement des travailleurs et des agriculteurs par une faction politique stalinienne à l'intérieur du New Jewel Movement, le parti au pouvoir. Ce numéro contient aussi : « Le processus de rectification à Cuba, » deux discours de Fidel Castro ; et « L'héritage politique de Thomas Sankara » de Michel Prairie. 15 $ US. Aussi en anglais.

La montée et la chute de la révolution nicaraguayenne

S'appuyant sur dix ans de journalisme révolutionnaire de l'intérieur du Nicaragua, ces numéros des revues *New International* en anglais et *Nueva Internacional* en espagnol décrivent les réalisations et l'impact international de la révolution de 1979 au Nicaragua. Ils retracent la retraite politique de la direction sandiniste, qui a conduit à la chute du gouvernement des travailleurs et des agriculteurs à la fin des années 80. Résolutions et articles du Parti socialiste des travailleurs. 16 $ US. En anglais et en espagnol.

COMMANDEZ EN LIGNE WWW.PATHFINDERPRESS.COM

L'INTERNATIONALE COMMUNISTE DU TEMPS DE LÉNINE

POUR VOIR L'AURORE

Baku, 1920

Premier congrès des peuples d'Orient

Comment les paysans et les travailleurs du monde colonial peuvent-ils se libérer de l'exploitation impérialiste ? De quelle façon les travailleurs peuvent-ils surmonter les divisions incitées par leur classes dirigeantes nationales et agir ensemble dans leurs intérêts de classe communs ? Voilà les questions débattues par les 2 000 délégués au Congrès des peuples d'Orient de 1920.
En anglais. 22 $ US

TRAVAILLEURS DU MONDE ET PEUPLES OPPRIMÉS, UNISSEZ-VOUS !

Débats et documents du deuxième congrès, 1920

Les discussions entre les délégués de 37 pays abordent des questions clés de la stratégie et du programme ouvriers et offrent un portrait frappant des luttes sociales à l'époque de la révolution russe. Deux volumes, en anglais. 65 $ US

LE COMBAT DE LÉNINE POUR UNE INTERNATIONALE RÉVOLUTIONNAIRE

Documents, 1907-1916

Les années préparatoires

Les dirigeants ouvriers révolutionnaires, dont V. I. Lénine et Léon Trotsky, débattent de la réponse socialiste à la première guerre mondiale.
En anglais. 35,95 $ US

Aussi dans la série

THE GERMAN REVOLUTION AND THE DEBATE ON SOVIET POWER (1918-1919)
[La révolution allemande et le débat sur le pouvoir soviétique (1918-1919)]

INDEX

D

E

F

G

Q

R

NOUVELLE INTERNATIONALE AUTOUR DU MONDE

Nouvelle Internationale est aussi publiée en anglais sous le titre *New International* et en espagnol sous celui de *Nueva Internacional.* Certains numéros sont disponibles en suédois sous le titre *Ny International* et en islandais sous celui de *Nýtt Alþjóðlegt.* Toutes ces revues sont diffusées à travers le monde par les éditions Pathfinder.

En vente en ligne à
www.pathfinderpress.com
et aux endroits suivants :

AUSTRALIE

(et Asie du Sud-Est et Pacifique)
Pathfinder, niveau 1, 3/281-287 Beamish St., Campsie, NSW 2194
Adresse postale : P.O. Box 164, Campsie, NSW 2194

CANADA

Livres Pathfinder, 7107, rue St-Denis, suite 204,
Montréal, QC, H2S 2S5

ÉTATS-UNIS

(et Amérique latine, Antilles et Asie de l'Est)
Pathfinder Books, 306 W. 37th St., 10e étage,
New York, NY 10018-2852

NOUVELLE-ZÉLANDE

Pathfinder, Suite 3, 7 Mason Ave. (à l'étage), Otahuhu, Auckland
Adresse postale : P.O. Box 3025, Auckland

ROYAUME-UNI

(et Europe, Afrique, Moyen-Orient et Asie du Sud)
Pathfinder, 1er étage, 120 Bethnal Green Road
(entrée par Brick Lane), Londres, E2 6DG

SUÈDE

Pathfinder, Bildhuggarvägen 17, S-121 44 Johanneshov